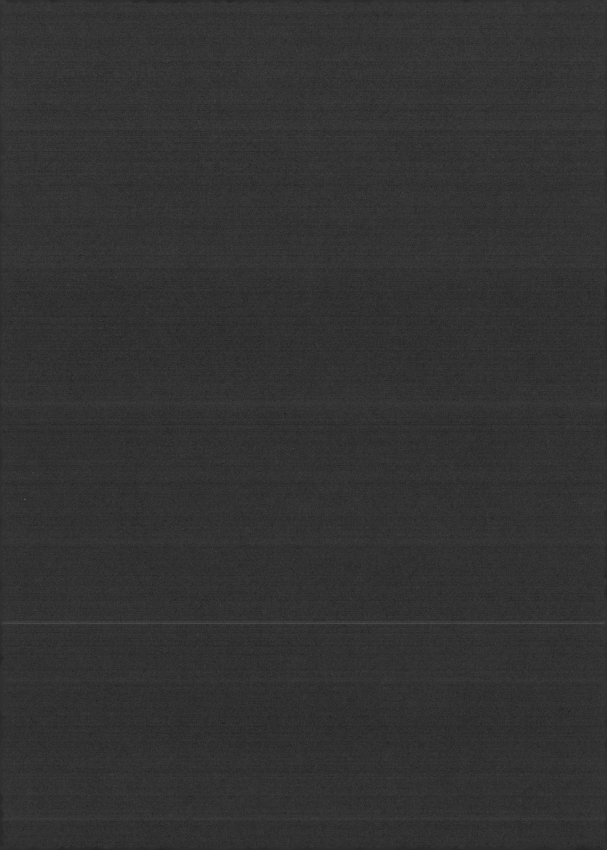

우리 시대의

가야사

우리 시대의 가야사

엮은이　한국고대사학회

펴낸이　최병식

펴낸날　2024년 10월 10일

펴낸곳　주류성출판사
서울특별시 서초구 강남대로 435
TEL | 02-3481-1024 (대표전화) • FAX | 02-3482-0656
www.juluesung.co.kr | juluesung@daum.net

값 25,000원
잘못된 책은 교환해 드립니다.
ISBN　978-89-6246-543-3 93910

우리 시대의 가야사

한국고대사학회 편

주류성

책을 펴내며

가야는 고구려, 백제, 신라와 함께 우리나라 고대국가의 한 축을 이루었다. 562년에 멸망한 가야는 그 존속 기간이 고구려나 백제와 크게 차이가 나지 않았다. 그럼에도 한국 고대사 하면 삼국을 먼저 떠올린다. 여기에는 고려 중기에 편찬된 『삼국사기』에 가야본기가 없고, 관련 기록도 매우 부족한 점과 가야가 고대 집권국가 단계에 이르지 못하고 연맹 단계에 머물러 있었기 때문에 삼국과 구별해야 한다는 연구자들의 인식이 영향을 미친 것으로 보인다.

그러나 최근의 연구성과에 의하면 가야 단일 연맹체론보다는 지역권 단위의 중심국의 등장과 중심 세력의 변천에 의견이 모아지고 있다. 대가야의 경우 고대국가 단계에 이르렀고, 주변을 통합해 광범위한 세력권을 형성하였다는 주장도 나왔다. 가야 각국의 집권력 강화와 사회구조, 그리고 고고자료가 보여주는 가야의 활발한 대외 교류 등에 대한 연구성과들도 축적되었다. 이러한 성과에 힘입어 과소 평가된 가야사는 이제 본모습을 찾아가는 중이다. 때마침 가야고분군이 세계유산에 등재되어 가야의 역사와 문화에 대한 시민들의 관심이 높아졌다. 한국고대사학회는 이 시점에 가야사에 대한 관심을 환기하고 시민들의 학문적 욕구를 충족시키기 위해서는 학계의 연구성과를 정리해 내는 것이 필요하다고 판단하였다.

이 책이 나오기까지는 영원무역 성기학 회장님의 관심과 도움이 지대하였다. 회장님은 평소에 한국고대사, 특히 가야사에 대해 많은 관심을 가지고 있었다. 현재 남아 전하는 가야사 관련 문헌 자료와 발굴 성과를 정리하여 연구를 활성화하고, 그 결과를 시민들과 공유하는 것이 매우 중요하다는 점을 여러 차례 피력하였다. 영원무역의 노중석 이사와 김남형 계명대학교 명예교수는 성 회장님의 이러한 뜻을 실천에 옮길 수 있는 방법을 의논한 후 이 일을 맡을 수 있는 학회로 한국고대사학회를 추천하고 행정적인 업무를 지원하기로 했다.

2016년 8월 영원무역 측과 한국고대사학회 회장 및 학회 고문이 만나 한국고대사 연구를 활성화할 수 있는 방안을 함께 논의하였다. 이 논의에서 한국고대사학회는 한국 고대사 가운데 상대적으로 연구가 덜 되어 있고, 또 자료가 부족한 가야사를 주 연구과제로 설정하고 연구 성과를 정리하여 4권의 총서를 내기로 하였다. 영원무역 측에서는 4년에 걸쳐 연구비, 총서 간행비, 학술회의 개최비 등 책 출판에 필요한 일체의 경비를 지원하기로 하였다. 학술회의는 매년 가을 운치 있는 경남 창녕의 석리 성씨 고택에서 열기로 하였다. 이렇게 가야사 연구의 장정은 시작되었다.

2016년 10월 우리 학회는 첫 학술회의를 성씨 고택에서 열어 시동을 걸었다. 이후 2017년 10월부터 2020년 10월까지 4회에 걸쳐 가야사를 주제로 한 기획 연구발표회를 매년 열었다. 발표회 때마다 발표자, 토론자를 비롯하여 많은 학회 연구자들과 대학원생 등이 참여하여 성황을 이루었고, 밤늦게까지 진지하게 발표와 토론이 진행되었다. 이튿날은 창녕 지역의 유적도 답사하였다. 학회는 그 성과물을 2018년 10월 『가야사연구의 현황과 전망』, 2019년 9월 『문헌과 고고자료로 본 가야사』, 2020년 9월 『가야와 주변 그리고 바깥』, 2021년 9월 『한국고대사와 창녕』이라는 총 4권의 가야사 연구 총서로 간행하였다.

매년 개최된 기획 연구 학술회의와 그 결과물인 총서의 발간으로 가야 사에 대한 관심은 연구자뿐만 아니라 일반인들에게도 높아졌다. 가야사에 관심과 학문적 성과가 높아진 데는 우리 학회의 활동이 일조했다고 자부한다. 이에 2022년부터 학회와 영원무역 측은 지금까지의 연구 성과를 바탕으로 시민들이 쉽게 접할 수 있는 '가야사 개설서'를 출판하는 것이 의미 있는 작업이 될 수 있다고 의견을 모았다. 이 자리를 빌려 연구 총서는 물론 개설서 집필 경비 일체를 아낌없이 지원해 주신 성 회장님께 감사를 드린다.

학회는 가야사 개설서를 구상하면서 가야사 연구자를 중심으로 집필진을 구성하되 인원을 최소화하여 일관성을 이루는 것이 필요하며, 자신의 견해보다는 현재 학계의 통설을 중심으로 유력한 이설도 소개하는 원칙을 정했다. 다만 대외관계는 다양한 시각에서 가야사를 조망할 수 있도록 여러 분야의 연구자로 구성된 학회 임원진이 맡기로 했다. 실무를 맡은 임원진이 집필에도 책임감을 갖게 하려는 취지도 있었다. 한국고대사와 가야 고고학을 전공하신 분을 감수위원으로 선정하여 통일성과 전문성을 보완하기로 했다. 이 옥고가 나오기까지 집필에 애써주신 필자들, 그리고 한 자 한 자 꼼꼼히 내용을 검토해 주신 감수위원, 바쁜 학회 일정에도 마무리해 주신 학회의 임원께도 감사드린다.

학회의 이름을 걸고 개설서를 출판을 하기 때문에 부담감이 컸다. 보다 객관적이고, 의미 있는 개설서를 만들 수 있을까 하는 고심 속에 집필자와 감수위원들은 총 6차례에 걸쳐 편집회의를 하면서 내용을 공유하였다. 연맹체 개념과 각 국가 중심의 서술을 놓고 열띤 공방이 벌어졌으며, 변한에서 가야로, 그리고 가야 나라의 명칭 등에 대한 정리도 이 과정에서 이루어졌다. 또한 현장감을 유지하기 위해 유적에 대한 답사도 함께 하였다. 그 결과 2024년 5월 30일 회의에서 최종 합의를 본 후, 초고를 완성하였다.

주류성 출판사에서도 좋은 책을 만들기 위해 노력을 아끼지 않았다. 따라서 이 책은 가야사 전공자뿐만 아니라 고대사 연구자들의 피와 땀이 녹아 있는 결과물이라 할 수 있다.

이 책은 한국고대사학회가 시민들의 가야사에 대한 학문적 욕구에 부응하기 위해 만들어 낸 개설서이다. 집필자들은 현 단계에서 학계의 연구 성과를 최대한 수렴하고 대중과의 공감대를 이루려고 하였지만 부족한 점도 없지 않다. 이 책이 연구자뿐만 아니라 일반 시민들의 가야사에 대한 이해를 높이고 가야의 역사와 문화를 널리 알릴 수 있는 계기가 되었으면 하는 바람이다.

2024년 9월
한국고대사학회 회장 **정 재 윤**

목차

책을 펴내며 4

가야사 길라잡이 13

1. 가야사 연구의 성과 14
1) 임나일본부설의 극복 14
2) 연구를 활성화시킨 고고학 발굴 19
3) 연구 지평의 확대 22

2. 가라(가야)의 명칭과 의미 그리고 임나 25
1) '가라(가야)'의 명칭과 중의적 의미 25
2) '임나'의 기원과 의미 27

3. 가야사의 공간 및 변한과 가야 30
1) 가야사가 전개된 공간 30
2) 변한과 가야의 관계 32

제1장 가야의 기원 35

1. 정치체의 등장과 건국신화 36
1) 읍락의 형성 36
2) 국의 형성 39
3) 건국신화를 통해 본 국의 형성 42
4) 국의 구조와 지배조직 44

2. 변한의 형성 48

    1) 변한을 구성한 여러 나라 48

    2) 변한의 성립과 운영 51

    3) 변한의 성장과 구야국 54

3. 변한에서 가야로 58

    1) 포상팔국의 가라·신라 공격과 교역체계의 재편 58

    2) 서진과의 교섭 중단 60

    3) 가야사회로의 전환 61

제2장 **성장과 발전**   65

1. 가야 각국의 성장과 발전 66

    1) 금관가야(金官伽耶) 66

    2) 대가야(大伽耶) 79

    3) 아라가야(阿羅伽耶) 91

    4) 비화가야(非火伽耶) 100

    5) 소가야(小伽耶) 108

    6) 그 밖의 나라들 113

2. 중심국의 변화 120

    1) 최초로 가야의 중심국이 된 금관가야 120

    2) 가야의 새 중심국, 대가야 121

    3) 외교의 중심국으로 부상한 아라가야 124

제3장 **국제관계와 교류**   127

1. 4세기: 교역망의 재편과 각국의 대응 128

    1) 가야·신라의 남해안 교역 주도권 경쟁 128

    2) 백제와 왜를 중계하고 교역에 참여하다 131

    3) 고구려 광개토왕의 신라 구원과 '임나가라'의 쇠퇴 134

2. 5세기: 높아지는 가야의 존재감 ———————————— 136

1) 국제사회에 당당히 이름을 알리다 ————————— 136

2) 백제·신라와의 협력과 반고구려 연합전선 구축 ———— 140

3) 가야의 세력 확장과 백제와의 충돌 ——————— 141

3. 6세기: 독자노선 추구와 그 한계 ———————————— 144

1) 전라 동부지역을 둘러싼 대가야와 백제의 갈등 ——— 144

2) 대가야와 신라의 혼인동맹 결성과 파탄 —————— 146

3) 아라가야 주도의 외교 노력과 좌절 ——————— 148

4) 두 차례의 사비회의와 가야 ——————————— 149

5) 백제에 대한 군사 지원과 관산성 전투에서의 패배 —— 151

4. 문물 교류 ———————————————————————— 154

1) 가야와 삼국 ——————————————————— 154

2) 가야와 중국·일본 ——————————————— 158

제4장 멸망과 그 이후 ———————————————— 161

1. 가야 각국의 쇠퇴와 멸망 ————————————————— 162

1) 금관가야 ———————————————————— 162

2) 비화가야 ———————————————————— 164

3) 아라가야 ———————————————————— 165

4) 소가야 ————————————————————— 168

5) 대가야 ————————————————————— 169

6) 그 밖의 나라들 ————————————————— 172

2. 신라의 가야 지역 지배 ——————————————————— 175

1) 지방통치조직으로의 편제 ———————————— 175

2) 가야 유민에 대한 정책 —————————————— 182

3. 가야계 사람들의 활동 ———————————— 185
  1) 금관가야계 ———————————————— 185
  2) 대가야계 ————————————————— 190
  3) 멸망 이후 제사와 신앙 ————————————— 193

제5장 생활과 문화 197

1. 삶의 모습 ———————————————— 198
  1) 옷과 장신구 ————————————————— 198
  2) 식생활 —————————————————— 215
  3) 주거 —————————————————— 223

2. 신앙과 제사 ———————————————— 231
  1) 토착 신앙 ————————————————— 231
  2) 불교 신앙 ————————————————— 234
  3) 상장례 —————————————————— 237
  4) 제사 —————————————————— 241

3. 축제와 음악 ———————————————— 245
  1) 축제 —————————————————— 245
  2) 가야금과 우륵 12곡 ———————————— 247

책을 마무리하며 ————————————————— 251

■ 부록 —————————————————— 258
■ 참고문헌 —————————————————— 260
■ 사진출처 —————————————————— 267
■ 집필자 및 감수자 소개 ———————————— 268

가야사 길라잡이

1. 가야사 연구의 성과

2. 가라(가야)의 명칭과 의미 그리고 임나

3. 가야사의 공간 및 변한과 가야

1
가야사 연구의 성과

1) 임나일본부설의 극복

가야사 연구는 가야와 변한과의 관계에서부터 시작된다. 변한은 마한·진한과 더불어 삼한의 하나였다. 종래에는 삼한을 삼국과 연계시켰다. 신라 말의 학자인 최치원(857~?)은 처음으로 마한-고구려, 진한-신라, 변한-백제로 파악하여 삼한을 삼국과 연계시켰다. 고려 후기의 일연(1206~1289)은 『삼국유사』 왕력에서 고구려·백제·신라와 나란히 가야를 표제로 내걸어 처음으로 가야사를 한국고대사의 한 축으로 내세웠다. 그렇지만 삼한에 대해서는 최치원의 견해를 그대로 받아들여 가야의 역사성을 드러내지 못하였다. 조선 초기에 와서 권근(1352~1409)은 『동국사략』에서 최치원과 달리 마한-백제, 변한-고구려, 진한-신라로 비정하였지만, 삼한을 삼국에 연결시킨 것은 같았다.

삼한에 대한 인식은 조선 후기의 실학자 한백겸(1552~1615)이 『동국지리지』에서 삼한은 모두 한강 이남에 있으며, 마한은 백제로, 진한은 신라로, 변한은 가야로 이어지고, 이 가운데 변한을 경상도 서남과 지리산 일대로 비정함으로써 새로운 전기를 맞이하였다. 변한을 가야와 연결시킨 것은 한백겸의 견해가 처음이다. 정약용은 한백겸의 견해를 바꿀 수 없는 정론으로 받아들였으며, 이는 오늘날에도 정설로 자리를 잡았다. 가야가 변한에서 나왔다고 함으로써 마한에서 나온 백제와 진한에서 나온 신라와 동일한 역사 과정을 밟았음이 밝혀졌고, 변한의 위치를 경상도 서남과 지리산 일대로 비정함으로써 가야사가 전개된 공간이 확보되었다. 이로써 가야사는 한국고대사의 일원으로서의 지위를 당당히 차지하게 되었다.

근대역사학이 들어온 이후 일제 식민주의 사학자들이 한국고대사를 먼저 연구함에 따라 가야사를 비롯한 고대사는 왜곡되기 시작하였다. 식민주의 사학자들은 『삼국사기』 초기기록, 즉 고구려는 태조왕 이전, 백제는 근초고왕 이전, 신라는 내물왕 이전은 전설의 시대이므로 이 시기의 기록은 모두 믿을 수 없는 것으로 파악하였다. 이를 '『삼국사기』 초기기록 불신론'이라고 한다. 반면에 이들은 『일본서기』의 "신공(神功)황후가 신라·백제·가야를 정복하여 임나관가(任那官家)를 설치하였다"는 기사는 그대로 신빙하여, 왜가 4세기에서 6세기에 걸쳐 신라·백제·가야를 임나일본부에 예속시켜 지배하였다고 보았다. 이를 '임나일본부설'이라 한다.

임나일본부설은 해방 이후 일본 사학자들에 의해 그대로 이어졌다. 스에마쓰 야스카즈(末松保和)는 「광개토왕비」의 신묘년 기사를 "이왜이신묘년 내도해파백제□□신라이위신민(而倭以辛卯年 來渡海破百濟□□新羅以爲臣民)"으로 판독하고 보이지 않는 두 글자를 '加羅'로 추독한 후, 이를 근거로 '왜가 백제·가야·신라를 격파하여 식민지로 삼았다'고 주장하였다. 또 칠지도(七支刀) 명문을 활용해 칠지도는 백제가 왜왕에게 헌상한 것이라 하여 왜의 우위를 논하였다. 이를 '칠지도 헌상설'이라 한다. 그런가 하면 『송서』 왜국전에 왜 5왕이 자칭한 제군사호(諸軍事號)에 임나·가라·백제·

신라가 나오는 것을 근거로 왜가 한반도 남부지역을 군사적으로 통합하였다고 보았다. 그는 이러한 논리를 바탕으로 임나일본부설을 정치한 형태로 재정리하였다. 한편 에가미 나미오(江上波夫)는 한반도에서 일본열도로 건너간 기마민족이 야마토(大和) 조정을 세운 후 한반도 남부지역과 일본열도의 서부지역을 아우른 왜한(倭韓)연합왕국을 다스려 나갔다고 주장하였다. 이것이 이른바 '기마민족정복왕조설'인데, 임나일본부설의 변형된 형태다.

해방 이후 한국고대사 연구의 일차적인 과제는 임나일본부설의 극복이었다. 이를 극복하기 위해서는 임나일본부설의 바탕이 된 『일본서기』의 한국 관계 기사는 물론 금석문 자료인 「광개토왕비」와 칠지도 명문, 그리고 중국 사서인 『송서』 왜국전의 관련 기사를 비판적으로 검토하는 작업이 필요하였다. 『일본서기』 한국 관계 기사는 왜왕 중심으로 왜곡하거나 윤색한 것이 대부분이었다. 이에 대해 김석형은 『일본서기』의 한국 관계 기사에 나오는 여러 나라가 한반도에 있었던 것이 아니라 삼한·삼국 계통의 주민이 일본열도의 각 지역에 진출하여 세운 분국(分國)이었고, 임나일본부는 이러한 분국을 다스리기 위해 설치한 기관이었다는 견해를 내었다. 이를 '삼한·삼국의 일본열도 분국설'이라 한다. 물론 삼국이 일본열도에 분국을 설치했음을 입증하는 자료는 없지만 이 견해는 왜가 한반도 남부지역을 지배했다는 일제 식민사학자들의 인식을 뒤집는 것이어서 『일본서기』 한국 관계 기사를 바라보는 시각을 크게 바꾸어 놓았다.

천관우는 임나일본부가 본래 백제 근초고왕이 가야 세력을 평정하고 그 지역을 경영하기 위해 설치한 '백제군사령부'였으며, 『일본서기』에 실린 "왜가 어느 지역을 정복해서 백제에 주었다"거나 "왜가 가야의 어느 지역을 공격하였다"는 임나 관계 기사의 대부분이 그 주체를 백제로 바꾸면 사실과 잘 들어맞는다는 이른바 '주체 교체설'을 제시하였다. 이 견해는 그

동안 왜의 한반도 지배를 보여주는 사료로 쓰인 『일본서기』 한반도 관련 기사를 한국고대사 연구에 비판적으로 활용하는 데 도움을 주었다. 그리하여 문헌자료가 매우 부족하여 침체에 빠진 가야사 연구가 활기를 띨 수 있게 되었다.

정인보는 일제 식민주의 사학자들이 임나일본부설을 뒷받침하는 자료로 활용한 「광개토왕비」 신묘년조의 "바다를 건너와 격파하였다(渡海破)"는 기사에 대해 비의 주인공이 광개토왕이므로 바다를 건넌 주체는 왜가 아니라 고구려라는 견해를 제시하였다. 이로써 비문을 해석하는 시각을 바꾸어 놓았으며, 왜가 백제·신라·가야를 격파하였다는 주장이 허구임을 분명히 하였다. 여기에 더하여 재일사학자 이진희는 일본참모본부가 석회를 발랐다는 '비문 변조설'을 주장하였다. 비문 변조설은 뒷날 사실이 아님이 밝혀졌지만, '도해파'를 근거로 임나일본부설을 주장할 수 없다는 것이 다시 한번 강조되었다. 이 토대 위에서 비문의 '속민' 또는 '신민'은, 고구려가 자국 중심의 천하관을 표방하면서 남방 정벌을 정당화하기 위해 과장한 것이라는 견해가 나오면서 왜의 임나지배는 역사적 사실이 아님이 밝혀졌다.

일본 나라현 이소노가미신궁(石上神宮)에는 백제가 만들어 왜에 보낸 칠지도가 보존되어 있다. 이 칼의 앞뒷면에는 글자

광개토왕비(국립중앙박물관 소장 유리건판)

가 새겨져 있다. 일본 사학자들은 명문 가운데 "왜왕을 위해 만들었다(故爲倭王旨造)"는 부분과 "마땅히 후왕에게 드린다(宜供供侯王)"는 부분을 근거로 "백제가 동진 태화 4년(369)에 칠지도를 만들어 왜왕에게 헌상하였다"고 해석하여 왜의 임나지배설을 뒷받침하는 자료로 활용하였다. 그러나 칠지도는 명문에서 보듯이 백제 왕세자가 만들도록 하였기 때문에 백제 왕세자와 왜왕은 동급이 되며 자연히 백제왕은 상위의 존재가 된다. 그리하여 백제왕이 왜왕에게 이 칼을 하사하였다는 '하사설'이 힘을 얻으면서 헌상설은 설 자리를 잃었다. 『송서』 왜국전의 이른바 '왜왕자칭호'도 왜왕의 일방적 주장에 지나지 않는 것으로 정리되면서 역시 힘을 잃게 되었다.

한편 일제강점기에 일본 사학자들은 임나일본부설을 고고학적으로 입증하기 위해 신라·백제·가야 지역의 유적에 대해 발굴조사를 실시하였다. 경주 지역에서는 1921년에 금관총을, 1926년에 서봉총을 발굴하였다. 가야 지역의 경우 1910년에는 고령 지산동고분군과 창녕 교동과 송현동고분군, 1914년에는 함안 말이산고분군과 고성 송학동고분군을 발굴, 조사하였다. 1931년에는 창녕 교동과 송현동고분군에서 2기를, 1939년에는 고령 지산동고분군에서 4기의 고분을 조사하였다. 백제 지역의 경우 1917~1918년에 나주 신촌리 9호분을, 1938~1939년에는 신촌리 7호분과 6호분을 발굴, 조사하였다. 그러나 어떤 발굴조사에서도 임나일본부설을 뒷받침하는 물질적인 자료는 나오지 않았다. 해방 이후 한국 학계는 1946년 호우총을 비롯하여 여러 지역에서 발굴, 조사를 하였지만 임나일본부설을 뒷받침하는 유물이나 유적은 어디에도 나오지 않았다. 이로써 임나일본부설은 극복되었고, 이는 가야사 연구의 첫걸음이 되었다.

칠지도

우리 시대의 가야사

2) 연구를 활성화시킨 고고학 발굴

임나일본부설이 극복되었다고 하여 가야사 연구가 곧바로 활성화된 것은 아니었다. 가야는 고구려·백제·신라처럼 통일왕국을 이루지 못하여 성립에서 멸망에 이르기까지 과정을 보여주는 연대기적 자료가 남아 있지 않기 때문이다. 사실 『삼국사기』에 가야 관련 기사는 가뭄에 콩 나듯 드문드문 단편적으로 나올 뿐이다. 『삼국유사』에도 왕력에 금관가야 역대 왕의 즉위년, 몰년, 왕비 기사만 있을 뿐이고, 가락국기의 내용은 금관가야 시조 수로왕의 탄생과 허왕후와의 결혼, 그리고 멸망 이후 신라에서 수로왕묘 제사 관련 기사가 거의 전부다. 오가야조에는 이른바 금관가야와 대가야를 비롯한 가야 7국의 이름과 위치만 나온다. 그 결과 종래의 가야사 연구는 가야를 주체로 하기보다 백제나 신라를 설명하는 과정에서 가야를 논급하는 것이 일반적인 연구 경향이었다. 이로 말미암아 가야사 연구는 부진하였고 자리매김도 하지 못하고 있었다.

그러나 1980년대에 들어와 상황은 달라졌다. 옛 가야 지역에서 고고학 발굴이 활발하게 이루어져 다양하고 화려한 유물이 출토되면서 가야사에 대한 관심이 크게 고조되었기 때문이다. 이에 따라 가야사 연구자의 수가 늘어나면서 종래의 연구 경향을 반성하고, 가야를 주체로 하는 새로운 연구 시각과 방법을 모색함으로써 가야사 연구는 활기를 띠게 되었다. 이제 가야사는 백제나 신라사의 부수적인 역사가 아니라 한국고대사에서 당당한 한 주체로서 자리매김하게 되었다.

가야사 연구에 시동을 건 것은 1963년 도굴로 인한 고령 고아동벽화고분 발견이었다. 이 고분은 현재까지 유일한 가야의 벽화고분이다. 1985년 이 고분의 봉토 기저부와 벽화가 그려져 있는 현실 내부에 대한 정밀실측 조사가 이루어졌다. 이후 가야사 연구에 본격적 추동력을 준 것은 1979년

고령 지산동 44·45호분 발굴조사에 대한 한국일보 특종 기사

행해진 고령 지산동 44호분과 45호분 발굴이었다. 이 발굴에서 확인된 대형 구덩식돌방(竪穴式石室) 구조와 금제품, 마구, 토기 등의 유물과 40여 명의 순장자는 가야사에 대한 관심을 크게 불러일으켰을 뿐만 아니라 사료가 극히 부족한 가야사 연구의 외연을 넓혀주었다. 뒤이어 이루어진 지산동 32~35호분 발굴에서 출토된 금동관과 은상감고리자루큰칼(銀象嵌環頭大刀)은 연구 활성화에 가속기 역할을 하였다.

이후 1988년부터 진행된 합천 옥전고분군 발굴조사에서 출토된 각종 장식대도와 금동관 등을 비롯한 다양한 유물은 문헌기록에만 남아 있었던 다라국(多羅國)의 실체를 확인하는 중요한 계기가 되었다. 1986~1987년 사이에 황강 수계인 합천 저포리유적 E지구에서 출토된 "하부사리리(下部思利利)"가 새겨진 토기는 대가야의 부제(部制)를 논할 수 있는 자료가 되었다.

1990년 김해시 도시개발 예정부지에서 대성동고분군이 극적으로 발견되었고, 이후 이루어진 발굴조사에서 확인된 덧널무덤(木槨墓)은 금관가야의 묘제를 밝히는 데 기여하였고, 동복(銅鍑) 등 출토 유물은 북방민족인 전연(前燕)과의 교류를 살펴볼 수 있는 중요한 자료가 되었다. 김해 양동리 고분군에서 출토된 바람개비모양청동기(巴形銅器) 등은 금관가야와 왜의 교류를 밝히는 중요한 자료가 되었다. 1992년 함안 말이산고분군 마갑총에서 출토된 마갑(馬甲)은 가야에도 중장기병대가 존재하였음을 보여주었고, 말이산 13호분의 덮개돌에 새겨진 남두육성을 비롯한 별자리는 가야인의 천문지식을 보여주었다. 1999년에 발굴된 고성 송학동 B-1호 석실의 입구, 돌벽, 천장에 칠해진 붉은색은 왜와의 관계를 보여주는 자료이다.

2004년 창녕 송현동 7호분에서 출토된 일본산 녹나무 목관은 비화가야와 왜와의 관계를 밝힐 수 있는 자료가 되었다. 또 나무안장가리개(木心鞍橋), 은장식흑칠안장가리개(銀裝飾木心黑漆鞍橋), 금동투조장식나무안장가리개(金銅透彫裝飾木心鞍橋) 등 마구류와 금귀걸이 등은 12호분에서 출토된 은허리띠(銀製帶金具) 및 관장식 등과 함께 신라와의 관계를 밝히는 중요한 자료가 되었다. 2006~2008년에 이루어진 창녕 송현동 15호분 발굴에서는 순장된 인골이 출토되었는데, 인골 분석을 통해 매장될 당시 여성의 모습을 복원할 수 있었다. 복원된 여성은 '송현이'로 이름이 붙여졌다. 2013년에 발굴된 섬진강 수계의 남원 유곡리와 두락리 32호분은 대가야양식의 무덤이다. 그런데 이곳에서 출토된 청동거울과 금동신발, 그리고 남원 월산리고분군에서 출토된 검은유약을 입힌 닭머리항아리(黑釉鷄首壺) 등은 백제 무령왕릉과 연관되는 것이었다. 이는 남원 지역 정치체와 백제와의 관계를 살필 수 있게 하였다.

한편, 최근 고령 연조리 대가야궁성추정지에서 확인된 대가야 궁성의 토성 벽과 해자 그리고 주산성의 발굴, 아라가야의 도성으로 추정되는 함안 가야리유적 발굴, 금관가야의 도성으로 추정되는 김해 봉황동토성 발굴, 합천 성산토성 발굴 등은 가야 각국의 정치적 중심지와 방어체계를 살필 수 있게 하였다. 이러한 발굴 성과는 가야사 연구의 활성화를 추동하였고, 문헌자료에 보이지 않는 가야의 대외문물 교류, 가야인의 사유와 생활문화를 복원할 수 있게 하였다.

3) 연구 지평의 확대

　가야 각국이 자리잡았던 곳에서 고고자료가 많이 확보되면서 가야사를 바라보는 시각에도 변화가 생겼다. 종래의 연구 태도를 반성하고 새로운 방향을 모색한 것이다. 첫째, 가야사를 백제와 신라의 주변부 역사가 아니라 가야 그 자체의 역사로 인식하여 가야를 주체로 하는 방향으로 연구가 이루어졌다. 이로써 가야사가 명실공히 자리매김하게 된 것이다. 둘째, 종래 연구가 가야를 주도해 나간 중심세력의 성장과 교체에 초점을 맞춤으로 말미암아 상대적으로 개별 국의 독자성을 소홀히 다룬 점을 반성하고, 가야 각국의 성립·성장·발전·멸망을 집중적으로 다루는 방향에서 연구가 진행되었다. 그 결과 대가야사나 아라가야사를 비롯하여 소가야사·비화가야사·다라국사 등 가야 각국의 역사에 대한 연구가 이루어져 각국의 역사가 제자리를 차지할 수 있게 되었다. 셋째, 『일본서기』의 가야 관련 기사를 비판적으로 활용하여 가야사의 복원을 시도하는 연구가 행해졌다. 특히 대외관계 면에서 백제와 신라 사이에서 가야가 자구(自求)를 위해 사비(泗沘)회의에 참여하거나 고당(高堂)회의를 개최하는 등의 모습이 밝혀졌다. 상수위(上首位)-이수위(二首位), 차한기(次旱岐)-하한기(下旱岐) 등 관명을 통해 가야 각국의 지배조직을 복원하는 시도도 행해졌다.

　무엇보다 주목되는 것은, 고고학 발굴에서 출토된 다양한 유물에 대한 분석이 모아지면서 종래 정치사나 외교사 중심의 연구에서 벗어나 가야인의 문화·생활·종교·신앙 등 문화사 방면에 관심이 확장되었다는 점이다. 구릉지나 산지에 높고 크게 만들어진 고총고분은 가야 각국의 지배층이 정치권력을 과시하기 위해 의도적으로 만든 상징체계로 정리되었다. 묘제는 나무널(木棺)·나무덧널(木槨)에서 돌덧널(石槨)·돌방(石室)으로 변화하지만 길고 폭이 좁은 형태의 평면구조는 가야 묘제의 고유한 특징으로 밝혀졌다.

　고대인의 죽음관은 이승의 삶이 저승에서도 이어진다고 보았다. 이러한 계세사상(繼世思想)에 따라 국왕이 죽으면 많은 사람을 죽여서 함께 묻는 순장(殉葬)을 했는데, 한국 고대사회에서 이를 잘 보여주는 것이 가야고분이다. 실제 고령 지산동 44호분에서는 32기의 순장곽(殉葬槨)이 확인되었다. 이러한 순장은 김해 대성동고분군, 함안 말이산고분군 등에서도 행해졌다. 순장자는 남녀 어른부터 어린이도 포함되었으며, 연령은 10대 이하부터 60대까지 다양하였다.

　금동관을 비롯한 위신품(威信品)은 가야사회의 계층구조를 반영하고 있다. 금은제 귀걸이나 옥으로 만든 목걸이 그리고 팔찌 등은 당시 귀족의 사치스러운 생활을 보여준다. 장식대도를 비롯한 무기와 마구, 화살촉 등은 각국의 무기체계를 알 수 있게 한다. 특히 마갑은 가야사회에서 중장기병대가 운영되었음을 보여준다.

　제의는 고대사회에서 국가 운영의 핵심적인 기능을 하였다. 가야 각국에는 신성 공간인 별읍(別邑)이 있었고, 국읍(國邑)에는 천군(天君)이 있어 하늘에 대한 제사를 주관하였다. 이는 제사와 정치의 분리를 보여준다. 각 읍락에서는 풍요를 기원하는 파종제와 수확에 감사하는 추수제를 지냈는데 읍락민 전체가 모여 주야 음주가무를 하였으며, 악기의 반주에 맞추어 집단 군무(羣舞)를 하였다. 건국 시조에 대한 제사가 강조되면서 금관가야에서는 시조를 모시는 사당을 세워 제사를 지냈다. 또 고령 연조리에서 상방하원(上方下圓)의 제의시설이 확인되어 대가야 제의에 대한 연구에 새로운 길을 열어 주었다.

　대가야의 가실왕은 대가야 중심의 연맹의 결속을 강화하기 위해 가야금을 만들고 악사 우륵에게 곡을 만들게 하였다. 이에 우륵은 12곡을 작곡하였다. 가야금은 중국의 쟁(箏)을 본으로 하여 만든 것인데 "위가 둥근 것은 하늘을 상징하고 아래가 평평한 것은 땅을 상징하며, 가운데가 빈 것은 천지와 사방(六合)을 본받고 줄과 기둥은 열 두 달에 비겼으니, 이는 곧 인(仁)과 지(智)의 악기다"라는 사상적 배경을 갖고 있다. 이를 통해 대가야의 예악정치가 밝혀졌다.

가야인의 집은 발굴조사 결과 사주식(四柱式) 주거지가 확인되었다. 집 모양토기는 고상식 가옥과 기와집도 있었음을 보여준다. 토기 속에 담긴 닭이나 꿩과 같은 조류, 대구와 같은 바다 생선, 바닷게, 두드럭고둥 등은 제물의 종류와 당시 먹거리를 살펴볼 수 있게 한다. 칼을 감쌌던 직물의 분석을 통해 비단의 생산과 견직의 모습을 살펴볼 수 있다. 배모양토기와 수레모양토기 등은 가야의 선박과 수레의 형태 및 수로 교통과 육로 교통수단의 발달을 보여준다.

2
가라(가야)의 명칭과 의미 그리고 임나

1) '가라(가야)'의 명칭과 중의적 의미

　가야사 연구에서 먼저 정리해야 할 것의 하나는 '가야'의 다양한 명칭과 그 의미다. 가야는 어느 한 나라의 국명이 아니라 일정한 공간에 성립되어 상호 관계를 맺고 있던 여러 나라를 아울러 부르는 명칭(總稱)이다. 가야의 한자 표기는 다양하다. 한국 사서의 경우 『삼국사기』에는 가야(加耶·伽耶)·가량(加良)·가락(伽落·駕洛)으로 나오고, 『삼국유사』에는 가야(伽耶)·가라(呵囉)·가락(駕洛)으로 나온다. 중국 사서의 경우 『삼국지』 동이전에는 구야(狗耶·拘邪)로, 『송서』 왜국전과 『남제서』 가라전에는 가라(加羅)로, 『양서』 왜전에는 가라(伽羅)로 나온다. 일본 사서의 경우 『일본서기』에는 가라(加羅·柯羅)로, 『신찬성씨록』에는 가라(加羅)로 나온다. 한편 금석문 자료인 「광개토왕비」에는 가라(加羅)로 나온다.

　狗耶와 拘邪는 표기상의 차이에 불과하고, 伽倻·加羅·伽羅·迦羅·柯羅·加良·駕洛·伽落 등은 모두 음이 상통하는 이표기이다. 즉, 명칭의 표기는 달라도 실체는 하나다. 이러한 표기 가운데 『삼국사기』에는 加耶가 가장 많이 나오고, 『삼국유사』에는 伽耶가, 『신증동국여지승람』 등 후대 사서와 지리서에는 伽倻가 많이 사용되었다.

한편 『삼국유사』 오가야조에는 김해의 금관가야(金官伽耶), 고령의 대가야(大伽耶), 함안의 아라가야(阿羅伽耶), 창녕의 비화가야(非火伽耶), 고성의 소가야(小伽耶), 함창의 고녕가야(古寧伽耶), 성주의 성산가야(星山伽耶: 碧珍伽耶) 등 '○○가야'가 나온다. 『삼국사기』 지리지에도 대가야(大加耶), 아나가야(阿那伽倻) 등 '○○가야'가 나온다. '○○가야'는 가야 각국이 존립하고 있을 당시의 이름이 아니라 모두 신라 말기에 경상도 각 지역에서 일어난 호족들이 자신의 정체성을 가야에서 찾으며 붙인 이름이다. 금관가야의 경우 존립 당시의 국명은 구야국(가락국)이었고, 아라가야는 안라국, 대가야는 반로국(가라국), 소가야는 고자국(고차국), 비화가야는 불사국(비자발, 비사벌국)이었다. 국명은 그 나라가 존재하고 있을 당시의 명칭을 쓰는 것이 원칙이다. 그러나 우리나라 사서에서는 오랫동안 '○○가야'가 사용되어 왔다. 이 책에서는 독자의 혼란을 최소화하기 위해 김해의 가락국은 금관가야로, 고령의 반로국 또는 가라국은 대가야로, 함안의 안라국(안야국)은 아라가야로, 고성의 고자국은 소가야로, 창녕의 불사국(비사벌국)은 비화가야로 쓰겠다. 다만 필요에 따라 당시의 국명도 사용하기도 하였다. 이를 정리하면 다음의 표와 같다.

현재 위치	당대 명칭	후대 명칭
김해	구야국 · 가락국 · 금관국	금관가야
고령	반로국 · 가라국	대가야
함안	안라국 · 아라국	아라가야
창녕	불사국 · 비사벌국 · 비자발국	비화가야
고성	고자국 · 고사포국	소가야

가라(가야, 가락)는 본래 김해에서 성립한 나라의 이름이다. 이 국명의 기원은 구야국에 있다. '구(狗, 拘)'와 가라·가야의 '가(加, 伽)'는 음이 상통하고, '야(邪)'와 '라(羅)', '야(耶, 倻)', '락(洛, 落)'도 음이 상통하기 때문이다. 이후 가야는 금관가야 또는 대가야와 일정한 관계를 맺은 나라들의 통칭으로 사용되었다. 그리하여 가야라는 명칭은 중의(重意)를 가지게 되었다. 그 배경에는 변한에서 가야로 전환되는 과정에서 구야국=가야국이 핵심적인 역할을 한 것이 작용했다고 보인다.

가야를 이끌어 간 중심국은 고정불변이 아니었고 힘의 강약에 의해 교체되었다. 처음에는 김해 금관가야가 중심국이었지만 5세기 전반에 와서 고령 대가야가 새로운 중심국이 되었다. 따라서 『삼국사기』 본기에 나오는 '가라(가야)'는 '○○가야'의 형태로 표기된 경우를 제외하면 김해 금관가야나 고령 대가야 가운데 어느 하나를 가리킨다. 시기적으로 따지면 5세기 전반까지의 가라(가야)는 김해 금관가야를 가리키고, 5세기 후반 이후의 가라(가야)는 고령 대가야를 가리킨다고 볼 수 있다.

2) '임나'의 기원과 의미

가라(가야)의 다른 표기로 임나(任那)가 있다. 임나의 명칭은 '임나'만으로 나오기도 하고 '임나가라(任那加羅)' 또는 '임나가량(任那加良)'으로 표기되기도 하였다. 414년에 세워진 「광개토왕비」에 나오는 '임나가라(任那加羅)'는 '임나' 명칭이 사용된 가장 빠른 사례다. 『송서』 왜국전의 경우 425년에 왜왕 찬(讚)이 자칭한 '6국제군사호' 속 6국의 하나로 '임나'가 나오고, 475년에 왜왕 무(武)가 자칭한 '7국제군사호' 속 7국의 하나로 '임나'와 '가라'가 나온다. 「광개토왕비」와 『송서』 왜국전은 임나 칭호가 늦어도 5세기 초반에는 이미 사용되었음을 보여준다. 또 『삼국사기』 강수 열전에서 강수가 자신을 "임나가량인(任那加良人)"이라 한 것은 임나가라가 7세기에 들어와서도 사용되었음을, 창원 봉림사의 진경대사탑비에 진경(眞鏡: 855~923)대사의 출자를 "속성은 신김씨이며 그 선조는 임나왕족(任那王族)"이라 한 것은 임나가 신라 말에도 사용되었음을 보여준다.

임나가라는 '임나'+'가라'의 합성어이다. 임나의 의미는 중심국으로 보는 견해도 있고, '임'이 방위상 남쪽이므로 '남쪽의 나라'로 보는 견해도 있다. 「광개토왕비」의 '임나가라'는 김해 금관가야를 가리킨다. 이는 임나가라가 가야를 구성한 나라들을 이끄는 중심국임을 보여준다. 그러나 5세기 중반에 와서 고령 대가야가 김해 금관가야를 대신하여 가야의 새로운 중심국이 되면서 이제 임나가라는 대가야를 가리키게 되었다. 『신찬성씨록』에 대가야의 가실왕(嘉悉王)을 "임나국 가라 가실왕(任那國駕羅駕室王)"으로 표기한 것이 이를 보여준다.

한편 712년에 편찬된 『일본서기』와 815년에 편찬된 『신찬성씨록』에 임나는 '미마나(彌摩那·彌麻奈)', '어간명(御間名)', '삼간명(三間名)'으로도 표기되었다. 또 임나라는 명칭이 나오게 된 배경에 대해 『일본서기』에는 수인(垂仁)천황의 이름인 "어간성(御間城: 미마키)을 따서 의부가라국(意富加羅國: 대가라국)을 미마나국(彌麻那國: 임나)으로 부르도록 하였다"고 나온다. 이는 『일본서기』 편찬자들이 천황체제를 합리화하기 위해 '임나'를 '미마나'로 읽고 가야를 '임나'로 부른 연유를 수인천황의 이름인 '미마키'를 빌려 왜곡하고 윤색하여 재정리한 것이다. 따라서 임나를 미마키와 연결시킨 것은 사실로 받아들일 수 없다. 왜냐하면 임나는 광개토왕비문에서 보듯이 한반도에서 먼저 사용하였고 그것이 왜로 전해졌기 때문이다.

이후 임나는 『일본서기』에서 가야를 구성한 나라들을 총괄해서 일컫는 명칭으로 사용되었다. 『일본서기』 흠명기 23년(562)조에 가라국, 안라국 등 10국을 거명한 후 "총괄적으로 말하면 임나(總言任那)"라고 한 것이 이를 보여준다. 일본 사서에 임나가 주로 사용된 계기로 생각해 볼 수 있는 것이 광개토왕비문에 나오는 400년(경자년)의 전쟁이다. 이때 임나가라군과 왜군은 합동으로 신라를 공격하였다. 위기에 처한 신라는 고구려 광개토왕에게 구원을 요청하였고, 이에 응해 광개토왕은 보병과 기병 5만 명을 보내 임나가라와 함께 한 왜군을 물리쳤다. 이 전투에서 임나가라의 활동은 왜에게 강한 인상을 주었을 것이고, 이것이 계기가 되어 이후 왜는 가라(가야)를 임나로 부르게 된 것 같다. 『송서』 왜국전에 임나가 나오는 것이 이를 보여준다. 그 결과 일본 사서에는 '가라(가야)' 대신 '임나'의 사용이 일반화되어 간 것으로 보인다.

　'가야(가라)'와 '임나' 두 이름의 선후 관계를 보면 가라가 먼저 사용되었고, 이후 임나가 사용되었다. 『삼국사기』 등 한국 사서에서는 가야를, 『일본서기』 등 일본 사서에는 임나를 주로 사용하였다. 이 책에서는 『삼국사기』를 따라 가라(가야)를 사용하기로 하였다. 다만 이 가라(가야)가 김해 금관가야를 가리키는 것인지, 아니면 고령 대가야를 가리키는 것인지는 문맥과 시기를 고려하여 판단하겠다.

3
가야사의 공간 및 변한과 가야

1) 가야사가 전개된 공간

가야는 통일왕국이 아니라 여러 국으로 이루어진 정치체였다. 가야의 역사가 전개된 공간은 시간의 흐름에 따라 두 단계로 나누어 볼 수 있다.

첫 번째 단계는 기원 전후한 시기에서 3세기까지 존속한 변한의 범위이다. 변한은 서부 경남 지역에서 성립한 20여 국 이상의 초기국가들로 구성되었다. 그 범위는 변한을 구성한 국의 위치 비정을 통해 볼 때 대략 김해·함안·밀양·동래 등 낙동강 하류지역, 칠원·마산·고성·사천 등 남해안 일대, 고령·개령 등 낙동강 중상류지역, 고성·단성·진주 등 서남부 경남 지역, 합천·성주 지역으로 설정할 수 있다. 다만 낙동강 이동에 위치한 국으로는 밀양 미리미동국과 동래 독로국이 있었다. 이 공간이 변한의 역사가 전개된 공간이었다.

두 번째 단계는 4세기 이후 가야의 공간 범위이다. 가야가 형성된 초기의 범위는 변한 단계와 큰 차이가 없었다. 다만 가야로 전환되는 과정에서 진한에 속하였던 창녕 불사국이 가야로 들어오고, 변한에 속하였던 밀양 미리미동국과 동래 독로국이 신라로 들어간 약간의 출입은 있었다. 그리하여 낙동강이 신라권과 가야권의 경계선이 되었다. 이후 대가야가 새로이 중심국이 되면서 그 범위는 전북 동부지역과 섬진강 유역 일대로 확대되었다. 이 범위는 『삼국유사』 가락국기에 "동쪽으로는 황산강(黃山江: 낙동강), 서남쪽으로는 창해(滄海: 남해), 서북쪽으로는 지리산, 동북쪽으로는 가야산을 경계로 삼았고, 남쪽은 나라의 끝이었다"고 한 것과 대략 일치한다. 그러나 6세기에 들어와 섬진강 유역 일대가 백제의 영역으로 편입되고, 김해 금관가야(남가라)를 비롯하여 탁순국과 탁기탄국 등이 신라에 편입되면서 가야의 권역은 그만큼 축소되었다.

가야를 구성한 각국의 영역은 일정하지 않았다. 각국이 성립할 당시의 영역은 규모가 큰 대국의 경우 오늘날의 시·군 정도의 규모였지만, 소국의 경우 면 단위 규모였다. 호구(戶口)는 대국의 경우 4,000~5,000가(家)이고, 소국은 600~700여 가였다. 4세기 이후에 들어와 철기문화가 본격적으로 발전하면서 생산력이 높아지고, 무장이 갖추어지면서 집권력이 강해짐에 따라 대국의 영역은 점차 확대되었다. 그러나 각국이 영역을 확대해 가는 모습을 보여주는 자료가 없으므로 각국이 만든 독특한 양식의 토기분포권을 통해 추론하는 것이 일반적인 연구 경향이다. 즉, 대가야의 경우 대가야양식토기의 분포를 통해 5세기 중엽 이후부터 6세기 중엽까지는 남강수계 지역이, 6세기 초엽까지는 금강수계권의 동부지역과 섬진강 유역 일대가 대가야의 영역이 된 것으로 추론한다.

가야 각국의 영역을 논할 때 주의할 점이 있다. 토기분포권 등을 통해 설정하는 이른바 '문화권'을 곧바로 '정치적 영역'으로 치환시켜서는 안 된다는 점이다. 지금까지 연구에서는 가령 대가야양식토기가 집중적으로 출토되고 고분의 구조가 대가야 묘제 일색이면 그 지역을 대가야 영역으로 간주하였다. 그러나 그곳을 기반으로 한 국(國)이 있으면 그 지역은 대가야의 영역이 될 수 없다. 국의 존립 여부는 유물의 유사성이 많고 적음이 아니라 국명이 있느냐 없느냐가 기준이 된다. 국은 기본적으로 국토·국민·주권으로 이루어졌으며, 이를 대외적으로 나타내는 것이 국명이기 때문이다. 따라서 독자적인 국명을 가지고 있는 지역에는 독자적인 국이 있었다고 보아야 한다. 그렇지 않고 유물의 출토 양상만 가지고 영역을 논하면 자칫 역사적 사실을 왜곡하게 된다. 예를 들어 합천군의 경우 '하부사리리(下部思利利)'가 새겨진 대가야양식토기가 출토된 봉산면 일대는 대가야 영역에 포함할 수 있는데, 쌍책면 일대는 5세기 후엽 옥전고분군에 대가야양식토기가 크게 확산되지만 이곳에 다라국(多羅國)이 있었기 때문에 대가야의 영역이라 할 수 없다. 이를 구분하지 않고 합천군 전체를 대가야의 영역으로 표시하면 다라국의 존재를 없애는 잘못을 범하게 된다. 따라서 대가야의 영역으로 추정되는 남강수계권, 금강수계권, 섬진강수계권 가운데 독자적인 국이 있었던 지역은 영역 범위에서 제외시켜야 할 것이다.

2) 변한과 가야의 관계

이러한 공간에서 전개된 가야사의 체계적인 이해를 위해서는 먼저 변한과 가야의 관계에 대한 인식을 정리하는 것이 필요하다. 청동기시대를 거쳐 초기철기시대로 들어오면 만주와 한반도 각 지역에서 크고 작은 국이 성립하였다. 이 국들은 처음에는 개별 분산적으로 존재하면서 시간의 흐름에 따라 정치적·경제적·군사적으로 성장해 나갔다. 원삼국시대(철기시대)에 오면 널무덤에서 덧널무덤으로 변화하는데, 이러한 문화를 배경으로 한반도의 중남부 각 지역에서는 마한·진한·변한이 형성되었다. 이를 삼한(三韓)이라 한다. 마한은 오늘날 황해도 일부와 경기도·충청도·전라도 일대를 포괄하였다. 진한과 변한은 소백산맥 이남 지리산 이동 지역에 위치하였는데, 낙동강을 경계로 하여 그 이동에는 진한이, 낙동강 이서에서 지리산 이동 지역에는 변한이 자리하였다. 변한은 변진(弁辰)으로, 변한(卞韓)으로 표기되기도 하였다.

3세기 말~4세기 초 만주와 한반도는 격변의 시기였다. 먼저 집권력을 강화한 고구려가 313년에 낙랑군을, 314년에는 대방군을 축출하였다. 이로 말미암아 낙랑군과 대방군 중심의 국제 교역망이 붕괴되었다. 한편 삼한에서는 통합운동이 활발히 전개되었다. 그 결과 마한의 일국이었던 백제국은 마침내 마한을 구성한 여러 나라를 통합하여 백제라는 통일왕국을 이루었다. 진한의 일국이었던 사로국은 진한을 구성한 여러 나라를 통합하여 신라라는 통일왕국을 이루었다. 이러한 통합은 백제국과 사로국이라는 강력한 힘을 가진 국이 있었기 때문에 가능하였다. 그러나 변한의 경우 통합을 이루지 못해 마한이나 진한과는 다른 길을 걷게 되었다. 주된 원인은 비슷한 국력을 가진 세력이 복수로 존재하여 어느 한 나라가 일방적으로 통합을 추진하기 어려웠기 때문이다. 대표적인 세력이 진왕(辰王)으로부터 우호(優號)를 함께 받은 안야국과 구야국이다. 여기에 더하여 가야가 위치한 서부 경남 지역이 상대적으로 산악이 많아 격절된 지형을 갖추고 있다는 점도 통합의 저해 요인이 되었다. 그 결과 변한은 통일왕국을 이루지 못한 채 가야로 전환되어 갔다.

변한과 가야의 관계에 대한 학계의 인식은 크게 두 가지로 나뉜다. 하나는 변한을 구성한 국들은 이후 가야를 구성한 국들로 이어지므로 변한사회는 가야사회의 전기로 보아야 한다는 입장인데, 이를 전기론(前期論)이라 한다. 이 견해에서는 변한사를 초기가야사로, 변한사회가 가야사회로 전환된 이후의 역사를 후기가야사로 파악한다. 다른 하나는 변한이 가야의 모태(母胎)라는 입장에서 변한을 가야의 전 단계로 파악하는데, 이를 전사론(前史論)이라 한다.

변한과 가야의 관계는, 마한과 백제, 진한과 신라의 관계와 연동해서 파악해야 한다. 백제사의 경우 마한사를 백제사 전기 또는 전사로 파악하지 않고 마한 속의 백제사로 파악한다. 신라사의 경우 진한사를 신라의 전기 또는 전사로 부르지 않고 진한 속의 신라사로 파악한다. 이는 변한과 가야와의 관계에서도 마찬가지이다. 그렇다면 변한사도 가야사의 전기 또는 전사로 보기보다는 가야사와 연속되는 역사로 파악하는 것이 타당할 것이다.

이후 전개된 가야사의 역동성은 가야사의 전개 과정에서 일어난 큰 사건과 이러한 사건을 뒷받침해 주는 고분 자료와 연관시켜 볼 때 파악이 가능하다. 주목되는 큰 사건은 가야 각국의 건국, 변한의 형성, 가야로의 전환, 가야를 이끌어간 중심 세력의 변화, 가야 각국의 멸망 등이다. 고분 자료에 비추어 볼 때 각국의 건국시기에는 널무덤이, 변한시기에는 덧널무덤이 사용되었다. 변한에서 가야로 전환되면서 덧널무덤 및 돌덧널무덤이 만들어졌다. 이후 가야를 대표하는 중심국이 등장하면서 금관가야에는 대형 덧널무덤이, 대가야와 아라가야 등에서는 대형 구덩식돌방무덤이 만들어지고 많은 껴묻거리(副葬品)가 부장되었다. 이를 종합하면 가야사의 전개 과정은 보다 더 체계적으로 정리할 수 있을 것이다.

가야의 기원

1. 정치체의 등장과 건국신화

2. 변한의 형성

3. 변한에서 가야로

1
정치체의 등장과 건국신화

1) 읍락의 형성

가야사의 주된 무대는 지금의 경상도 지역이다. 경상도 지역은 동남쪽이 바다와 접하고 있으며, 동쪽 태백산맥과 북서쪽 소백산맥에 의해 한반도 중·서부지역과 구분된다. 태백산맥과 소백산맥의 커다란 산줄기 사이에는 함백산에서 발원한 낙동강이 여러 하천과 합류하면서 'ㄷ'자형으로 남쪽으로 흘러, 경남 김해 인근에서 남해로 유입된다. 금호강·황강·남강 등의 지류와 산맥에서 갈라져 온 여러 산줄기를 따라 작은 분지가 다수 형성되었다. 한편, 동해안 방면으로는 형산강·태화강이 흐르면서 넓은 평야가 발달하였다.

분지는 선사시대부터 사람이 생활하기에 좋은 환경을 제공하였다. 신석기시대 사람들은 산과 강을 경계로 하여, 한반도 곳곳에서 어로와 수렵, 채집 등을 영위해 나갔다. 신석기시대 후기에 들어서는 농경이 시작되었다. 돌로 만든 괭이, 보습, 반달모양돌칼 등을 통해 신석기시대의 농경을 확인할 수 있다. 경상도 지역에서도 농경문화가 확산되었다. 신석기시대 말기 유적인 경남 김해의 농소리조개무덤에서는 벼의 흔적이 확인되었으며, 경남 진주 남강 유역의 상촌리유적에서는 땅 파는 도구인 보습형 석기가 밀과 보리 등 탄화된 곡물과 함께 다량으로 출토되었다.

농경은 생계의 전부 또는 대부분을 재배식물에 의존하는 생산경제체계로서 식량의 획득이 채집에서 생산으로 바뀌었음을 의미한다. 안정적으로 식량을 획득할 수 있었기 때문에 '신석기혁명'이라고 불릴 정도로, 농경은 인간사회에 큰 변화를 가져왔다. 이제 인간은 농경이라는 새로운 경제생활의 영향으로 말미암아 이동생활에서 벗어나 한곳에 오랜 기간 머무르는 정착생활을 하게 되었다. 정착생활이 시작될 무렵 사람들은 산지나 구릉, 충적지 등에 소규모로 마을을 형성하였지만, 농경기술의 발달에 따라 주거지역은 점차 넓어졌고, 인구가 증가하였다.

청동기시대에 들어오면서 농경은 더욱 발달하였다. 경남 진주 대평리유적에서는 청동기시대 전기부터 중기까지 이르는 상당한 규모의 마을유적과 함께 당시 경작지였던 밭이 확인되었다. 밭 이곳저곳에서는 민무늬토기·돌도끼·돌칼이 출토되었고, 조를 비롯해 보리·밀·수수·기장·팥·녹두 등 다양한 작물도 함께 조사되었다. 논은 발견되지 않았지만, 쌀이나 벼의 흔적은 마을유적에서 확인되었다.

농경으로 생겨난 잉여생산물은 차지한 자와 그렇지 못한 자로 구분되는 경제적 불평등을 낳았으며, 이는 계급사회를 출현시켰다. 이러한 계급사회를 토대로 정치체가 형성되었는데, 경상도 각 지역에서도 마찬가지였다. 이를 보여주는 것이 고인돌(지석묘)과 환호를 갖춘 취락, 그리고 암각화 등이다.

고인돌은 청동기시대에 만들어진 대표적인 무덤유적으로 한반도 거의 모든 지역에서 확인되고 있다. 한반도 북부지역에서는 탁자식 고인돌이, 남부지역에서는 기반식(碁盤式) 또는 개석식(蓋石式) 고인돌이 많이 만들어졌다. 부장유물을 보면 청동기를 부장한 고인돌도 있고, 그렇지 않은 고인돌도 있다. 고인돌은 지상에 덮개돌(上石, 蓋石)이 드러나는 특성으로 인해 마을 주민들의 예배 대상이었으며, 주민들은 조상 숭배의 의례를 통해 결속을 다지기도 하였다. 거대한 고인돌을 축조하기 위해서는 돌을 채취하고 운반해야 했다. 이는 그만한 노동력을 동원할 수 있는 지배계급의 출현을 의미한다. 따라서 고인돌은 청동기시대 사회에서 발달한 농경을 기반으로 계급사회가 등장한 것을 보여주는 대표적인 기념물이라 할 수 있다.

경상도 각 지역에서도 정치권력의 출현을 보여주는 많은 고인돌이 확인되었다. 금관가야가 있었던 김해 지역에서는 내동고인돌과 구산동고인돌을 비롯해 진영읍의 용성리고인돌, 대동면의 지라고인돌, 상동면 감로리고인돌 등이 확인되었다. 구산동고인돌은 기원전 1세기 청동기시대의 지석묘인데, 길이 10미터, 너비 4.5미터, 높이 3.5미터, 무게 350톤이나 되었다. 고인돌이 발견된 이 지역들은 금관가야가 형성될 당시 가락9촌(駕洛

김해 구산동고인돌(한국고고학저널 2008)

九村)이 위치하였을 가능성이 높다. 대가야가 자리 잡았던 경북 고령 지역에는 고령읍을 비롯한 개진면·운수면·성산면 등에서 고인돌이 확인되었다. 특히 고령군을 관통하는 대가천과 안림천이 낙동강 지류로 모이는 개진면 일대에는 대규모 고인돌과 선사유적, 암각화 등이 분포하고 있다. 아라가야가 있었던 경남 함안 각 곳에서도 고인돌이 확인되고 있다. 그 가운데 가야읍 도항리와 군북면 일대에서는 주거지도 발견되었다. 소가야가 있었던 경남 고성 지역에서는 특히 남쪽 해안과 남강 상류를 중심으로 고인돌이 분포하고 있다. 비화가야가 있었던 경남 창녕 지역의 경우 장마면 유리, 영산면 신제리, 계성면 사리 등에 고인돌이 분포하고 있다. 이 가운데 유리고인돌은 덮개돌의 무게가 300톤이나 된다.

고인돌이 있었던 곳은 마을의 중심지이자 의례의 중심지였다. 옛 가야 지역에 고인돌이 다수 분포하고 있다는 사실은 당시 서로 대등한 여러 마을이 병립하고 있었음을 말해준다. 이러한 마을 단위의 정치체가 형성되고 발전하면서 힘의 우열에 따라 결합하는 과정에서 하나의 정치체로 출현한 것이 '읍락'이었다. 읍락은 혈연 중심의 공동체로서 고조선의 유민이 "산과 계곡 사이에 나누어 거주하였다(分居山谷之間)"고 한 것에서 보듯이 소규모 분지에 흩어져 있었다. 이후 읍락은 '국(國)'을 이루는 기본단위가 되었는데, 사로국의 6촌이나 가락국의 9촌에서 보듯이 '촌(村)'으로도 표기되었다.

2) 국의 형성

기원전 3세기부터 한반도에서는 초기철기시대가 시작되었다. 초기철기시대는 널무덤(木棺墓)과 독무덤(甕棺墓) 그리고 한국식동검(細形銅劍)과 잔무늬거울(多鈕細文鏡)의 출현을 그 지표로 삼는다. 기원전 2세기 말에서 기원전 1세기 초를 전후해서 영남 각 지역에서는 널무덤이 군집을 이루며 조영되기 시작하였다. 이러한 사회변화에는 철로 만든 농공구류의 발달과 확산으로 더욱 발달된 농업생산력이라는 내적 요인과 더불어 외부의 자극이 작용하였다. 외부의 자극으로는 북쪽으로부터의 유이민 파동이 주목된다. 기원전 194년 고조선의 준왕(準王)은 위만(衛滿)으로부터 불의의 공격을 받아 수도 왕검성(王儉城)을 잃고 겨우 좌우 궁인만을 거느리고 남쪽으로 갔다. 준왕 집단이 이주하여 정착한 곳은 전북 익산 지역으로 추정된다. 이는 제1차 대규모의 유이민 파동이라고 할 수 있다. 기원전 108년 한 무제는 동방정책을 추진하여 위만조선을 멸망시키고 낙랑(樂浪), 진번(眞番), 임둔(臨屯), 현도(玄菟)라고 하는 '한사군(漢四郡)'을 설치하였다. 이 무렵 조선상 역계경(歷谿卿)이 2천여 호를 거느리고 남쪽의 '진국(辰國)'으로 내려왔다. 이들이 정착한 곳은 한강 유역이나 한반도 남부지역이었다. 이는 제2차의 대규모 유이민 파동이었다.

대규모의 유이민 파동은 한반도 남부의 사회에 변화를 일으켰다. 변화를 가져온 주된 배경은 철기의 수용이었다. 철로 칼, 창 등 무기류와 농공구류 등 각종 도구를 만들기 위해서는 고도의 기술을 필요로 하였다. 이 시기 고조선은 문화의 선진지역이었으므로, 한반도 남부지역으로 내려온 유이민 중에는 고도의 제철기술을 가진 자들도 있었다. 이들에 의해 제철기술이 점차 확산되었다. 이 과정에서 높은 수준의 철기 제작 기술을 가진 집단과 가지지 못한 집단 사이에 생산력의 우열이 생겨나면서 우세한 읍락과 열세한 읍락이 나오게 되었다. 그리하여 읍락 사이에 불균형이 발생하였다.

이러한 변화는 무덤에도 나타났다. 새로운 무덤 형식인 널무덤이나 돌널무덤 등에는 권력의 상징으로 한국식동검인 세형동검이 부장되었다. 고인돌도 이전에 비해 규모가 커졌을 뿐만 아니라 묘역의 공간 분리와 의례

행위가 확인되고 세형동검이 부장된다. 이러한 무덤들은 다른 무덤에 비해 부장품도 탁월하여 최상위 신분인 자의 무덤으로 여겨진다.

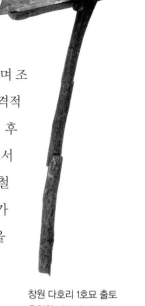

창원 다호리 1호묘 출토 옻칠한 나무 손잡이가 있는 쇠도끼(『고고학지』 1)

이 무렵 경상도 각 지역에서도 널무덤이 군집을 이루며 조성되기 시작하였다. 기원전 1세기 초에 오면 철기도 본격적으로 부장되었다. 대표적인 유적이 기원전 1세기~1세기 후반까지 조영된 경남 창원의 다호리유적이다. 이 유적에서는 철제 무기류, 철제 농공구류가 상당수 출토되었다. 철기 제작방식으로는 단조(鍛造)와 주조(鑄造) 방식 모두가 확인되었다. 이는 철기 제작기술이 상당히 발달한 모습을 보여준다. 이 유적에서 주목되는 것은 철기의 제작양식은 북방 계통이지만 무기류나 농공구류 형태는 독창적이라는 사실이다. 이로 미루어 다호리유적의 철기문화는 유이민 집단의 이동에 따라 수용된 것이었지만, 토착 집단의 문화를 토대로 발달한 것으로 볼 수 있다.

철기문화가 확산되면서 큰 읍락을 중심으로 작은 읍락이 통합되면서 새로운 단계의 정치체가 형성되었다. 『삼국지』 동이전에 보이는 삼한의 여러 '국(國)'이 그것이다. 이러한 국은 혈연에 기초한 사회구조가 지역에 기초한 정치체로 확대되었고, 비교적 밀집된 형태의 읍락으로 발전하고, 사회가 계층화되면서 형성되었다. 한국고대사 연구 초기에는 이렇게 형성된 국을 부족국가라 하였다. 그러나 혈연이 강조되는 부족은 국가의 성격으로 적절치 않다는 지적이 나오면서 성읍국가나 소국(小國) 등으로 부르기도 하였고, 읍락국가라고 부르기도 하였다. 이처럼 명칭은 다양하지만, 이 시기의 국이 초기국가의 한 형태였다는 데는 의견을 같이한다.

3) 건국신화를 통해 본 국의 형성

건국신화는 국을 통치하는 왕실의 기원을 설명하고 있는데, 그 목적은 국왕과 왕실을 신성화하여 정치권력을 정당화하기 위함이었다. 그 내용은 시조의 신이(神異)한 탄생과 건국 과정이 중심을 이루고 있으면서도 신화를 만든 사람들의 사고방식과 생활방식 등이 반영되어 있다. 가야에는 두 계통의 건국신화가 전하고 있다. 하나는 『삼국유사』 가락국기에 나오는 금관가야(가락국) 중심의 건국신화이고, 다른 하나는 『신증동국여지승람』에 인용된 대가야 중심의 건국신화이다.

『삼국유사』 가락국기에 전하는 금관가야의 건국 과정을 요약하면 다음과 같다. 아도간(我刀干) 등 9명의 간(干)이 백성을 통솔하고 있었는데, 건무 18년(42) 3월에 북쪽 구지(龜旨)에서 이상한 소리가 들렸다. 소리에 따라 구지가를 부르고 춤을 추자 하늘에서 6개의 황금알이 내려왔다. 알은 6명의

김해 구지봉 전경(국가유산포털)

어린아이로 변하였다. 가장 처음 나타난 아이가 수로왕(首露王)으로, 대가락 혹은 가야국을 세웠으며, 다섯 아이는 각각 5가야의 왕이 되었다. 이후 수로왕은 아유타국(阿踰陀國)의 공주 황옥(黃玉)과 결혼하였다.

이 건국신화에서 9간은 금관가야가 건국되기 이전 김해 지역에 있던 여러 읍락의 지배자들이었다. 수로왕은 '난생(卵生)'하였다. 이는 수로왕이 하늘에서 내려온 특별한 존재로서, 수로왕의 통치가 정당성을 가지고 있음을 보여준다. 9간이 합의하여 수로를 왕으로 추대한 것은 수로로 대표되는 집단이 9간보다 우월한 힘을 가지고 있었음을 보여준다. 따라서 수로왕 건국신화는 초기철기시대에 들어와 수로로 대표되는 경제적, 문화적 선진성을 가진 집단이 청동기시대 이래 고인돌을 축조하면서 발전해 왔던 김해 지역의 토착세력과 연합하여 금관가야를 건국했음을 보여주는 것이라 할 수 있다.

그렇다면 수로왕처럼 알에서 태어난 나머지 다섯 가야의 시조들도 선진문화를 가진 집단으로서 고인돌 문화를 기반으로 하는 읍락 수장들의 추대를 받아 나라를 세운 것으로 짐작해 볼 수 있다. 이러한 건국신화에서 공통점은 시조의 난생이다. 시조 난생신화는 신라와 고구려 그리고 부여에도 보인다.

『신증동국여지승람』에 나오는 대가야의 건국신화는 다음과 같다. 가야산신 정견모주(正見母主)는 천신 이비가(夷毗訶)에 감응해 대가야왕 뇌질주일(惱窒朱日)과 금관국왕 뇌질청예(惱窒靑裔) 두 사람을 낳았는데, 뇌질주일은 이 진아시왕(伊珍阿豉王)의 별칭이고 청예는 수로왕(首露王)의 별칭이라는 것이다. 이 건국신화는 최치원(崔致遠)이 지은

『신증동국여지승람』의
대가야 건국신화 부분

「석이정전(釋利貞傳)」, 즉 승려 이정의 전기에 실려 있는 내용을 그대로 인용한 것이다. 이 건국신화에서는 대가야 시조와 금관가야 시조가 형제이면서 대가야 시조가 형으로 나온다.

이 두 신화에는 공통점과 차이점이 있다. 공통점은 6개의 알에서 탄생한 시조들이나 산신과 천신의 결합으로 태어난 시조들이 모두 형제라는 사실이다. 이는 가야 여러 나라가 서로 긴밀한 관계를 가진 하나의 정치적 범주로 인식하고 있었음을 상징적으로 보여주는 것이다. 종래의 연구에서는 6란신화가 보여주는 정치적 범주를 '연맹체'로 인식하였으나, 근래 들어서는 가야를 하나의 연맹체로 보기 어렵다는 연구 흐름이 있다.

두 신화에서 보이는 차이점은 둘이다. 하나는 금관가야 중심의 6란신화에서는 시조가 난생한 반면에 대가야 중심의 형제신화에서는 산신이 천신과 결합하여 시조를 낳았다는 것이다. 다른 하나는 6란신화는 금관가야를 세운 수로왕을 중심으로 한 신화이지만, 형제신화는 대가야를 세운 이진아시왕(뇌질주일)을 중심으로 하였다는 점이다.

6란신화가 금관가야를 중심으로 구성되었다는 사실은 금관가야가 당시 다른 가야 여러 나라보다 우월한 위치에 있었음을 보여준다. 이후 산신과 천신의 결합에 의한 시조 형제 탄생신화가 대가야 중심으로 구성된 것은 대가야가 가야사회의 주도권을 잡았음을 보여준다. 그 시기는 5세기 전반 이후다. 이렇게 보면 두 신화는 가야 지역 내 최초 국가의 성립과 변화, 즉 가야사회의 중심이 처음에는 금관가야였지만 나중에는 대가야로 바뀌었다는 역사적 사실을 상징적으로 보여준다고 할 수 있다.

4) 국의 구조와 지배조직

초기국가는 혈연에 기초한 사회가 지역에 기초한 정치체로 확대되고,

비교적 밀집된 형태의 취락인 읍락의 발전, 사회의 계층화 등을 바탕으로 형성되었다. 국의 규모는 일정하지 않아 대국은 4,000~5,000가였고 소국은 600~700가였다. 크고 작은 국들은 기본적으로 국읍·읍락·소별읍으로 이루어졌다. 국읍은 읍락의 하나이지만 국(國)의 도읍이라는 의미를 가지고 있으며, 국을 성립시키는 데 중심 역할을 하였다.

국읍을 다스리는 이는 주수(主帥)였다. 주수의 칭호는 국의 크고 작음에 따라 달랐다. 대국의 주수는 신지(臣智)라 하고, 다음으로는 험측(險側), 번예(樊濊), 살해(殺奚), 읍차(邑借)라고 칭하였다. 마한의 경우 신지와 읍차로만 구성된 것과 비교한다면, 변한을 구성한 국들은 보다 세분화되어 다양성을 가지고 있었던 사실을 알 수 있다. 변한을 구성한 국 가운데 대국은 마한 진왕(辰王)으로부터 '구야진지렴(狗邪秦支廉)'과 '안야축지(安邪踧支)'라는 우대하는 칭호(優號)를 받은 구야국과 안야국이었다. 따라서 구야국과 안야국의 주수는 신지를, 그밖의 다른 국들은 험측 이하의 칭호를 가졌을 것이다. 국읍에는 주수와 더불어 천군(天君)이 있었다. 천군은 천신에 대한 제사를 주관하였다. 국읍의 주수는 정치적 지배자였고, 천군은 제사장이었다. 이는 국 단계에 이미 제정(祭政)이 분리되었음을 보여준다.

크고 작은 변한의 국은 기본적으로 중심이 되는 읍락인 국읍(國邑)과 다수의 읍락이 결합된 모습이었다. 국읍과 읍락들은 계층을 이루면서 권력이 분산되어 있고, 미약하나마 읍락의 장으로 편제된 지배계급이 형성되어 있었다. 읍락(촌)은 독립된 하나의 정치체로서 대개 산과 하천으로 둘러싸인 일정한 공간에 주로 위치하였다. 이 읍락을 소촌(小村: hamlet) – 촌(村: village) – 읍락(邑落) – 국읍(國邑)으로 세분하여 위계화된 4단계 구조로 파악하는 견해도 있다. 국을 구성한 읍락의 수는 일정하지 않았다. 사로국의 경우 여섯 읍락(6촌)이었고, 가락국의 경우 아홉 읍락(9촌)이었다. 이 읍락을 이끄는 자를 거수(渠帥)라 하였다. 이 거수의 칭호는 가락국의 경우 아

도간(我刀干), 여도간(汝刀干), 피도간(彼刀干) 등에서 보듯이 '〇도간(〇刀干)'
이라고 하였다.

　읍락을 기반으로 형성된 국을 다스리는 주수의 권한이 강화되기는 하
였지만 강력한 권력을 가지지는 못하였다. 읍락이 국을 구성하는 기초단
위였지만 나름의 독자성을 유지하고 있었기 때문이다. 『삼국지』 동이전에
"국읍에 주수가 있으나 읍락이 잡거하여 제어를 잘 하지 못하였다"는 기록
이 그러한 모습을 반영하고 있다. 따라서 각각의 읍락들은 존립을 위해서
는 물론이고 다른 읍락보다 우세한 유력세력으로의 성장을 통해 국 내부
주도권을 장악하려고 끊임없는 노력을 기울였다.

　소별읍(小別邑)은 말 그대로 '작은 별읍'이라는 의미다. 별읍의 성격은
마한의 경우에서 살펴볼 수 있다. 마한에서는 소도(蘇塗)를 별읍으로 불렀
다. 소도에는 큰 나무를 세우고 그 위에 방울과 북을 달아 귀신을 섬겼다.
이 소도에 죄를 지은 자들이 도망해 들어가면 모두 돌려주지 않았다. 이는
소도(별읍)가 공권력이 미칠 수 없는 일종의 신성공간임을 보여준다. 따라
서 변한의 소별읍도 별읍의 일종으로서 신성공간이라 할 수 있다. 이와는
달리 소별읍을 특정 국에는 포함되지 않는 별도의 읍락으로 보는 견해도
있다.

　변한을 구성한 각국에는 국의 지배자인 주수, 민(하호), 노복(奴僕)이 있
었다. 민은 읍락의 주된 구성원이었다. 노비는 대개 전쟁이나 형벌, 채무로
인해 발생되었다. 염사치사화(廉斯鑡史話)에 중국인(한인) 1,500명이 포로
로 잡혀 노비가 되었다는 사례가 이를 보여준다. 한편 창원 다호리유적에
서는 필사용 붓이 발견되었다. 이는 곧 문자를 알고 있는 지식인계층이 있
었음을 보여준다. 이를 종합해 보면 변한을 구성한 국의 사회구조는 가장
높은 지위의 수장층을 비롯한 사제, 전사, 수공업자, 상인집단 등 전문성을
보유한 층과 읍락민 그리고 노비로 이루어졌던 것으로 볼 수 있다.

이러한 사회구조에서 국읍 주수는 국을 다스리는 데 필요한 지배조직을 만들었다. 이를 추론하는 데 단서가 되는 것이 가락국의 경우 건국 이후 9간의 칭호인 아도(我刀)를 아궁(我躬)으로, 여도(汝刀)를 여해(汝諧)로, 피도(彼刀)를 피장(彼藏)으로, 오도(五刀)를 오상(五常) 등등으로 고쳤다는 사실이다. 이는 가락국 신지의 위상이 높아지면서 9간으로 대표되는 읍락의 장들을 지배체제에 편입시켰음을 보여준다. 신라의 경우 수장인 간(干) 아래에 일벌-일척-피일-아척을 두었다. 왜의 경우 대마국(對馬國)이나 일기국(一岐國) 등은 비구(卑狗)-비노모리(卑奴母離)라는 관을, 이도국(伊都國)은 이지(爾支)-설모고(泄謨觚)-병거고(柄渠觚)라는 관을, 야마타이국(邪馬臺國)은 이지마(伊支馬)-미마승(彌馬升)-미마획지(彌馬獲支)-노가제(奴佳鞮)라는 관을 두었다. 그렇다면 변한을 구성한 각국의 주수도 그 휘하에 2~3개 정도의 지배조직을 갖추지 않았을까 한다. 그러나 그 지배조직의 명칭은 자료가 없어 알 수 없다.

2
변한의 형성

1) 변한을 구성한 여러 나라

　『삼국지』 동이전 한조에는 진한과 변한을 구성한 24국의 국명이 나온다. 이 가운데 구야국(狗邪國) · 미리미동국(彌離彌凍國) · 접도국(接塗國) · 고자미동국(古資彌凍國) · 고순시국(古淳是國) · 반로국(半路國) · 낙노국(樂奴國) · 미오야마국(彌烏邪馬國) · 감로국(甘路國) · 주조마국(走漕馬國) · 안야국(安邪國) · 독로국(瀆盧國) 등 12국의 국명 앞에는 변진이 붙어 있다. 이는 이 12국이 변한을 구성하였다는 사실을 보여준다. 한편 『삼국사기』와 『삼국유사』에는 골포국(骨浦國: 현 창원 합포), 칠포국(柒浦國: 현 함안 칠원), 보라국(保羅國), 고자국(古自國: 현 고성), 사물국(史勿國: 현 사천) 등 '포상팔국(浦上八國)'의 이름이 나온다. 이는 12국 외에 변한을 구성한 나라가 더 있었음을 보여준다.

　변한의 국들은 성립 시기에도 차이가 있고 멸망 시기도 동일하지 않았다. 이 가운데 반로국(가라국, 대가야), 안야국(안라국, 아라가야), 고자미동국(고차국, 구차국, 고자국, 소가야), 구야국(남가라, 가라국, 금관가야) 등은 『일본서기』

에 의하면 멸망 당시의 임나(가야) 13국으로 나온다. 이 나라들은 변한이 형성되었을 당시부터 562년 가야가 멸망할 때까지 이어져 온 나라들이었다.

구야국은 구야한국(狗邪韓國)이라고도 하는데 경남 김해 지역에서 성립하여 발전한 나라이다. 이 나라의 이름은 『삼국사기』와 『삼국유사』에는 가락국, 금관국(金官國), 남가야(南加耶), 금관가야(金官伽耶) 등으로, 『일본서

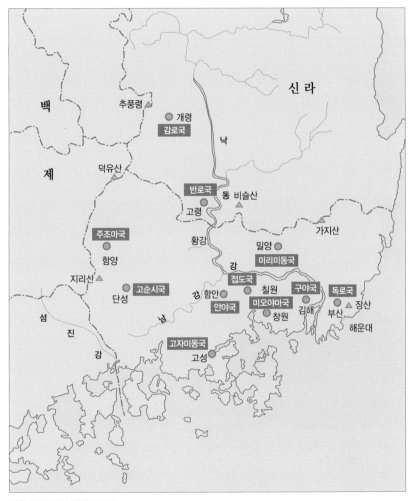

변한 국의 위치 비정(김태식)

기』에는 남가라(南加羅), 수나라(須那羅)로 나온다. 시조는 수로왕이다. 건국
신화에 의하면 수로왕은 건국 후 나라 이름을 대가락(大駕洛)이라 하였다고
한다. 이는 구야국이 당시 변한의 여러 나라 중 가장 큰 세력이었다는 자존
의식의 반영으로 보인다. 이 구야국은 마한의 진왕(辰王)으로부터 '구야진
지렴'이라는 우대하는 칭호를 받았다.

안야국은 경남 함안 지역에 위치하였다. 『삼국사기』에는 아시량국(阿尸
良國), 아나가야(阿那加耶)로, 『삼국유사』 오가야조에는 아라가야(阿羅伽耶)
로, 『일본서기』에는 안라(安羅)로 나온다. 「양직공도(梁職貢圖)」의 백제국사
도(百濟國使圖)에 보이는 '전라
(前羅)'는 '앞라'로 읽으면 안라
의 다른 표기로 볼 수 있다. 안
야국도 마한의 진왕으로부터
'안야축지'라는 우대하는 칭호
를 받았다. 이는 안야국이 변
한에서 구야국에 버금가는 위
상을 가진 대국이었음을 보여
준다.

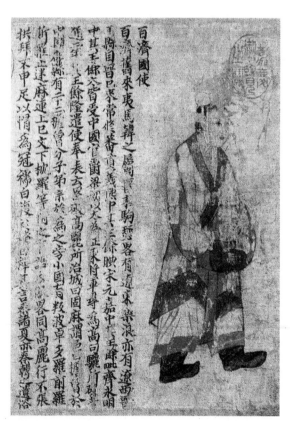
「양직공도」 백제국사 부분

반로국은 경북 고령 지역
에 위치하였던 나라다. 후일
대가야로 성장하였다. 『삼국사
기』에는 대가야(大加耶), 가량
(加良), 『삼국유사』에는 대가야
(大伽耶)로 기록되어 있다. 중국
역사서인 『남제서』에는 가라
국(加羅國)으로, 「양직공도」에

는 반파(叛波)로, 『일본서기』에는 반파국(伴跛國) 또는 가라국으로 나온다.

고자미동국은 경남 고성 지역에 위치하였다. 『삼국사기』에는 고자국, 고사포로, 『일본서기』에는 고차와 구차(久嵯)로 표현되어 있으며, 『삼국유사』에는 소가야(小伽耶)로 전하고 있다. 포상팔국의 일원이었다.

한편, 변진의 이름이 붙은 나라는 아니었으나, 나중에 가야국으로 성장해 나간 경우도 있었다. 불사국(不斯國)은 경남 창녕 지역에 위치한 나라로 원래 진한에 속한 나라였다. 그런데 3세기 말~4세기 초에 변한에서 가야사회로 전환하는 과정에서 진한에서 이탈하여 가야사회의 구성원이 되었다. 『삼국유사』에 비화가야(非火伽耶)로, 『삼국사기』에는 비자화(比自火) 또는 비사벌(比斯伐)로, 「창녕 신라 진흥왕척경비」에는 비자벌(比子伐)로, 『일본서기』에는 비자발(比自烋), 비지(費智)로 기록되어 있다.

2) 변한의 성립과 운영

변한을 구성한 여러 나라는 독자적인 국명을 유지하고 있었다. 이 나라들은 대외적인 교섭과 교류의 필요에 따라 서로 협력하는 관계로 성장하였다. 이들은 중국 군현과의 원거리 교섭에 필요한 각종 정보와 교통로를 공유하기도 하였기 때문에 중국에서는 마치 하나의 공동체로 보였을 수도 있겠다. 따라서 중국에서는 이들을 묶어 변한이라고 하였던 것으로 보인다. 변한은 마한, 진한과 함께 삼한을 구성하였다. 변한을 구성한 12국 가운데 구야국을 비롯한 안야국, 반로국처럼 가야시대까지 존속된 나라가 있었는가 하면, 변한 소속은 아니었으나 후일 가야사회로 편입된 창녕 불사국도 있었다. 또한 주도세력의 교체로 인해 나라 이름이 전혀 다르게 바뀌거나 다른 정치세력에 의해 통폐합되어 소멸한 나라도 있고, 새롭게 나라로 성장해 나간 정치체도 있었다.

이러한 변한의 형성 시기를 직접 보여주는 자료는 없지만, 변한과 잡거(雜居)하고 있던 진한의 성립 시기를 통해 추론해 볼 수 있다. 진한의 성립 시기는 『삼국지』 동이전에 보이는 염사치사화를 통해 살펴볼 수 있다. 이 사화의 대략적인 내용은 다음과 같다.

염사치는 낙랑의 토지가 비옥하여 풍요롭다고 듣고 그곳으로 향했다. 도중에 밭에서 참새를 쫓아내는 남자를 보았다. 그는 한인(韓人)이 아니라 호래(戶來)라는 이름의 한인(漢人)이었다. 호래는 무리 1,500명과 같이 벌목하러 왔다가 붙들려 머리를 깎이고 3년 동안 노예처럼 생활하고 있었다. 염사치는 함께 가자고 권유했다. 낙랑에서는 염사치의 보고를 받고, 큰 배를 내어 진한에 들어가 붙잡혀 있는 호래의 동료를 구출했다. 1,000명은 살아있었으나 500명은 이미 죽었다. 염사치는 진한과 협상하여 죽은 500명에 대한 변상으로 진한인 1만 5,000명과 변한포(弁韓布) 1만 5,000필을 가지고 낙랑으로 돌아갔다.

염사치의 '염사(廉斯)'는 국명이고, '치(鑡)'는 원래 음이 '착'이지만 수장을 지칭하는 '지(智, 支)'와 같은 것으로 보아 대개 '치'로 읽고 있다. 『후한서』 동이전에는 '염사읍군(廉斯邑君)'으로 나온다. 따라서 염사치는 '염사국의 수장'이라 할 수 있다. 염사국 수장인 염사치는 진한의 우거수(右渠帥)였다. 이 기사는 염사국을 비롯한 여러 국이 진한을 형성하고 있었음을 보여준다. 진한의 성립 시기는 염사치사화가 왕망(王莽)이 세운 신(新) 왕조의 지황(地皇) 연간(20~23)에 발생한 일을 전하고 있다는 사실로 미루어 1세기 초로 볼 수 있다.

그런데 이 사화에는 변한포가 나온다. 변한포는 변한에서 만든 '폭이 넓고 가는 베(廣幅細布)'였다. 『삼국지』 동이전에 따르면 변한과 진한은 "의복과 거처는 동일하며, 언어와 법속은 서로 비슷하였다"고 하였다. 이를 종합하면 변한도 진한과 마찬가지로 1세기 초에는 성립하였다고 할 수 있다.

앞의 금관가야 건국신화에서 한 상자에 들어있는 여섯 알에서 금관가야를 비롯한 6가야의 시조가 출생하였고, 이들이 나라를 세운 시기가 42년이라고 한 것도 이와 맥을 같이한다.

염사치사화를 통해 변한 성립 이후 나라의 운영을 추론할 수 있는 단서를 찾을 수 있다. 이 사화에서 두 가지를 주목할 수 있다. 하나는 염사치가 진한의 우거수였다는 사실이다. 우거수로 미루어 좌거수(左渠帥)의 존재도 상정할 수 있다. 이는 진한의 대표 아래에 우거수와 좌거수가 있었음을 보여준다. 이들은 진한의 운영과 관련한 주요 사항을 논의하고 결정하였을 것이다. 그렇다면 변한에도 우거수, 좌거수와 같은 직이 설치되어 있었다고 짐작할 수 있다.

다른 하나는 벌목하러 왔다가 포로로 잡혀 노비가 된 중국인 1,500명 가운데 죽은 500명에 대한 배상사건이다. 낙랑군은 죽은 500명에 대한 값으로 진한인 1만 5,000명과 변한포 1만 5,000필을 요구하였다. 이 수를 사실 그대로 믿기 어렵다고 하더라도 상당한 수의 생구(生口)와 포(布)를 내야 했음은 분명하다. 진한인은 진한에서, 변한포는 변한에서 감당해야 하였다. 이 시기 진한과 변한을 구성한 국들 가운데 대국은 4,000~5,000가였고, 소국은 600~700가였다. 이 인구로는 진한의 어느 한 나라도 혼자 힘으로 1만 5,000명을 차출할 수 없다. 변한의 어느 한 나라도 변한포 1만 5,000필을 감당할 수 없다. 이 문제는 진한 또는 변한을 구성한 나라들이 분담해야 해결이 가능하였다.

이때 진한의 대표가 좌거수와 우거수 및 각국의 주수들과 협의하여 분담할 생구 수를 결정하였을 것이다. 변한도 변한포를 갹출하기 위해 진한과 비슷한 의사결정 방식을 통해 문제를 해결하였으리라 여겨진다.

3) 변한의 성장과 구야국

『삼국지』에 의하면 후한 환제(桓帝)와 영제(靈帝)가 재위하던 기간 (147~188)에 한(韓)·예(濊)가 강성해져 한군현이 통제할 수 없었고, 많은 민이 삼한으로 이주하였다고 하였다. 경제·문화적 선진지역인 낙랑군의 많은 주민이 낙랑군을 이탈하여 삼한으로 왔다는 것은 2세기 중반에 들어와 변한을 포함한 삼한이 크게 성장하였음을 보여준다.

성장의 원동력은 농업생산력의 증대, 우수한 철기의 생산과 교역이었다. 변한은 "토지가 비옥하여 오곡 및 벼를 재배하기에 적합"하였다. 5곡은 조(黍)·기장(稷)·콩(菽)·보리(麥)·마(麻)였다. 김해 부원동유적에서는 조·

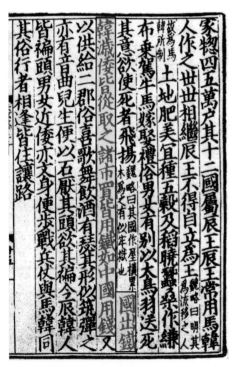

『삼국지』 동이전에 보이는 변진의 철

기장·콩·보리가 발견되었고, 경남 산청의 소남리유적에서는 조와 기장이 발견되었다. 『삼국유사』 가락국기에는 '새로 만든 논(新畓)'이 있었다고 하는데, 이는 논농사가 행해졌을 뿐만 아니라 개간도 활발히 이루어졌음을 보여준다.

한편 『태평어람』에 인용된 『위략』에서는 "변진의 나라에서는 철이 생산된다"고 하였다. 변진은 바로 변한의 다른 표기이다. 또 현재 김해시 생림면에는 생철리(生鐵里)라는 지명이 남아있고, 김해시 상동면, 양산시 물금면 일대의 철광은 고대부터 채굴되었을 가능성이 높다. 1~3세기경의 널무덤과 덧널무덤인 김해 양동리유적에서는 판모양쇠도끼

(板狀鐵斧)라 불리는 길쭉한 도끼가 수십 점 출토되었고, 창원 다호리 1호분에서는 쇠도끼(鐵斧) 2점이 조사되었다. 이러한 사실은 변한이 철 생산의 중심지였음을 보여준다.

변한에서 철은 시장에서 물건을 사고팔 때 중국의 화폐처럼 사용되었다. 화폐처럼 사용하도록 만든 철제품을 덩이쇠(鐵鋌)라 하는데, 모양은 판모양쇠도끼 형태였다. 이 덩이쇠는 10매씩 묶여 출토되기도 하는데, 이는 규격화된 철 유통시스템을 갖추었음을 보여준다. 한편 변한에서 철은 중요한 대외교역품이었다. 변한은 낙랑군이나 대방군에 철을 공급하였을 뿐만 아니라 마한과 예는 물론 왜에도 철을 수출하였다.

변한의 성장을 주도한 나라는 김해 금관가야(구야국)였다. 금관가야 성장의 원동력은 중개무역이었다. 낙동강 하구에 위치한 구야국은 남해안을 끼고 있어 수상·해상교통을 통한 대외교역의 중심지로 자리매김하였다. 내륙에 위치한 가야의 여러 나라, 특히 낙동강을 통해 남해안과 연결되는 강안 좌우의 경남 양산·밀양·창녕·합천·고령·성주 일대의 국들은 금관가야를 매개로 낙랑·왜 등의 나라와 통할 수 있었기 때문에 금관가야에 대한 교역 의존도가 높을 수밖에 없었다. 한편 남해안을 낀 금관가야는 낙랑에서 왜로 이어지는 항로의 중간 기착지였다. 낙랑군이나 대방군 또는 왜에서 오는 사신단과 상단은 금관가야에 일단 기항해야 하였다. 『삼국지』 동이전에는 낙랑·대방군에서 왜에 이르기까지 해안을 따라 물길로 한국(韓國)을 지나며, 남쪽으로 가다가 동쪽으로 나아가면 그 북쪽 대안(北岸)인 구야한국(狗邪韓國)에 도착하는데 (거리가) 7,000여 리이고, 비로소 바다 하나를 건너는데 1,000여 리를 가면 대마국에 도착한다고 기록되어 있다.

이때 바다의 관문(海門)과 같은 역할을 한 곳이 김해 율하지구에서 확인된 관동유적이다. 이곳에서 항구의 호안시설, 선착장 같은 잔교(棧橋), 창고형 건물터, 배후 도로까지 확인되었다. 이렇게 금관가야는 외국에서 들어

김해 관동유적 잔교(삼강문화재연구원)

오고 외국으로 나가는 물자의 집산과 보급의 중심축인 관문사회(關門社會, Gateway Community)로서의 입지를 다졌다.

　김해 지역에서 발견되는 중국산 유물과 왜계 유물은 금관가야가 관문 사회였음을 잘 보여준다. 김해 회현리패총(현 김해 봉황동유적)에서 출토된 화천(貨泉)은 9년 신(新)에서 만든 화폐였다. 불과 10년이라는 짧은 기간동 안만 사용되었는데, 회현리뿐만 아니라 서북한 지역과 일본 규슈(九州) 북 부에서 오사카(大阪)에 이르기까지 광범위한 지역에서 출토되고 있는 것은 구야국이 바닷길을 통해 낙랑군, 대방군은 물론 왜와 교역하였음을 보여 준다. 또 2세기 중·후반으로 추정되는 김해 양동리 162호분에서 출토된 후한대의 내행화문경(內行花文鏡)과 사유조문경(四乳鳥文鏡), 그리고 3세기 대로 추정되는 양동리 322호분에서 출토된 청동솥(銅鼎)과 수정 굽은옥(曲

玉)으로 만든 화려한 목걸이와 같은 유물은 구야국과 낙랑군 간의 활발한 교역 양상을 보여준다. 광형동투겁창(廣形銅矛), 방추차형석제품(紡錘車形石製品), 바람개비모양청동기(巴形銅器) 등 왜계 유물은 왜와의 교류를 보여준다. 한편 중국 군현이나 왜에 철을 수출하는 것도 주로 금관가야를 통해 이루어졌다. 이리하여 금관가야는 교역과 분배를 통해 변한을 이끌어가는 대표국이 되었다.

김해 양동리 162호분 출토
내행화문경, 사유조문경
(동의대학교 박물관)

3
변한에서 가야로

1) 포상팔국의 가라·신라 공격과 교역체계의 재편

　　남해안을 이용한 대외교역은 금관가야만 독점한 것은 아니었다. 경남 해안지역에 자리잡은 국가들도 관문사회의 역할을 하였다. 낙랑·대방군에서 출발한 교역선이 왜로 갈 때 남해안 연안 국가들을 거쳐야 하였기 때문이다. 이로 말미암아 변한 내에서는 김해 금관가야의 교역 주도권에 도전하는 세력이 나타났다. 대표적인 세력이 포상팔국이다.

　　포상팔국은 동쪽으로 창원에서 서쪽으로 하동까지 경남 해안에 있었던 8개국이었다. 이 가운데 이름을 알 수 있는 나라는 골포국, 칠포국, 고자국, 사물국, 보라국 등이었다. 보라국의 위치에 대해서는 사천시 늑도로 보는 견해도 있지만 『삼국유사』에는 발라(發羅)라고 하면서 전남 나주에 비정하였다. 이 8개의 나라는 변한 내에서 공동의 이해를 위해 연대한 지역연맹체(地域聯盟體)였다. 지역연맹체는 지리적으로 근접해 있는 국들이 경제적 교환관계나 외적의 침입에 대한 공동 방어의 필요성 등으로 만든 작은 연맹체를 말한다.

2세기 중반에 이르러 한군현의 힘이 쇠퇴하고 한(韓)과 예(濊)가 강성해져 군현민들이 한으로 이주함에 따라 교역체계에 변화가 생겼다. 이에 포상팔국은 구야국 중심의 교역 주도권에 도전했다. 그리하여 일어난 사건이 209년 포상팔국의 가라국 공격이다. 이 가라국은 김해 금관가야(구야국)를 말한다. 『삼국사기』 물계자(勿稽子) 열전에서는 아라국(阿羅國, 아라가야)을 공격하였다고 하였다. 그러나 이 시기 변한에서 철을 매개로 한 관문사회 역할은 주로 김해의 금관가야가 담당하였다는 사실과 아라국의 '아(阿)'가 가라국의 '가(柯)'의 오기일 가능성이 크다는 점 등에서 미루어 가라국으로 보는 것이 타당하다. 따라서 이 전쟁의 성격은 남해안 일대의 교역권을 둘러싼 다툼으로 볼 수 있다. 이 공격을 주도한 국은 고성 지역에서 성장해 나간 고자국일 가능성이 크다. 공격 시기에 대해 기년을 조정하여 3세기 말~4세기 초로 보는 견해, 6세기 전반으로 고쳐 보는 견해도 있지만, 이 공격이 변한 내부의 상황을 보여주는 사건이라는 측면에서 3세기 초반으로 보는 것이 타당하다.

창원 현동유적 출토 배모양토기(삼한문화재연구원)

이 공격은 가라국의 요청에 따라 신라군이 개입하여 실패하고 말았다. 이에 반발하여 3년 뒤인 212년에 골포국, 칠포국, 고사포국 세 나라는 신라의 갈화성(竭火城: 현 울산 울주)을 공격하였으나 이 공격도 실패하고 말았다. 두 번에 걸친 공격의 실패로 포상팔국은 큰 타격을 입고 쇠퇴하게 된다. 이러한 상황에서 두각을 나타낸 나라가 함안의 안야국(안라국: 아라가야)이었다.

안야국이 위치한 함안 지역은 농업생산과 군사방어에 유리한 입지였지만, 바다가 있는 진동만 지역과 대현(大峴)이라는 고개로 막혀 있어 외국과의 교역에는 불리하였다. 성장을 위해 교역항이 필요했던 안야국은 포상팔국의 가라국 공격이 실패로 끝난 틈을 타서 창원 지역으로 진출하여 현동 지역을 해상교역의 중심항구인 해문(海門)으로 삼았다. 현동유적에서 출토된 아라가야양식토기와 배모양토기가 이를 보여준다. 배모양토기는 단순한 통나무배에서 복잡한 구조선(構造船)으로 나아가는 중간 단계인 유선형 준구조선 모양이다. 이렇게 성장한 안야국은 구야국과 함께 진왕으로부터 우호를 받았다. 그리하여 안야국은 변한 내에서 구야국에 버금가는 세력으로 부상하였다. 경남 남부지역의 4세기 도질토기가 구야국권과 안야국권으로 양분되는 것이 이를 입증해 준다.

2) 서진과의 교섭 중단

3세기 전반에 들어오면 중국 사회에서도 큰 변화가 일어났다. 238년 위(魏: 220~265)의 사마의(司馬懿)가 4만의 병력으로 요동을 공격하여 공손씨(公孫氏) 정권을 멸망시키고, 낙랑군과 대방군을 접수한 후 유흔(劉昕)을 대방태수로, 선우사(鮮于嗣)를 낙랑태수로 새로 임명하여 서해와 남해의 연안항로를 장악하고 교역을 주도하였다. 그리고 삼한의 신지에게는 읍군(邑

君)의 작호와 인수(印綬)를 하사하고, 그 다음 지배자에게는 읍장(邑長)의 작호를 주었다. 경북 상주에서 출토된 것으로 전하는 '위솔선한백장(魏率善韓伯長)'이 새겨진 청동도장(銅印)이 이를 보여준다. 읍군과 읍장의 인수와 의책은 곧 정치적 지배권 승인의 상징이면서 낙랑·대방군과 교역할 수 있는 징표였다. 이후 삼한의 하호들은 인수와 의책을 빌려 입고 군현에 드나들었는데, 그 수가 천여 명이나 되었다.

경북 상주 출토 '위솔선한백장(魏率善韓佰長)' 청동도장

3) 가야사회로의 전환

3세기 말~4세기 초 중국 대륙과 한반도는 격변의 시기였다. 중국 서진에서는 무제(武帝)가 사망한 이후 291년부터 306년까지 '팔왕(八王)의 난'이 일어나는 등 극심한 내부 혼란이 일어났다. 이 틈을 이용하여 선비(鮮卑), 흉노(匈奴) 등 북방의 다섯 유목민족이 화북 지역에서 16국을 세웠는데, 이를 5호16국이라 한다. 이 가운데 흉노족 유연은 304년에 한(漢: 후일 前趙)을 세운 후 316년에 서진을 멸망시켰다. 이에 황족 사마예(司馬叡)는 317년에 남쪽으로 내려가 건업(建業: 현 중국 난징)에서 진을 재흥시켰는데, 이를 동진(東晉)이라 한다. 중국 대륙에서의 이러한 혼란으로 말미암아 마한 및 진한과 서진과의 빈번한 교섭·교류는 291년을 끝으로 중단되었다.

한편 한반도에서는 먼저 집권력을 강화한 고구려가 313년에 낙랑군을, 314년에는 대방군을 멸망시켰다. 400여 년간 존속하여 정치적·경제적·문화적으로 한반도에 많은 영향을 미쳤던 낙랑군의 소멸이 삼한사회에 준 충격은 컸다. 이제 고구려가 해로를 장악함으로써 중국의 선진문화를 받아들일 수 있는 통로가 없어지게 되었다. 완충지대 역할을 하였던 낙랑군과 대방군의 멸망으로 고구려의 직접적인 군사적 압박이 거세어졌다.

이러한 상황에 대응하여 삼한 내에서는 통합운동이 활발히 전개되었다.

마한에서는 백제국(伯濟國)이 목지국(目支國)을 멸망시키고 새롭게 백제(百濟) 왕국을 이루어가고 있었다. 비류왕(比流王) 대에 와서 백제의 영역은 노령산맥 이북의 전북 일대에까지 미쳤다. 진한은 사로국에 의해 하나의 국가로 통합되어 갔다. 사로국은 236년에 경북 영천 지역에 위치한 골벌국(骨伐國)을, 297년에는 청도 지역의 이서국(伊西國)을 병합한 후, 내물왕(奈勿王: 356~402) 대에는 동해안으로 강원도 강릉 지역까지, 내륙으로 경북 상주 지역까지를 편입하여 신라(新羅) 왕국을 이루었다.

변한도 이러한 움직임 속에서 통합을 추진하였지만, 끝내 어느 한 나라가 다른 모든 나라를 통합한 통일왕국을 이루지 못하였다. 여기에는 크게 두 가지 요인이 작용한 것 같다. 하나는 안야국이 마한의 진왕으로부터 우호를 받은 것에서 보듯이 구야국(가락국)과 비슷한 힘을 가지고 있었다는 사실이다. 대등한 힘을 가진 두 국의 존재는 통합을 어렵게 하였다. 다른 하나는 서부 경남 지역의 상대적으로 격절(隔絶)된 지리 조건 때문이었는데, 이는 통합의 저해요소로 작용하였다. 이로 말미암아 변한은 통일된 하나의 왕국을 이루지 못하고 가야사회로 전환되어 갔다. 이는 변한이 겪은 정치적·사회적 변동이 마한 및 진한과 비슷하면서도 다른 면을 보여준다.

그러나 변한에서 가야사회로의 전환에는 여러 측면에서 변동이 있었다. 먼저 들 수 있는 것이 소속의 변동이다. 변한에 속하였던 독로국(부산 동래)과 미리미동국(경남 밀양)은 신라로 통합되었다. 부산 동래 복천동고분군에서 4세기대를 전후하여 사로국을 핵심 분포지역으로 하는 비취곡옥(翡翠曲玉)이 출토된 것이 이를 보여준다. 이후 신라의 대표적인 돌무지덧널무덤(積石木槨墓)이 이곳에서 확인되었다. 반면에 낙동강 동안의 창녕에 자리한 진한의 불사국(弗斯國: 비자발·비사벌)은 신라로의 복속을 거부하고 가야사회로 편입해 들어왔다. 다음으로 들 수 있는 것이 새로이 두각을 나타낸 세력의 등장이다. 대표적인 사례로는 다라국(多羅國)을 들 수 있다. 다라국은 경남 합천군 쌍책면 지역을 기반으로 성장한 국이다. 이 국의 존재를 고고학적으로 보여주는 유적이 합천 옥전고분군이다. 다라국은 변한 12국에서는 보이지 않았는데, 가야사회로 전환하면서 『일본서기』에 '가라 등 7국'의 하나로서 그 모습을 드러냈다.

가야사회로 전환하면서 각국 수장의 호칭에도 변화가 생겼다. 3세기까지 변한 각국의 수장은 그 세력 규모에 따라 신지·험측·번예·살해·읍차 등으로 불렸지만 가야사회에서는 모두 한기(旱岐)로 격상되었다. 탁순국의 말금한기(末錦旱岐)와 가라국의 기본한기(己本旱岐)가 대표적인 사례다. 한기의 '한'은 크다는 의미이고, '기'는 '지(智)'와 더불어 '님'을 나타내는 존칭 어미였다. 따라서 한기는 '위대한 님' 또는 '큰 님'이라는 뜻을 가진 칭호였다. 이러한 칭호의 격상은 각국의 내부 통합이 보다 강고해졌음을 의미한다.

가야사회로 전환하면서 교환수단에도 변화가 생겼다. 종래에는 철이 주요 교환수단으로 기능하였다. 그러나 철 산지의 개발과 제철 및 제련의 기술력이 평준화되면서 내륙에 자리를 잡은 국들도 철 생산기술을 어느 정도 보유하게 되었다. 그에 따라 덩이쇠(철정)는 점차 교환수단이나 재화로서의 기능을 상실하였다. 반면 4세기에 이르러서는 금은이 분묘 속에 부장되기 시작하였다. 이는 금은이 주요 재화로서 기능하였음을 시사해 준다. 금은은 가치가 높아 소량만으로 고가의 물품을 교환할 수 있었으며 운송도 용이했다. 이러한 금은이 주요 교환수단이 되면서 수로·해로뿐만 아니라 육로의 활용도 높아졌다. 이로써 내륙지역에 위치한 국들도 성장·발전할 수 있는 계기가 만들어졌다.

성장과 발전

1. 가야 각국의 성장과 발전

2. 중심국의 변화

1
가야 각국의 성장과 발전

1) 금관가야(金官伽耶)

(1) 국명

우리가 '가야'라고 알고 있는 대표적 나라는 김해와 고령에 존재했었다. 두 나라는 강세를 보인 시기에 차이가 있지만, 가야사 전 시기에 걸쳐 대표성을 띠었다. 이들 두 나라의 원래 이름은 모두 '가라'였는데, 후대에 '가야'로 바뀌어 불리게 되었다. 김해의 가라국은 『삼국유사』 오가야조에서는 금관가야로 쓰고, 같은 책 가락국기에서는 가락국으로 적고 있다. 한편, 『삼국지』 동이전에는 구야국(拘邪國)으로 나온다. 가라국(가락국)은 구야국의 다른 표기이다.

『삼국사기』 법흥왕 19년(532)조에 금관국(金官國)이 보인다. 이로 보아 532년 이전 어느 시기에 금관국이란 국명이 등장한 것으로 볼 수 있다. 『삼국사기』 김유신열전에 "처음에는 가야였는데, 후일 금관국으로 고쳤다"고 한 것이 이를 보여준다. 금관국의 명칭에 대해 『일본서기』에 나오는 수나라(須那羅)가 '쇠나라'의 다른 표기이므로 철이 많이 생산되는 것을 강조한 국호로 보는 견해도 있고, 중국의 전설적 인물 소호금천씨(少昊金天氏)의 아들 이름이 금관인데 김해 가라국이 그 출자를 소호금천씨와 연결시키면서 국명도 금관국으로 바뀌었다고 보는 견해도 있다.

변한사회에서 가야사회로 넘어오면서 '가라'는 이중의 의미를 가지게 되었다. 처음에는 김해에 성립한 정치체를 가리키는 국명이었지만, 김해세력이 가야를 주도하는 중심국이 되면서 가야 지역 전체를 대표하는 국명이 되었다. 가야의 이런 이중적인 의미는 후일 대가야가 가야를 대표하는 중심국이 된 이후에도 그대로 이어졌다.

한편, 414년 세워진 고구려「광개토왕비」에는 '임나가라'가 나온다. 임나가라는 400년에 고구려군이 신라의 수도 서라벌(경주)에 침입한 왜군을 몰아내면서 그 뒤를 쫓아 이른 곳이다. 이 임나가라의 실체에 대해 김해 금관가야라는 설과 고령 대가야라는 설이 있다. 400년 당시의 임나가라는 김해의 금관가야였다. 이는『일본서기』숭신기(崇神紀) 65년조에 "임나는 축자국(筑紫國)에서 바다를 건너 북으로 2,000여 리 떨어져 있고, 계림의 서남쪽에 있다"라는 기사와 400년에 신라를 공격하기 위해 바다를 건너온 왜군이 정박한 곳이 남해안이었을 가능성에 근거한다. 신라 경명왕 8년(924)에 세워진「봉림사 진경대사탑비」에 "심희(審希)는 신김씨(新金氏)이며, 그 선조가 임나 왕족이고 먼 조상이 흥무대왕(興武大王)"이라고 한 기사가 있다. 흥무대왕은 김유신이고, 김유신은 금관가야 마지막 왕 구형왕의 증손자다. 이 기사를 바탕으로 보면 임나는 김해의 금관가야가 분명하다. 그러나 이후 임나의 개념은 변하였다. 금관가야만을 지칭하던 것이 확대되어 가야 지역 전체를 지칭할 때도 사용되었다.

신라 법흥왕은 532년에 가라국(금관국)을 멸망시킨 후 이곳을 금관군으로 삼아 지방통치체제 속에 편제하였다. 문무왕은 680년에 금관군에 소경을 설치하고 금관소경으로 불렀고, 경덕왕 대에 김해소경(김해경)으로 고쳤다. 결국 『삼국유사』 오가야조에 나오는 금관가야는 가야가 존재했던 당대에 만들어진 국명이 아니라 신라 하대에 김해 지역의 호족들이 부른 이름이지만 이후 후대 사서에 일반적으로 사용되어 널리 알려졌다. 당시 사람들이 사용했던 국명을 사용하는 것이 역사 서술의 원칙이지만, 이 책에서는 이미 많이 알려진 금관가야라는 국명을 사용하기로 하였다.

(2) 성장 기반

금관가야는 구야국(狗邪國)이 성장, 발전한 나라였다. 변한의 한 나라였던 구야국은 주변의 소국들을 병합하여 양적 성장을 하였다. 3세기 말 4세기 초에 오면 사회 내부에 질적 변화도 일어나고 있었다. 이를 보여주는 것이 덧널무덤(木槨墓)의 대형화, 농기를 중심으로 한 철기의 활발한 보급, 새로운 토기 제작기술의 도입과 생산 등이다. 이를 토대로 구야국의 수장은 진지렴(秦支廉)이라는 우호(優呼)를 덧붙여 사용할 수 있었다.

금관가야의 주요한 성장 기반으로 먼저 들 수 있는 것이 철 생산이다. 철의 생산과정을 살펴보면, 먼저 제련로에서 철을 포함하고 있는 돌덩이를 숯불에 녹여 저탄소의 순철을 생산한다. 이에 열을 가하면서 망치로 때려 탄소를 주입하면 강철이 된다. 강철을 다시 담금질·풀림·뜨임 등의 열처리를 통해 강도를 조절하였다. 금관가야는 철 생산과 강도를 조절하는 고도의 제련기술을 보유하고 있었다.

기원전 1세기를 전후한 시기에 일반화된 철기 사용은 금관가야 성장의 원동력이었다. 금관가야의 철은 이미 구야국 시기부터 중국에 알려졌으며 외부로도 수출했다. 3세기대가 되면 바다 건너 왜에까지 수출할 정도였다. 금관가야의 철기 사용은 4세기 이후부터 크게 확대되었다. 판모양쇠도끼·주조괭이·따비·쇠낫(鐵鎌)·쇠스랑 등의 농공구류와 갑옷·투구·말갖춤·창 등의 무기류가 주류를 이룬다. 이 가운데 덩이쇠(철정)는 철기를 제

철 제련로 복원 모형(국립김해박물관 전시)

작하는 소재로서뿐만 아니라 화폐와 같은 유통수단으로도 활용되었다.

　　4세기 이후 금관가야 지역에서 철제농기구 사용이 일반화되었음은 4~6세기의 고분과 유적에서 발견되는 철제농기구의 종류와 수량이 크게 증가한 사실에서 알 수 있다. 특히 철제농기구 중에서도 철제 따비와 괭이류 및 살포·삽날·쇠스랑 등의 보급은 생산력을 크게 높였다. 『삼국유사』

가락국기에는 신답평(新畓坪)이란 장소가 등장하는데, 이는 묵었던 밭을 새롭게 경작했다는 뜻이다. 새롭게 개간한 땅은 수전(水田: 논)이었다. '논 답(畓)' 자는 원래 중국에는 없던 글자다. 그래서 가락국기 찬자는 이를 속문(俗文)이라 했다. 그러나 이 글자는 561년 건립된「창녕 신라 진흥왕척경비」에서 확인되기에 한반도 남부지역에서는 이미 삼국시대부터 사용되고 있던 글자다.

우리나라는 여름·가을에 기온이 높고 햇볕도 잘 쬐며 강수량도 많아서 벼농사에 알맞다. 벼농사는 각지에서 발견되는 탄화미와 도흔(稻痕)으로 보아 청동기시대 이후 한반도 대부분 지역에서 이루어진 것으로 보인다. 금관가야의 경우 신답평이란 글자만을 두고 보았을 때 이전에는 한전(閑田), 즉 농사를 짓지 않고 묵은 땅에 벼농사를 새롭게 시작했음을 알 수 있다. 수도작(水稻作)은 육도작보다 생산량이 훨씬 많다. 신답평의 존재는 금관가야에서 쌀이 대량 생산되었음을 말해 준다.

수도작과 더불어 쌀 생산량 제고에 크게 기여한 것은 철기의 보급이었다. 기원 전후한 시기 한반도 남부지역으로 철기 보급이 가속화되고 농기구의 철기화가 적극적으로 진행된다. 철제농기구를 사용하면 노동 효율이 증대된다. 철제농기구의 사용과 더불어 우경(牛耕)도 노동 효율 증대에 크게 기여한다. 창원 신방리유적에서 가축으로 보이는 소의 유체가 출토되었는데 단순히 식재료만으로 사용하지는 않았을 것이다. 소를 농경에 이용하였을 것이다. 철제농기구의 발달과 우경으로 이전보다 더 넓은 토지를 경작할 수 있게 되었을 것이다. 그 결과 토지 개간이 활성화되고 농경지의 절대면적이 크게 늘어났다.

금관가야의 무덤에서 출토되는 갑옷·투구·창 등 철제무기류는 국가의 성장에 따라 무장력도 강화되었음을 말해 준다. 특히 대성동고분군에서 출토된 철갑옷과 투구, 철로 만든 목과 팔목 보호대 등은 금관가야에 전문 군사집단이 있었다는 점을 보여준다. 그리고 말을 보호하는 말갑옷과 말투구 등은 중장기병이 있었음을 보여준다. 무장력의 강화는 금관가야의 또 다른 성장동력인 해상교역권을 지키기 위해서도 필요했다. 이러한 군사력은 금관가야가 영역을 확장해 가는 토대가 되었다.

금관가야의 또 다른 성장 동력은 해상교역권의 장악이었다. 금관가야가 위치한 김해를 중심으로 한 남해안 일대는 3세기 이전부터 왜가 낙랑과 대방 지역으로부터 선진문화를 수입하는 통로의 중간거점지역이었다. 그런데 남해안에는 포상팔국과 같은 여러 해양세력이 존재하고 있었다. 금관가야는 비록 신라의 도움을 받기는 하였지만 포상팔국 세력과의 전쟁에서 승리하여 남해안 일대의 교역권을 장악하였다. 해상교역권 장악은 금관가야의 성장 기반이 되었다. 또한 낙동강을 통해 내륙지역으로 들어가는 관문 입구라는 지리적 이점은 경제적 부를 축적할 수 있게 하였다. 금관가야에서 해문(海門), 즉 바다의 관문 역할을 한 곳이 김해 관동리유적이다. 이 유적에서 확인된 간선도로는 길이 375미터, 너비 8미터 내외이고, 해안가에는 선착장이었음을 보여주는 인공 구조물이 남아 있다. 철의 생산과 수출, 그리고 해상교역권 장악을 통한 이익 창출은 금관가야가 4~5세기대 가야 여러 나라 가운데 대표적 강국으로 성장하는 기반이 되었다.

(3) 영역 확대와 도성 축조

경제적 부의 축적은 정치권력의 성장과 아울러 주변 소국들을 통합해 나가는 원동력이 되었다. 그러나 금관가야의 영역을 보여주는 문헌자료가 없기 때문에 금관가야를 대표하는 유물의 분포양상 등을 통해 이를 엿볼 수밖에 없다.

금관가야의 영역은 시기에 따라 변화했다. 3세기 구야국 단계에서는 지금의 김해시를 중심으로 반경 약 5㎞ 이내의 범위로 추정한다. 이 추정

김해 양동리고분군 발굴조사 전경(국가유산포털)

에 근거해 보면 구야국은 고김해만 일대를 그 영역으로 하였다. 그 중심 고
분군은 양동리고분군이었다. 이 고분군에서는 널무덤(木棺墓), 덧널무덤
(木槨墓), 구덩식돌덧널무덤(竪穴式石槨墓), 독무덤(甕棺墓) 등 모두 550여 기
에 달하는 무덤이 확인되었다. 무덤에서는 토기 2,000여 점, 토제품(土製
品) 12점, 쇠도끼·쇠낫·쇠화살촉(鐵鏃) 등 철기 3,059점, 청동 44점, 유리
구슬(琉璃小玉) 등의 장신구 74점 등 5,000여 점에 이르는 유물이 출토되었
다. 유물 가운데에는 후한경(後漢鏡), 청동솥(銅鍑)과 명문이 있는 동정(銅鼎)
등 중국계 유물이 포함되어 있어 외부세력과 활발히 교류하였음을 알 수
있다.

　　4세기 금관가야의 영역을 추정하는 데 기준이 되는 자료가 외절구연고
배(外折口緣高杯)이다. 이 고배는 굽다리가 높은 접시 가운데 주둥이 부분이
바깥으로 벌어진 특징이 있다. 4세기 전반에 김해 대성동고분군과 부산 복
천동고분군에서 처음 확인된 이 고배는 금관가야의 중심지 김해를 중심으

로 일정 권역에 분포하고 있다. 이 토기는 다른 토기와 달리 분포범위가 명확하게 나타나는 특징이 있다.

이 시기 창원분지와 진영평야 일대에는 국(國)의 이름은 알 수 없지만 다호리고분군을 축조한 세력이 이끄는 별도의 정치체가 존재했다. 그러나 4세기 말이 되면 외절구연고배가 서쪽으로는 경남 진해 웅천패총, 창원 가음정동고분군과 도계동고분군까지 분포한다. 이는 금관가야가 낙동강 이서의 창원 지역까지를 영역으로 포함하였음을 보여준다. 금관가야의 정치권력이 미치는 범위는 고김해만을 중심으로 반경 20여 킬로미터에 이르렀다.

한편 4세기 말이 되면 외절구연고배가 동쪽으로는 부산 기장군 철마면 고촌리고분군에서까지 확인되고 있다. 그러나 같은 시기 울산·경주·함안·창녕·밀양 등의 유적 또는 유구에서는 발견되지 않는다. 이로 미루어 4세기 말 금관가야의 영역은 낙동강 이동의 부산 지역까지를 포함한 것으로 볼 수 있다. 이후 부산 지역에는 복천동고분군에 연속하는 연산동고분군이 6세기 전반까지 지속적으로 축조되고 있다. 유물의 양상도 신라의 중심지 경주와 차이를 보이는 지역색을 가지고 있다. 이로 미루어 부산 지

외절구연고배(대성동고분박물관)

김해 봉황동유적 전경(국가유산포털)

역에는 6세기 전반까지 거칠산국(居漆山國)이라는 가야 세력이 존재한 것으로 보인다. 이들이 김해를 중심으로 하는 금관가야 세력과 어떠한 관계였는지는 정확히 알 수 없다. 이와 달리 복천동고분군 출토 유물의 양상이 신라적이라는 전제에서 부산 지역이 4세기 중엽 이전에 신라 세력권에 들어간 것으로 보는 견해도 있다. 이러한 차이는 대성동고분군과 복천동고분군의 묘제와 부장품에서 보이는 공통성과 차이점 가운데 어디에 무게를 두는가에 따른 것이다.

이렇게 낙동강 이서와 이동으로 영역을 확장한 금관가야는 정치 중심지를 새로 만들었다. 최근 발굴조사된 김해 봉황토성이 바로 금관가야의 도성 유적이다. 토성이 축조된 곳은 남북으로 뻗은 독립된 낮은 구릉이고, 주변에 생활유적인 봉황동유적이 있으며, 서쪽은 해반천이 북에서 남으로 흐른다. 토성의 북쪽에 대성동고분군이 있다. 구릉에는 청동기시대 후기부터 삼한시기, 삼국시대 유적이 밀집해 있다. 축조 시기는 4~5세기대이다. 이 유적의 규모는 동서 약 400미터, 남북 약 550미터이다. 토성의 너비는 상단 16.5미터, 하단 22미터, 높이는 2.8미터이다. 대략 7미터의 폭을 가진 성벽은 내부와 외벽이 석축이며, 전체적인 형태는 사다리꼴이다. 이 정도 규모의 유적이라면 왕이 거주한 왕성 유적임이 틀림없다. 성안에서 주거시설은 구릉 동북쪽의 비교적 완만

김해 대성동고분군 전경(가야고분군 세계유산통합관리지원단)

한 사면에 집중 축조되었고, 서쪽 구릉 외곽에서는 고상창고와 관련된 시설이 확인되었다. 성 밖에서는 방어시설인 환호가 구릉 중턱 해발 17~25미터 지점에서 확인되었고, 선착장 등 복합 시설도 확인되었다. 대규모 접안시설과 창고, 선박 부재 등은 4세기 이후 이 지역이 낙동강 하구와 남해안을 잇는 교역창구로 사용된 거점성임을 보여준다. 가락국기에서 수로왕이 신답평에 새로 왕성을 만들었다고 한 것은, 금관가야가 봉황토성이라는 새 도성을 세운 사실을 반영한 것이 아닐까 한다.

정치 중심지가 새로 조영되면서 왕실의 사후공간도 본격적으로 조영되기 시작하였다. 이렇게 조영된 왕실 사후공간이 대성동고분군이다. 이 고분군은 왕궁과 토성을 중심으로 하는 생활주거공간과 엄격히 구분되어 있었다. 구릉의 저지대부터 널무덤이 축조되기 시작하였고, 점차 구릉 위로 가까워지면서 덧널무덤으로 발전하였으며, 마침내 대규모의 딸린덧널무덤(主副槨式木槨墓)이 만들어졌다. 덧널무덤은 주로 구릉의

김해 대성동 47호 출토 동복
(대성동고분박물관)

정상부에 분포한다. 이 가운데 대성동에서 출토된 금동관편은 북방지역의 보요관에서 영향을 받은 것인데, 대륜에 수지형 입식을 세우고 영락을 달아 장식한 형태다. 이 금동관편과 함께 출토된 북방 유목민족의 고유한 취사도구인 동복은 이 시기 금관가야와 북방 유목민족 사이에 교류가 있었음을 보여준다.

김해 대성동 88호분 출토 진식(晉式) 허리띠 장식(대성동고분박물관)

대성동고분군에서는 많은 양의 중국계 및 왜계 유물도 출토되었다. 특히 중국 남조(南朝) 진(晉) 계통 유물인 허리띠장식(帶金具)은 금관가야 지배층의 위세를 보여준다. 출토 유물 중 로만글라스는 금관가야가 해양을 통해 외부와 폭넓게 교류했음을 알려준다. 영생불사를 상징하는 운모장식으로는 금관가야인의 사후세계에 대한 생각을 엿볼 수 있다.

(4) 통치조직과 계층구조

변한사회에서 가야사회로 전환되면서 나타난 변화의 하나는 최고지배자의 칭호 변화다. 변한시기 각국 최고지배자의 칭호는 신지나 험측, 번예 등이었다. 4세기에 들어와 가야 각국의 최고지배자는 한기(旱岐)를 칭하였다. 탁순국의 최고지배자와 가라국(대가야)의 최고지배자가 한기로 나오는 것이 이를 보여준다. 이로 미루어 금관가야의 최고지배자도 4세기에 들어와 한기를 칭하지 않았을까 한다. '한(旱)'은 '크다(大)'를 의미하고 '기(岐)'는 '지(知, 智)'와 함께 '님'을 나타내는 '존칭 어미'이므로 한기는 '큰 님'의 뜻을 갖는다. 그만큼 최고지배자의 위상이 강화된 것이다.

최고지배자의 칭호 변화는 신하들의 칭호에도 변화를 가져왔다. 이와 관련하여 수로왕이 나라를 세운 후 기존의 아도간, 여도간 등 9간의 칭호가 세련되지 못하다고 하면서 아도를 아궁(我躬)으로, 여도를 여해(汝諧)로, 피도를 피장(彼藏)으로, 오도를 오상(五常)으로, 유수(留水)를 유공(留功)으로, 유천(留天)을 유덕(留德)으로, 신천(神天)을 신도(神道)로, 오천(五天)을 오능(五能)으로, 신귀(神鬼)는 신귀(臣貴)로 고쳤다는 사실이 주목된다. 이는 금관가야가 스스로 제도를 정비해 나갔음을 보여 주는 것이다. 『삼국유사』 가락국기에는 이 일을 수로왕이 했다고 나오지만 사실 4세기 이후의 상황을 보여주는 것으로 볼 수 있다. 이후 금관가야는 신라의 직제를 받아들여 각간·아질간·급간의 품계를 두었다.

한편, 수로왕은 건국 후 궁궐을 짓고 전당(殿堂) 및 여러 관청의 청사(廳舍)와 무기고와 곡식창고를 지었다. 이는 금관가야가 각종 관청을 설치하였음을 시사해 준다. 이러한 관청들이 설치된 시기는 수로왕 이후이다. 이 시기에 설치된 관청이나 관직을 보여주는 명칭이 가락국기에 나오는 천부경(泉府卿), 종정감(宗正監), 사농경(司農卿) 등이다. 천부경은 재정과 관련한 일을, 종정감은 왕족과 외척과 관련한 사무를, 사농경은 농경과 관련한 일을 맡은 관직이었다. 이 관직 이름은 중국식으로 바뀐 명칭이어서 금관가야 당시의 명칭으로 볼 수는 없지만, 이를 통해 금관가야에 재정, 왕족, 농경 관련 관직이 설치되어 있었고, 이후 중국의 제도를 받아들이면서 토착적인 관명을 중국식의 천부경·종정감·사농경과 같은 이름으로 바꾸었다고 추정해 볼 수 있다. 한편 질지왕(銍知王, 金銍王: 451~492)은 수로왕과 허왕후의 명복을 비는 왕후사(王后寺)를 세웠다. 왕후사는 왕실 원찰이다. 그렇다면 금관가야에는 사찰 관리를 담당하는 관청도 설치되었을 가능성이 높다.

금관가야의 사회구조는 양동리고분군과 대성동고분군을 비교하여 짐작해 볼 수 있다. 5세기대 금관가야 지배층 무덤군인 대성동고분군은 양동리고분군에 비해 무덤의 규모와 껴묻거리의 종류, 양과 질에 많은 차이가 있다. 이는 신분과 계층에 따른 차이를 보여준다. 대성동고분군 가운데 길이 6~7미터, 너비 3~4미터에 이르는 덧널무덤인 93호와 94호 무덤의 경우 굽다리접시(二段交互透窓高杯), 벽옥제관옥, 금동으로 만든 말방울 등의 껴묻거리를

김해 대성동 94호분 유물 출토 양상(대성동고분박물관)

넣고, 관받침용으로 덩이쇠를 깔아 놓았다. 이 무덤의 주인공은 4~5세기 금관가야의 왕으로 볼 수 있다. 한편 대성동고분군에는 주인공을 따라 같이 무덤에 묻힌 순장자도 확인되었다.

2) 대가야(大伽耶)

(1) 국명

대가야는 지금의 경북 고령군 지역을 중심으로 하여 존재한 나라였다. 고령 지역에 처음 성립한 초기국가의 국명은 반로국이었다. 반로국의 다른 표기는 반파국(叛波國, 伴跛國)이다. 반파국은 『일본서기』 계체기(繼體紀) 7년(513), 8년(514), 9년(515)조 기사와 520년대에 만들어진 중국 기록인 「양직공도」에 나온다. 학계에서는 '반로(半路)'의 '로(路)'를 '파(破)'로 잘못 기록했다고 보는 것이 통설이다. 그러면 반로국=반파국이 된다. 이와 달리 반파를 경북 성주나 전북 장수 또는 남원 등에 존재했던 국으로 보는 견해도 있다.

이후 반로국은 가라국으로 국명이 바뀌었다. 이를 보여주는 것이 『일본서기』 신공기 49년조에 나오는 가라(加羅)이다. 이 기사에는 김해의 금관가야가 남가라(南加羅)로 나오므로 가라는 대가야를 가리키는 것이 분명하다. 그 시기는 신공기 49년(249)의 연대를 2주갑(120년) 내려서 369년으로 보는 것이 통설이므로 늦어도 4세기 중반이라 할 수 있다. 이후 하지왕(荷知王)은 479년에 가라국왕의 이름으로 남제에 사신을 보냈다.

한편, 『삼국사기』 지리지 고령군조에는 신라 진흥왕이 대가야국(大加耶國)을 멸망시킨 후 대가야군(大加耶郡)으로 삼았다고 하였다. 이는 가라국이 562년 이전 어느 시기에 대가야국으로 불렸음을 보여준다. 『삼국유사』 오가야조에도 대가야(大伽耶)가 나온다. '대(大)'를 앞에 붙인 것은 좀 더 크고

위대하다는 의미로 장엄을 표시한 것이다. 그렇다면 대가야는 가라국이 가야 여러 나라 가운데 주도적인 나라였다는 점을 강조하면서 자칭한 국호라고 할 수 있다. 그 시기는 6세기에 들어와서였다. 이후 대가야라는 국명이 널리 알려졌다. 이 책에서는 독자의 이해도를 높이는 것이 중요하다는 생각에서 대가야라는 국명을 사용한다.

(2) 성장 기반

대가야가 자리 잡고 있었던 고령 지역은 남해안에서 낙동강을 거슬러 올라 올 수 있는 지역이다. 거창·함양 등의 경남 서북 내륙지역과 통할 수 있고, 소백산맥을 넘어 전북 무주·장수·임실·남원 등으로도 통할 수 있다. 북으로는 경북 성주·김천을 거쳐 추풍령 넘어 충북의 영동군 황간으로 나아갈 수 있고, 동쪽으로는 낙동강을 건너면 곧바로 대구로 연결된다.

4세기 초 고구려가 낙랑군과 대방군을 멸망시키자 백제와 왜의 서해안 통로가 방해받게 되었다. 이로 말미암아 대가야는 백제와 왜가 내륙 통로를 이용하고자 할 때 길목이 되었다. 이러한 지리적 조건은 교역과 선진문물의 수입에도 유리하였다. 이는 대가야가 4세기 이후 강력한 나라로 성장할 수 있었던 기반이 되었다.

고령 지역은 외적의 침입을 방어하는 데 천혜의 입지를 갖추고 있었다. 대가야는 이러한 유리한 지리적 환경을 이용하여 동서남북 네 방향으로 산성을 쌓아 방어 능력을 높였다. 고령에는 서쪽에 미숭산성이, 서남쪽에 만대산성이, 정남쪽에 소학산성이 있다. 고령에서 북쪽으로 수륜을 거쳐 성주로 가는 길목에는 본관리산성·운라산성·예리산성·노고산성 등이 요소요소에 구축되어 있다. 또 운수면을 거쳐 성주 용암으로 가는 동북로에 의봉산성이, 금산재를 거쳐 성산, 대구로 가는 동로에 금산성·풍곡산성·무계리산성 등이 배치되어 있다. 낙동강에서 고령으로 접근할 수 있는 곳인 개진면 개포리·도진리 일대에는 도진산성을 쌓았다. 이 가운데 국도에 가장 가까운 것이 주산성이며, 그와 마주하는 성이 금산성이다. 서와 동에서 각기 마주하는 두 성은 국도를 방어하는 가장 중요한 산성이었다. 뛰어난 방어 능력은 대가야에 전반적 안정성을 가져다주었고, 이는 대가야 성장의 기본요소가 되었다.

고령 지역에는 남북으로 길게 펼쳐진 고령평야를 중심으로 운수평야, 안림천 유역의 백산평야와 안림평야가 있다. 이들 평야는 풍부한 수량과 비옥한 토질로 생산에 유리한 조건을 가지고 있었고 자연제방적 하천은 특히 고대 농경에 아주 좋은 여건이었다. 『택리지』에 의하면 고령 지역의 논은 비옥하고 가뭄을 모르며 한 말의 씨앗을 뿌리면 최소 80말 이상을 거둔다고 하였다. 이 기사는 고대 고령 지역의 농업생산력이 높았음을 짐작할 수 있는 방증자료가 된다. 농경은 철제농기구를 이용함으로써 이전에 비해 비약적인 발전이 이루어졌다. 농업생산력의 증대는 대가야 성장의 중요한 경제적 기반이 되었다.

철산지의 확보도 대가야의 성장을 촉진하였다. 그 핵심이 야로 지역이다. 『세종실록』 지리지에 의하면 야로 지역(합천군 야로면, 가야면)은 조선시대에도 양질의 철을 세공(歲貢)으로 바칠 만큼 철 생산이 풍부한 곳이었다. 야로면과 가야면 일대에는 대장말뚝·쇠내·쇠똥만디·쇠못 등 제철과 관련된 지명이 많이 남아 있고, 가야면 비계산(飛鷄山) 정상에는 철광이 많이 매장되어 있다. 고령 송림리유적에서 출토된 제철공방에서 사용된 송풍관은 대가야에서 제철이 이루어졌음을 보여준다. 양질의 철산지인 야로 지역을 확보함으로써 대가야는 우수한 철제 농공구와 무기를 만들었다. 대가야의 철은 4세기 후엽 왜와 교역로가 열리자 수요가 급증했다. 당시 왜는 제철기술이 없었다. 왜로의 철 수출을 바탕으로 대가야는 획기적 발전을 이룰 수 있었다.

(3) 영역의 확대와 도성 축조

『삼국사기』 악지(樂志)에 보이는 우륵이 작곡한 12곡의 곡명에 비정되는 지역을 대가야의 영역으로 보는 견해가 있다. 그러나 가야금곡에 등장하는 10개 지역은 별도의 국을 가리키므로 10개국이 위치한 곳을 곧 대가야의 영역으로 볼 수는 없다. 따라서 대가야의 영역은 대가야양식토기의 분포범위를 통해 추정해 볼 수밖에 없다. 문화적 양상을 곧바로 정치적 영역으로 연결시킬 수는 없지만, 유물의 기종이나 출토 상황 등을 통해 그 경향성은 살펴볼 수 있기 때문이다.

고령 지역의 경우 3세기대까지는 대가야의 특징을 나타내는 토기가 아직 만들어지지 않았다. 그러나 4세기 이후로 들어오면 긴목항아리(長頸壺)·바리모양그릇받침(鉢形器臺)·굽다리접시(高杯)·짧은목항아리(短頸壺)·대부파수부소호(臺附把手附小壺)·쇠뿔모양손잡이달린바리(牛角形把手附鉢) 등 대가야의 특색을 잘 반영해 주는 토기들이 등장한다. 이 토기들을 대가야양식토기라고 한다. 이 토기들이 나타나기 시작한 것은 4세기 후엽으로 추정되는 쾌빈리 1호 덧널무덤부터이다. 그 제작지는 고령 남쪽의 내곡동 요지로 추정된다.

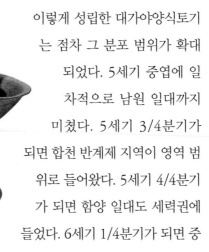

이렇게 성립한 대가야양식토기는 점차 그 분포 범위가 확대되었다. 5세기 중엽에 일차적으로 남원 일대까지 미쳤다. 5세기 3/4분기가 되면 합천 반계제 지역이 영역 범위로 들어왔다. 5세기 4/4분기가 되면 함양 일대도 세력권에 들었다. 6세기 1/4분기가 되면 중

대가야양식토기

심지 고령에 가까운 지역은 물론 먼 지역도 지역 수장층의 존재를 나타내는 지표인 중대형 고총고분이 소멸한 곳은 대가야의 직접지배를 받는 곳으로 볼 수 있다. 반면에 경남 진주의 수정봉·옥봉고분군, 고성 율대리고분군, 함안의 고분군 등에는 재지계 토기와 함께 대가야양식토기가 출토되지만, 이 지역들은 대가야 권역 밖이다. 이렇게 영역을 확대함으로써 대가야는 가야 후기세력을 대표하는 중심국이 되었다.

영역을 확대하기 위해, 또 외적으로부터의 침략을 막기 위해서는 강력한 무장력을 갖추어야 한다. 4세기 이후 고분에서 나오는 무구·무기류는 대가야의 무장력을 보여준다. 4세기 말엽의 지산동 32NE-1호분에서는 은상감고리자루큰칼(銀象嵌環頭大刀)이, 5세기 초엽의 32호분에서는 실전용 대도·철판 갑옷·투구·철모 등이 출토되었다. 부장된 무기들은 피장자가 무장으로 활동한 것을 보여준다. 지산동 35호분과 34호분 사이의 연결 석곽은 5세 미만의 소아묘인데, 여기에서는 금귀걸이·유리구슬목걸이 외에 대검과 화살통 등이 부장되었다. 이러한 무기나 마구류는 소아의 집안이 전사단 집안임을 보여준다. 32NW-1호분에서는 큰칼과 쇠화살촉 다발이 나왔고, 34SE-3호분에서는 금동제 호록(胡籙)이 출토되었다. 이는 궁수대의 존재를 보여준다. 이처럼 중대형 고분뿐만 아니라 단독분으로 사용된 소규모 석곽에서도 비록 숫자는 적지만 무기·무구류가 부장된 것은 이 무덤의 주인공들이 생시에도 이러한 무기·무구류로 무장하였음을 보여준다. 이는 2~3세기대의 부여에서 호민(豪民)들이 "집집마다 무기를 가지고 있었다(家家有鎧仗)"는 사실과 맥을 같이한다. 이를 원용하면 대가야에도 호민층 이상의 지배층으로 이루어진 전사단이 편성되어 있었다고 하겠다. 또 지산동 75호분에서 출토된 마갑은 대가야에도 중장기병이 있었음을 보여준다.

이렇게 성장한 대가야는 한 단계의 도약을 위해 정치적 중심지를 옮겼

고령 연조리 추정 대가야궁성지(국립중앙박물관 소장 유리건판)

다. 3세기대까지 반로국의 중심지는 고령 반운리 일대였다. 3세기 말 4세기대에 들어와 반로국은 그 중심지를 고령읍 내의 연조리 지역으로 옮겼다. 연조리 일대는 서편으로 주산이 병풍처럼 일대를 감싸고 있으며, 북쪽으로는 내곡천이, 동쪽은 대가천이, 남쪽은 안림천이 자연해자를 이루며 감싸고 있어 방어와 수운 관리에 유리한 입지를 가지고 있었다. 이곳으로 중심지를 옮김에 따라 연조리 지역은 가라국의 왕도로서 기능하게 되었다.

이 시기 대가야 궁성지로 추정되는 곳이 연조리 토성지이다. 둘레는 700미터 내외이고 면적은 26,000제곱미터 정도이다. 고고학적 조사에 의하면 이곳 단애면에서 대가야시대의 석축이, 토성지 내부에서 대형 벽주건물지(壁柱建物址)와 6세기 중엽의 와즙건물지(瓦葺建物址)가 확인되었다. 출토된 대가야 시기의 유물은 토제뚜껑·대야형완·시루·뚜껑접시(蓋杯) 등 토기류와 벽돌(塼) 등이다.

추정 대가야궁성지 1-1구역에서 대가야 궁성의 방어시설인 토성의 하단부와 그 바깥면에 조성한 해자가 발굴되었다. 토성벽은 석비례가 포함된 점토와 암자색 점토를 교차로 다짐성토하여 만들어졌다. 해자는 현 지표면 3미터 아래에서 토성과 나란한 방향으로 조성되었는데, 구조는 단면 U자형으로 바깥면은 70˚ 정도의 급경사로 굴착하였다. 현재 남아 있는 규모는 너비 5.3미터(추정 7미터 내외), 깊이 1.5미터(1.8~2미터 내외)이다. 해자에서 출토된 유물은 대가야의 생활토기가 대부분이며 고령 고아동벽화고분에 그려진 연꽃무늬(蓮花文)과 동일한 문양의 연꽃무늬막새도 출토되었다. 이는 추정 연조리궁성지가 대가야 왕궁터임을 입증해준다. 연조리궁성지에서 500미터 북쪽 고령초등학교 운동장 남서편에 '왕정(王井)'이라 불리는 대가야 당시 우물이 있다.

　　연조리토성지가 왕이 평상시에 거주한 평지성이라면, 위급할 때 사용한 피난성은 주산성(主山城)이다. 왕도가 평상시의 평지성과 위급 시의 피난성으로 이루어진 것은 고구려의 왕도가 평상시의 국내성과 위급 시의 환도산성(산성자산성)으로 이루어진 것, 한성기 백제의 왕도가 평지성인 북성(풍납토성)과 산성인 남성(몽촌토성)으로 이루어진 것과 같은 양상이다. 주산은 이산(耳山)으로도 불리는데 해발 310미터이다. 주산성은 주산 정상부의 평탄한 지형을 이용하여 만든 내성과 그 동·서편으로 연접하여 축조한 석축의 외성으로 이루어져 있다. 내성의 둘레는 711미터 정도이고, 외성의 전체 둘레는 1,419미터, 총면적은 104,494제곱미터 정도이다.

　　발굴조사 결과 외성이 먼저 축조되었는데, 시기는 6세기 전반이다. 내성은 외성이 무너졌거나 혹은 인위적으로 성벽 일부를 제거한 상태에서 그 위에 쌓았다. 주산성 내부에는 추정 건물지 2군데, 연못지 1개소, 치(雉)지 8개소가 있는 것으로 보고되었고, 동남쪽 성벽부를 관통하는 등산로 주변은 남문지로 추정되고 있다. 이 외에 출수구 1개소와 추정 장대지 1개소

고령 지산동고분군 전경(가야고분군 세계유산통합관리지원단)

및 추정 군포지 2개소가 보고되었다. 내성 안에서는 암광 및 석축벽으로
된 약 8×8미터 안에 내부공간 약 5×5미터 규모의 정방형 목곽고가 확인
되었는데, 축조 시기는 6세기 중엽 이전이다. 이 목곽고는 백제의 대형 지
하저장시설 기술을 받아들여 만들어졌다. 이 목곽고는 고아리벽화고분·
고아2동고분·절상천정총 등과 더불어 백제와의 교류를 보여주는 중요한
자료다.

　　대가야 왕실과 귀족들의 사후공간이 지산동고분군과 연조리고분군이
다. 지산동고분군은 주산의 남서쪽 능선의 주능선과 가지능선에 크고 작
은 봉토분이 밀집 분포해 있고, 그 반대편 능선에도 고분군이 조성되어 있
다. 확인된 봉토분의 수는 704기이다. 연조리고분군은 주산의 북동쪽 능

선을 따라 조성되어 있는데, 왕도
로 향한 능선과 사면에는 고분이
없고 북편 중화리 쪽으로 뻗은 가
지 능선상에 일렬로 정연하게 조
성되어 있다. 확인된 봉토분의 수
는 65기이다. 이 사후공간은 통치
공간과 분명하게 구분되어 있다.
묘제는 처음에는 덧널무덤이었지
만 구덩식돌덧널무덤으로 바뀌었
고 그후 구덩식돌방무덤(豎穴式石
室墓)으로 바뀌었다. 이 가운데 묘
역 중앙에 으뜸돌방(주석실)과 딸

고령 지산동 32호분 출토 금동관(국가유산포털)

린돌방(부장석실) 2기를 만들고 주위에 소형 돌덧널 32기를 빙 둘러 배치한
후 타원형의 호석으로 두른 지산동 44호분은 남제에 사신을 보낸 하지왕
의 무덤으로 추정되고 있다. 축조 연대는 5세기 말엽으로 추정되고 있다.
이곳에서는 32기의 순장덧널(순장곽)에 총 36명이 순장되었다. 출토된 부
장품은 긴목항아리·뚜껑굽다리접시(有蓋高杯) 등 토기류를 비롯하여 복발
형(覆鉢形)투구·철제무기류·영부검신형말띠드리개(鈴附劍身形杏葉)·금귀
걸이(金製耳飾) 등 장신구류와 청동합 등 다종다양하다.

(4) 통치조직과 계층구조

국이 성립하면 군신 관계가 형성된다. 이전의 평등한 사회관계가 수직
적인 관계가 되는 것이다. 왕, 즉 '군(君)'은 권력의 원천이다. '신(臣)'은 군
을 도와 지배에 동참하는 집단이다. '민(民)'은 피지배자로서 국가 운영에
필요한 세금과 노동력을 부담하는 주체였다.

대가야의 전신인 반로국이 건국된 이후 최고지배자의 칭호는 험측이나 번예였다. 이 시기에 국을 다스리기 위해 설치한 지배조직을 보여주는 자료는 없지만 가락국의 경우 건국 이후 9간(干)의 칭호인 아도간(我刀干)을 아궁(我躬)으로, 여도간(汝刀干)을 여해(汝諧)로, 피도간(彼刀干)을 피장(彼藏)으로, 오도간(五刀干)을 오상(五常) 등으로 고치고 있다. 이로 미루어 반로국의 지배조직도 이와 유사한 형태가 아니었을까 한다.

변한사회에서 가야사회로 들어온 이후 대가야는 점차 집권력을 강화하였다. 그에 따라 최고지배자의 칭호도 종래의 험측이나 번예에서 한기로 바뀌었다. 『일본서기』 신공기 62년(수정 연대 382)조에 가라국의 최고지배자인 기본(己本) 한기(旱岐)가 나오는 것이 이를 보여준다. 이 토대 위에서 대가야가 점차 영역을 확대함으로써 대가야의 국읍은 수도로서의 위상을 가지게 되었다. 그에 따라 중앙이 형성되었고, 가라국에 편입된 지역은 지방으로 편제되었다. 이 과정에서 국의 수장 가운데 일부는 중앙귀족으로 전화되었다. 이때 대가야가 중앙

충남대학교 소장 대왕명문 토기(대가야박물관)

귀족들을 편제한 방식으로서 주목되는 것이 부(部)다. 부의 존재는 합천 저포리에서 출토된 대가야 토기에 새겨진 '하부사리리(下部思利利)'라는 명문에 나오는 '하부(下部)'에서 확인된다. 이 하부를 지방통치조직의 명칭으로 보는 견해도 있지만, 삼국 가운데 부를 지방통치조직으로 한 사례는 없다. 반면에 고구려는 물론 신라와 백제도 이 시기에 중앙귀족들을 지배자공동체인 부(部)로 편제하였다. 이로 미루어 대가야의 하부도 지배자공동체로서의 부로 보는 것이 타당하다.

대가야에 지배자공동체인 부가 있었다면 그 부는 몇 개일까? 상부와 하부만 있었다는 2부설과 백제의 5부제를 본받아 상·전·중·하·후부의 5부로 편제하였다는 5부설이 있다. 2부제이든 5부제이든 하부는 부의 하나가 된다. 이 부가 중심이 된 국가운영체제를 '부체제'라고 한다. 부체제가 성립되면서 최고지배자는 왕을 칭하였다. 대가야의 경우 479년 남제에 사신을 보낸 하지(荷知)가 '가라국왕(加羅國王)'을 칭하였다. 그렇다면 대가야에서 부체제가 성립된 시기는 늦어도 하지왕대로 볼 수 있을 것이다.

이후 가라국이 가야의 여러 나라 가운데 가장 강한 나라라는 의미의 '대가야'를 칭하면서 최고지배자의 칭호는 '대왕'으로 격상되었다. 충남대학교박물관이 소장하고 있는 대가야양식토기인 긴목항아리에 새겨져 있는 '대왕(大王)'이 이를 보여준다. 대왕은 '왕 중의 왕' 또는 '위대한 왕'을 의미한다.

대가야가 부체제를 이룬 시기의 지배조직을 보여주는 것이 541년과 544년 백제 수도 사비에서 열린 '사비회의'에 파견된 가야 각국 대표자의 직함이다. 이 회의는 백제 성왕의 주도하에 열렸는데, 명분은 신라에 멸망한 남가라·탁기탄·탁순국의 복건(復建)이었다. 이 회의에 참석한 가라국의 대표자는 상수위(上首位)였고, 안라국의 대표자는 하한기(下旱岐)와 차한기(次旱岐)였고, 다라국의 대표자는 이수위(二首位)와 하한기였다. 상수위와 이수위는 수위가 상수위-이수위-삼수위로 분화되었음을, 하한기와 차한기는 한기가 상한기-차한기-하한기로 분화되었음을 보여준다. 안라국과 다라국의 경우로 미루어 볼 때 대가야에도 수위 조직과 한기 조직이 있었다고 할 수 있다.

상한기-차한기-하한기는 한기를 분화·격상시킨 것이고, 상수위-이수위-삼수위는 '수위(首位)'를 분화·격상시킨 것이다. 한기 조직과 수위 조직의 성격을 파악하는 단서는 부여의 지배조직이다. 부체제 단계의 지배조직은 마가(馬加)-우가(牛加)-저가(豬加)-구가(狗加)-대사(大使)-대사자(大使者)-사자(使者)로 이루어졌다. 이 지배조직은 크게 '가' 계층과 '사자' 계층으로 나누어진다. 마가·우가 등의 가는 족장의 계통을 이은 칭호이다. 가야의 한기는 군(君)으로도 표기되었으므로 부여의 '가' 계층에 대응된다. 그러면 수위 조직은 부여의 '사자' 계층에 대응된다. 따라서 한기 조직은 수위 조직보다 위계가 높았다고 할 수 있다. 그렇다면 대가야의 사회구조는 한기 계열의 관직을 맡을 수 있는 층과 수위 계열의 관직을 맡을 수 있는 층으로 나누어 볼 수 있다. 그 아래에 일반민이 있었고, 최하위 계층으로 노복이 있었다. 이렇게 보면 고령 지산동고분군에서 봉분이 고대(高大)하고 양과 질이 높은 부장품을 부장한 고분은 한기층의 무덤으로, 이보다 격이 낮은 무덤은 수위층의 무덤으로 볼 수 있다.

부체제는 중앙집권적 국가체제 직전에 보이는 국가발전단계에 해당된다. 이 시기 영역 지배를 잘 보여주는 것은 부여의 경우이다. 부여에서 국왕 직할지는 국왕이 관리를 파견하여 직접지배하였다. 국왕 직할지 이외의 지역은 부의 장인 제가(諸加)들이 수천 가 또는 수백 가를 별도로 주관하여 간접지배하였다. 간접지배의 대상이 된 지역은 반공지(半公地)가 되며, 그곳에 사는 민은 반공민(半公民)이 된다. 이처럼 부체제 단계에서 영역 지배는 국왕이 직접 지배하는 직접지배와 부의 장을 통한 간접지배가 동시에 작동하고 있었다. 이를 원용하면 대가야의 영역은 국왕 직할지와 부의 유력자들이 주관하는 반공지로 구분해 볼 수 있다.

국왕 직할지와 관련하여 『일본서기』 계체기 23년(529)조에 대가야의 이뇌왕(異腦王)이 신라 왕녀와 결혼할 때 왕녀를 따라온 시종 100명을 신라옷을 입도록 한 후 제현(諸縣)에 산치(散置)해 두었다는 기사에 나오는 '현(縣)'과 악사 우륵의 출신지를 성열현(省熱縣)이라 하였다는 기사에 나오는 '현(縣)'을 살펴볼 수 있다. 삼국시대에 현은 지방통치조직의 명칭이었다. 이를 근거로 대가야도 군현제와 같은 지방통치조직을 편제했다고 보는 견해도 있다. 그러나 이 시기에 신라는 물론 백제도 지방통치조직을 현이라 하지 않고 성 또는 촌으로 불렀다. 그렇다면 이때의 현은 부체제하에서 국왕 직할지를 다스리기 위해 편제한 곳을 가리킨다고 보는 것이 타당하다. 그러면 '하부사리리'가 새겨진 토기가 출토된 합천 저포리 지역은 왕도에 설치된 하부에 편제된 유력 귀족의 반공지가 위치한 곳으로 볼 수 있겠다.

3) 아라가야(阿羅伽耶)

(1) 국명

아라가야는 변한 안야국(安邪國)이 성장, 발전한 나라이다. 그 위치는 경남 함안 지역이다. 안야국의 다른 표기로 『삼국사기』 지리지에는 아시랑국(阿尸良國)이, 물계자열전에는 아라국(阿羅國)이 나온다. 『일본서기』에서는 안라(安羅)·아라(阿羅)로 나온다. 아시랑(阿尸良)의 '시(尸)'는 고대 한국어에서 사잇시옷 'ㅅ'을 한자로 표기한 것이다. 그러면 아시랑은 '아ㅅ라'를 표기한 것이고, 아나(阿那) 또는 아라(阿羅)는 '아ㅅ라'의 다른 표기이다. 현대음을 기준하여 볼 때 사잇시옷은 'ㄹ' 받침의 음가를 나타내는 것이므로

'아ㅅ라'는 알라로 읽힌다. 알라의 음차자로 가장 가까운 것은 안라(安羅)이다. 「양직공도」백제국사도에 나오는 '전라(前羅)'는 '앞라'로 읽으면 안라와 음운이 상통한다. 그렇다면 아시랑·아라·아나·안라·전라 등은 모두 '아ㅅ라'라는 나라 이름을 음차 혹은 훈차로 표기한 것으로 볼 수 있다.

한편『삼국사기』지리지에는 아나가야(阿那加耶)가,『삼국유사』오가야 조에는 아라가야(阿羅伽耶)가 보인다. '○○가야'는 신라 말에 각 지역에서 일어난 호족들이 붙인 것이어서 당대의 국명은 아니다. 따라서 가야 당대의 국명으로는 안라(安羅) 또는 안라국(安羅國)으로 표기함이 타당하다. 그러나 여기에서는 다른 가야국과의 균형도 맞추고 독자들의 이해도를 높이기 위해 보다 많이 알려진 아라가야로 표기한다.

(2) 성장 기반

함안군의 지형은 남쪽이 높고 북쪽이 낮은 분지형이다. 남동쪽으로 해발 500~800미터 전후의 산들이 창원·마산·진주와 경계를 이루고 있고, 북서쪽으로는 낙동강과 남강에 접하여 의령군과는 남강으로, 창녕군과는 낙동강으로 각각 경계를 이루고 있다. 이러한 지형 조건은 외부로부터의 방어에 유리했다. 남쪽의 산지에서 발원하여 북쪽으로 흐르는 크고 작은 계곡의 물을 이용한 곡간 평야들과 남강과 낙동강의 배후 저습지를 이용한 농경은 아라가야의 생산 기반이 되었다. 그리고 낙동강·남강을 이용한 교통의 결절점이 가져다주는 경제적 이익도 아라가야의 성장 기반이 되었다.

이러한 기반 위에서 아라가야가 강력한 나라로 성장하게 된 데는 남해안으로의 진출이 큰 영향을 미쳤다. 그 계기가 된 것은 포상팔국의 가라국(금관가야) 공격 결과였다. 포상팔국은 골포국(현 경남 마산)·칠포국(현 경남 칠원)·고사포국(현 경남 고성)·사물국(현 경남 사천) 등 남해안 일대에 위치한 8

국을 말한다. 남해안의 교역권을 둘러싸고 벌어진 이 전쟁은 신라가 가라국을 위해 군사를 파견함으로써 포상팔국의 패배로 끝났다. 이 패배로 포상팔국의 힘이 약화되자 이 틈을 타서 아라가야는 칠원 지역을 장악하고 진동만으로 진출했다. 진동만으로의 진출은 아라가야가 바다를 통해 해외로 나아갈 수 있는 발판을 마련하였음을 보여준다. 이렇게 해상을 통한 교역권을 확보함으로써 아라가야는 급속한 성장을 이루게 되었다. 4세기대 이후 함안 지역에서 금관가야권뿐만 아니라 신라계 및 왜계 등 외래계 토기문화의 양상이 다양하게 보이는 것도 해상을 통한 교역이 가능했기 때문이다.

이때 아라가야의 해문(海門) 역할을 한 곳이 창원 현동유적이다. 이 유적은 현동 지역이 해상교역의 거점임을 상징적으로 보여준다. 이 유적에서는 2점의 배모양토기와 낙타모양토기를 비롯하여 굽다리접시 · 긴목항아리 · 그릇받침(器臺) 등 다량의 토기류와 철모, 덩이쇠, 대도, 철검 등 철기류 그리고 다수의 옥석 장신구 등이 출토되었다. 이 가운데 배모양토기는 단순한 통나무배에서 복잡한 구조선(構造船)으로 나아가는 중간 단계인 유선형 준구조선 모양이다. 이 상형토기는 아라가야의 조선기술을 알 수 있는 귀중한 자료다.

(3) 영역의 확대와 도성

건국 초기 아라가야의 범위는 함안 분지 정도였다. 3세기에 들어와 아라가야는 포상팔국 전쟁을 이용하여 남해안의 진동만으로까지 영역을 확대하였다. 이후 아라가야가 영역을 확대해 가는 과정은 불꽃무늬토기(火焰文土器)의 분포를 통해 추정해 볼 수 있다. 대각(臺脚)에 불꽃모양이 뚫려 있는 이 토기는 아라가야를 상징하는 토기이다. 이 토기는 지금의 함안군 전체와 구 마산시를 포함한 창원시 일부, 의령군 남부지역과 진주시 일부에

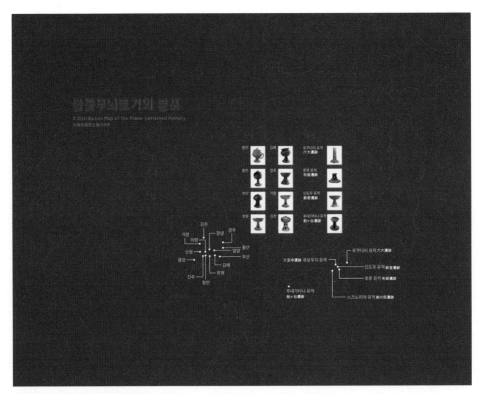

불꽃무늬토기의 분포(함안박물관)

서 확인되고 있다. 따라서 불꽃무늬토기가 분포한 지역은 아라가야의 영역으로 볼 수 있다.

이를 방증해 주는 것이 591년에 세워진 「남산신성비(南山新城碑)」 제1비다. 이 비는 아라가야가 신라에 병합된 후 약 30년 정도 지나서 만들어졌다. 이 비문에는 아량촌(阿良村)을 비롯해 칠토촌(柒吐村)·노함촌(奴含村)·영고(營沽)가 보인다. 이 지역들은 신라가 아라가야를 멸망시킨 후 설치한 군(郡)을 이루는 촌이었다. 아량촌은 지금의 가야읍 말이산고분군을 중심으로 하는 함안분지 일대이고, 칠토촌는 칠원 지역이고, 노함촌는 지금의 의령 지역이다. 한편 『삼국사기』 지리지 함안군조에 의하면 신라시기 함안

함안 가야리유적 전경

군의 속현으로 의령현(宜寧縣) 외에 현무현(玄武縣)이 나온다. 현무현은 지금의 함안군 군북면이다. 이러한 범위는 불꽃무늬토기가 분포하는 곳과 대략 일치한다.

이후 6세기대에 오면 아라가야는 동북쪽으로 낙동강을 경계로 신라와 대치하였다. 『일본서기』 흠명기 5년(544)조에 "신라와 안라(아라가야)가 큰 강물을 경계로 하고 있다"고 한 기사가 이를 보여준다. 이렇게 보면 아라가야의 최대 범위는 서쪽으로 군북면, 서북쪽으로 의령군 일대, 동쪽으로 칠원 지역을 넘어 창원의 일부, 남쪽으로 여항면을 넘어 마산합포구 진동만까지 포함한 것으로 볼 수 있다.

영역을 확대하기 위해서는 무장력이 뒷받침되어야 한다. 고분에서 출토된 유물은 아라가야의 무장력을 보여준다. 구덩식돌덧널무덤인 함안 말이산 34호분에서는 갑옷과 투구장식이 있는 큰 칼과 금동으로 장식된 마구류가 출토되었다. 말이산 75호분에서는 연꽃무늬청자(靑磁蓮瓣文碗)를 비롯하여 대도 2점, 쇠창, 쇠도끼, 금동장식화살통, 화살 등 무기류와 말갑옷, 등자(鐙子), 안장, 기꽂이 등 마구류 등이 출토되었다. 화살통과 화살은 궁수대의 존재를, 등자와 기꽂이 등은 기병대의 존재를 보여준다. 특히 주목되는 것은 말갑옷이다. 말갑옷은 마갑총과 말이산고분군 45호분에서도 출토되었다. 말갑옷은 아라가야에 중장기병이 있었음을 보여준다. 아라가야는 이러한 무장력으로 주변지역을 병합하거나 적의 공격을 막아냈다.

이렇게 영역을 확대하여 발전한 아라가야의 정치적 중심지로 주목되는 곳이 함안 가야리유적이다. 이 유적은 해발 45미터의 독립 구릉을 이용하여 조성되어 있는데, 북쪽으로 해발 293미터의 삼봉산과 그 능선인 배산(裵山)이 감싸고 있으며 남쪽과 동쪽으로 신음천이 흘러 자연해자와 같은 역할을 수행하고 있다. 동쪽의 신음천 접변부에는 가야리제방유적이 발굴되었다. 남쪽으로 신음천의 하안단구 위로 말이산고분군의 능선이 길게 이어져 있다.

가야리유적에 대해 1587년 편찬된 『함주지』에는 "옛 나라의 터"가 위치하고 있다고 하였으며, 1656년에 편찬된 『동국여지지』에도 유적의 존재가 기록되어 있다. 일제강점기인 1917년 이곳에 대한 지표조사에서 건물의 초석이 확인되어 '전(傳) 안라왕궁지'로 보고되었다. 2018년 국립가야문화재연구소의 시굴조사 결과 높이 8.5미터의 성토성벽이 확인되었으며, 내부에서 대형건물지와 더불어 영정주와 횡장목 등 판축토성 요소가 뚜렷하게 확인되었다. 따라서 이곳을 안라국의 왕궁지로 보아도 큰 무리는 없다. 왕궁의 구체적인 모습은 앞으로의 발굴조사에서 밝혀질 것이다.

함안 말이산고분군 전경(가야고분군 세계유산통합관리지원단)

아라가야의 왕도를 방어하는 성으로는 성산산성(城山山城, 造南山城)과 봉산산성이 있다. 성산산성은 해발 139.4미터의 성산 위에 축조된 석축산성이다. 둘레는 약 1,400미터이고, 성안의 면적은 102,500제곱미터이다. 현재 문지와 성벽의 일부가 남아 있다. 현재의 석축성은 신라가 축조한 것이지만 그보다 앞서 아라가야가 이곳에 산성을 축조하였을 가능성이 높다. 봉산산성은 해발 302미터의 봉산에 쌓은 석성이다. 내성과 외성으로 되어 있는데, 바깥 성벽 둘레는 약 2.2킬로미터이다. 성안에서 가야토기 편이 수습되고 있으므로, 초축 시기는 아라가야 시기까지 올라갈 가능성이 있다.

아라가야 왕실과 귀족들의 사후공간이 말이산고분군이다. 이 고분군은 해발 40~70미터의 나지막한 구릉에 남북으로 2킬로미터 정도 길게 뻗은 자연구릉의 주능선과 가지능선에 조성되어 있다. 정밀지표조사 결과 227기가 넘는 대형 봉토분을 포함하여 1,000기 이상 고분의 존재가 확인되었

함안 말이산 75호분 출토 청자연판문완
(경남연구원)

다. 이곳에서는 기원 전후한 시기부터 널무덤이 축조되기 시작하여 대형 덧널무덤으로 발전하고, 5세기경에는 세장방형(細長方形)의 구덩식돌덧널무덤을 거쳐 말기에는 굴식돌방무덤(横穴式石室)으로 교체되는 양상을 보여준다. 말이산고분군은 아라가야의 묘제가 널무덤 - 덧널무덤 - 돌덧널무덤 - 돌방무덤으로 변화하는 과정을 순차적으로 잘 보여주고 있다.

이 가운데 말이산 75호분에서 출토된 연꽃무늬청자(青磁蓮瓣文碗)는 중국 유송대 청자의 대표적인 형태다. 제작지는 중국 장시성(江西省) 홍주요(洪州窯)이고, 제작 시기는 474년을 전후한 5세기 중후반으로 추정되고 있다. 이는 아라가야와 남조와의 직접 또는 간접적인 교류를 보여준다. 한편 말이산 13호분의 덮개돌에는 전갈자리와 궁수자리 등 125개의 별자리가 새겨져 있다. 이 가운데 궁수자리에 속한 6개의 별은 북두칠성을 닮았다고 하여 '남두육성(南斗六星)'이라 일컫는다. 이 천문도는 봄철 남쪽 하늘에 나타나는 별자리를 그린 것으로, 아라가야 지식인들의 천문관측 능력과 기술을 보여주는 중요한 자료이다.

(4) 통치조직과 계층구조

변한시기 안야국 최고지배자의 칭호는 신지였다. 이 신지는 '축지(踧支)'라고도 하였다. 이 시기 안야국의 지배조직을 보여주는 자료는 없다. 그런데 같은 시기 금관가야는 건국 이후 9간의 칭호인 아도간을 아궁으로, 여도간을 여해로, 피도간을 피장으로, 오도간을 오상으로 고치고 있다. 이로 미루어 자료가 없어 명칭은 알 수 없지만 안야국도 건국의 기반이 된 읍락 수장들을 지배조직으로 재편제하지 않았을까 한다.

이후 아라가야(안야국)의 성장을 보여주는 것이 『삼국지』 동이전 한조에 나오는 우호 기사다. 변한을 구성한 여러 나라 가운데 우호를 받은 나라는 안야국과 구야국뿐이었다. 이는 안야국이 구야국에 버금갈 정도로 국력이 성장하였음을 보여준다. 4세기에 들어와 변한사회는 가야사회로 전환하였다. 이후 탁순국과 가라국의 최고지배자는 종래의 험측이나 번예 대신 한기를 칭하였다. 이로 미루어 아라가야의 최고지배자도 이 시기에 한기를 칭하였을 것이다. 5세기 이후 아라가야가 집권력을 강화하고 영역을 확대하자 그에 걸맞게 최고지배자는 왕을 칭하였다. 『일본서기』 541년과 544년 기사에 등장하는 안라왕이 이를 보여준다.

왕을 칭한 이후 아라가야의 지배조직을 보여주는 것이 541년과 544년에 백제 수도 사비에서 열린 '사비회의'에 파견된 안라국 대표자의 직함인 하한기(下旱岐)와 차한기(次旱岐)이다. 이는 아라가야 왕 아래에 상한기 - 차한기 - 하한기가 있었음을 보여준다. 한편 이 회의에 참석한 다라국의 대표자는 541년에는 이수위, 544년에는 하한기였다. 이로 미루어 아라가야 왕 아래에도 상수위 - 이수위 - 삼수위와 같은 지배조직을 두지 않았을까 한다. 그렇다면 안라국의 지배조직은 크게 상한기 - 차한기 - 하한기라는 한기 조직과 상수위 - 이수위 - 삼수위라는 수위 조직으로 이루어졌다고 할 수 있다.

한기는 부여나 고구려의 가(加), 신라의 간(干)과 통하는데, 군(君)으로도 표기되었다. 이는 한기가 족장적 성격을 갖는 칭호로서 수위 조직보다 위계가 높았음을 보여준다. 그렇다면 아라가야의 지배층은 한기 계열의 관직을 맡을 수 있는 층과 수위 계열의 관직을 맡을 수 있는 층으로 나누어 볼 수 있다. 그 아래에 일반민이 있었고, 최하위 계층으로 노복이 있었다고 하겠다. 이렇게 보면 말이산고분군에서 봉분이 고대하고 질 높은 부장품

을 부장한 고분은 한기층의 무덤으로, 이보다 격이 낮은 무덤은 수위층의
무덤으로 볼 수 있지 않을까 한다.

4) 비화가야(非火伽耶)

(1) 국명

지금의 경남 창녕 지역을 기반으로 하여 성립한 나라가 비화가야이다.
비화가야는 『삼국유사』 오가야조 기사에 나온다. 비화가야의 다른 표기로
『삼국지』 동이전에는 불사국(不斯國)이 보인다. 「창녕 신라 진흥왕척경비」
에는 비자벌(比子伐), 『일본서기』 신공기 49년조에는 비자발(比自㶱), 『삼국
사기』 신라본기 파사이사금 29년조에는 비지국(比只國)으로, 지리지에는
비사벌(比斯伐)과 비자화(比自火) 등으로 나온다.

이 가운데 불사국은 3세기 이전의 국명이고, 나머지는 4~6세기대의 명
칭이다. '불(不)'과 '비(比)'는 'ㅂ'에 대한 한자 표기이며, '사(斯)'와 '지(只)'
는 비자벌에서의 '자(子)', 비자화에서의 '자(自)'와 마찬가지로 앞말과 뒷
말을 부드럽게 이어주면서 '~의'란 뜻을 지닌 사이시옷 같은 역할을 한다.
'화(火)'는 그 뜻인 불을 빌려 한자화한 것으로, 불, 벌(伐), 발(㶱)은 모두 들
판을 뜻한다. 결국 비사벌·비자벌·비자화·비화 등은 우리 말 '빛벌'에 대
한 표기방식의 차이일 뿐이다.

이 불사국이 성장, 발전하여 비화가야가 되었다. 비화가야는 가야 당시
의 명칭이 아니라 신라 말기에 생겨난 명칭이다. 그렇지만 창녕 지역을 기
반으로 하여 성립한 정치체의 이름으로는 비화가야가 널리 알려져 있다.
그래서 이 책에서는 다른 가야국과의 균형도 맞추고 독자의 이해도를 높
이기 위해 많이 알려진 비화가야로 표기한다.

(2) 지리적 조건과 성장 기반

비화가야의 전신인 불사국은 본래 진한 12국의 하나였다. 그러나 『일본서기』 신공기 49년조에서 보듯이 4세기에 들어와 불사국은 가야 여러 나라 중의 하나로 나온다. 그 배경에는 두 가지 요인이 작용하였다. 하나는 정치적 요인이다. 오랫동안 정치적·문화적 영향력을 행사해 온 낙랑군이 313년에, 대방군이 314년에 고구려에 의해 멸망하였다. 이는 삼한사회에 통합운동을 촉발시켰다. 이런 움직임 속에서 경주에 자리한 사로국(신라)이 진한을 구성한 여러 나라를 통합해 나가기 시작하였다. 불사국은 이에 반발하여 진한에서 이탈해 나와 가야사회로 편입하였다. 다른 하나는 창녕 지역이 갖는 지리적 조건이다. 창녕 지역은 동북쪽으로 비슬산(1,083미터)·천왕산(619미터)·화왕산(757미터)·관룡산(753미터)으로 막혀 있고, 서남쪽은 화왕산·관룡산에서 구릉과 하천이 뻗어 내려와 평야를 이루고 낙동강에 다다른다. 이처럼 창녕 지역은 경주–영천–경산 지역과 격절되었지만, 고령·함안·창원·김해 등과는 낙동강을 매개로 쉽게 오갈 수 있다. 불사국이 가야사회의 일원이 될 수 있었던 데에는 이런 지리적 조건도 일정하게 작용하였던 것 같다. 그리하여 비화가야(비자발)는 『일본서기』 신공기 49년조에 가야 7국의 하나로 당당히 모습을 드러내었다.

창녕 지역의 평야는 그다지 넓지 않으나 낙동강으로 유입되는 토평천·운봉천·계성천·구계천 등을 따라 기름진 경지가 적지 않다. 이는 비화가야의 농업생산력이 높았음을 보여준다. 이러한 농업생산력의 발달 외에 비화가야의 성장 기반이 된 것은 수운의 편리함이다. 창녕 지역은 남해안과 낙동강을 연결하는 중요한 길목에 위치하여 물류의 이점이 있었다. 대량의 물류 수송에는 배가 필수적이다. 그런데 창녕 교동과 송현동 7호분에서는 배의 부재를 재활용해 만든 목관이 출토되었다. 배에 사용된 이 부재는 목질 분석 결과 일본산 녹나무였다. 또 7호분에서는 일본산 이모가이(청자고둥)로 만든 말갖춤 장식품도 출토되었다. 이는 비화가야가 녹나무로 만든 배를 이용하여 왜와 활발한 교류를 하였음을 보여준다. 낙동강을 이용한 활발한 유통은 비화가야가 성장할 수 있는 또 다른 토대가 되었다.

(3) 영역의 확대와 정치 중심지

비화가야의 영역을 보여주는 문헌자료가 없으므로 고고학적 조사 결과를 중심으로 살펴보겠다. 지표조사와 발굴조사 등을 통해 확인된 창녕 지역의 가야고분군은 20여 개소에 이른다. 토평천과 창녕천 유역에는 교동과 송현동고분군을 중심으로 초곡리 소장미고분군 등 수많은 고분군이 몰려 있다. 창녕읍에서 남쪽으로 10킬로미터 정도 떨어져 있는 계성천 유역에는 계남리·사리·명리고분군으로 구성된 계성고분군이 있다. 그 주변지구에는 강리·우강리·거문리 등에 고분군이 있다. 그 남쪽의 영산면에는 영산고분군에 다수의 고총고분이 분포하고 있다. 창녕읍 북부의 대합면에는 합리고분군과 무속고분군이 분포한다. 이 지역은 지형적으로 현풍천과 차천 유역에 해당하며 양리고분군(현 대구 달성군)의 하위집단이 고분을 축조한 것으로 보인다.

고분군 분포도에서 보는

창녕 지역 고분군 분포도(장상갑, 2018)

바와 같이, 비화가야의 중심고분군인 교동과 송현동고분군에서 북서쪽으로 30킬로미터 떨어진 지점에 고령 지산동고분군이 있다. 그리고 남서쪽으로 30킬로미터 떨어진 지점에는 함안 말이산고분군이 있으며, 낙동강 건너 서쪽 20킬로미터 떨어진 지점에는 합천 옥전고분군이 존재한다. 각각 대가야와 아라가야, 다라국의 중심 고분군들이다. 이들 고분군의 사이에 있으면서 비화가야의 중심고분군인 교동과 송현동고분군으로부터 반경 20킬로미터 이내에 있는 고분군은 동일 정치권 아래에서 축조된 고분군으로 보아야 한다. 곧 비화가야의 영역으로 볼 수 있다. 지형적으로 보면 북쪽으로는 낙동강과 대구 달성군 소재의 비슬산을 그 경계로 볼 수 있다. 서쪽과 남쪽의 경계는 낙동강이다. 낙동강은 창녕군의 서편에서 북에서 남으로 흐르다가 함안군 대합면에서 남강과 합류한다. 동쪽은 비슬산과 남으로 이어지는 화왕산-관룡산-영취산이 경계가 된다. 이들 산의 동쪽은 경북 청도군과 경남 밀양시이다.

이렇게 보면 비화가야의 범위는 북으로 달성군 현풍 일대와 남으로 창녕읍의 계성·영산·남지에 이르는 모든 지역을 포함하였다. 이와는 달리 대구 달성군 현풍 지역과 창녕 지역은 토기의 특징이 다르므로 성격을 달리하는 정치체로 보기도 하며, 고총고분이 축조된 영산 지역에는 독자적인 세력이 존재한 것으로 보는 견해도 있다. 한편, 비화가야가 달성군 현풍읍 및 창녕군 교동과 계성, 영산 지구까지를 영역으로 포괄하였지만 4세기 말에 신라에 편입되었다는 견해와 교동과 송현동의 고총고분은 모두 신라의 간접지배에서 만들어졌다고 보는 견해도 있다.

5세기 중엽에 들어오면 창녕양식토기가 성립된다. 대표적인 사례로는 대각도치형(臺脚倒置形)의 이른바 '창녕형 꼭지'를 가진 굽다리접시를 들 수 있다. 이 창녕양식토기는 계성천 일대에서 먼저 성립되고 이어서 현재의 창녕군 범위에 해당하는 지역으로 확산되었다. 이 시기에 고총고분이 조

창녕 교동 7호분 전경

영되었다. 대표적인 고총고분군은 계성고분군과 교동과 송현동고분군이
다. 계성고분군은 늦어도 4세기에 조성되기 시작하였다. 5세기 후반이 되
면 교동과 송현동고분군에서 대규모의 고분이 만들어졌다. 높이가 9.6미
터인 Ⅰ군 7호분과 높이가 10미터에 달하는 Ⅱ군 10호분이 이를 잘 보여
준다. 이는 5세기 후반에 와서 정치 중심이 계성 지역에서 교동과 송현동
쪽으로 옮겨진 것을 보여준다. 그러나 정치 중심지인 왕도가 어디에 위치
하였는지는 창녕읍 내에서 고고학적 자료가 아직 확인되지 않아 분명히
하기 어렵다.

창녕 교동과 송현동고분군에는 300여 기에 달하는 고분이 있는 것으
로 추정된다. 고분군은 교동 쪽의 경우 7호분을 중심으로 하는 Ⅰ군과 10
호분을 중심으로 하는 Ⅱ군으로 나누어지고, 송현동 쪽의 경우 Ⅲ군과 Ⅳ
군으로 나누어진다. 이 고분군은 널무덤에서 시작하여 덧널무덤을 거쳐
원형의 분구를 가지는 구덩식돌덧널무덤을 만들었다가 6세기에 굴식돌방
무덤이 등장한다. 봉분의 규모는 점점 커져서 5세기 후반에서 6세기 전반
에 걸쳐 정점에 달하게 된다.

이 가운데 7호분에서는 나무안장가리개, 은장식흑칠안장가리개, 금동

투조장식나무안장가리개 등 마구류와 금귀걸이가 출토되었다. 12호분에서는 은허리띠(銀製帶金具)와 관장식 등이 출토되었다. 63호분의 경우 돌덧널은 길이 6.4미터, 너비 1.3미터, 깊이 1.9미터 정도이고, 관은 상자형목관(箱形木棺)이다. 여기에서 출토된 장신구는 착장된 형태로 출토되었는데, 금동관과 관에 드리운 금동드리개(金銅製垂飾)와 금동막대장식, 굵은고리귀걸이(太環耳飾) 1쌍, 유리구슬목걸이, 은반지(오른손 1개, 왼손 3개), 은허리띠, 은허리띠에 달린 2개의 은장도와 띠끝장식 등이다. 이러한 유물들은 5세기 전반인 7호분까지는 비화가야가 독자적인 세력으로서 위상을 가졌고, 5세기 중반인 11호분이 조영된 시기에는 신라의 영향을 강하게 받으면서도 여전히 독자적인 세력으로 존재하다가, 6세기 전반에 들어와 신라 일색이 됨으로써 결국 신라에 편입되었음을 보여준다.

(4) 통치조직과 계층구조

교동과 송현동고분군 그리고 계성고분군을 조영한 세력은 비화가야의 왕족과 귀족들이다. 이 시기 비화가야의 계층구조를 추론하는 단서는 토기에 새겨진 '대간(大干)' 명문이다. 이 명문은 두 글자가 합해진 글자(合字)

창녕 계성고분군 출토 '대간'명 토기(『한국 고대의 문자와 기호유물』)

창녕 교동 11호분 출토
대도의 상감 명문

로 보지 않고 '신(辛)'자로 읽어야 한다는 견해도 있다. 대간이 새겨진 토기는 계성고분군 A지구 6호분 석곽의 동북쪽 귀퉁이에서 동쪽으로 약 1미터 정도 떨어진 곳에서 출토된 이음독널(合口式甕棺), B지구 10호분에서 출토된 뚜껑굽다시접시의 배(杯), C지구 3호분에서 출토된 소형의 병이다. 이 토기가 출토된 곳은 이음독널이거나 비교적 규모가 작은 고분이다. 대간은 이 소형 고분에 묻힌 피장자를 가리키는 칭호가 아니라 비화가야의 유력 수장을 가리키는 칭호로 보아야 한다.

이 토기의 제작 연대는 6세기 중반 또는 6세기 말에서 7세기 초로 보는 것이 일반적이다. 이 시기 비화가야는 신라에 의해 이미 멸망하여 신라의 영역이 되었다. 561년에 세워진 「창녕비」에 의하면 비화가야의 유력세력은 신라에 편입된 이후 중앙으로부터 술간(述干)이란 고위의 외위를 받은 지방세력으로 편제되었다. 그런데 이 시기 신라에서 대간이란 칭호를 사용한 증거는 중앙이나 지방 어디에서도 아직 확인되지 않았다. 대간은 신라에서 사용한 칭호가 아닐 가능성이 높다. 바로 비화가야가 존속하고 있었을 당시의 칭호이고, 비화가야 멸망 이후에도 창녕 지역에 이어졌던 것으로 보는 것이 타당할 것이다. 이러한 관점에서 이 책에서는 대간 명문을 비화가야의 지배구조를 이해하는 자료로 활용하겠다.

대간(大干)은 '간(干)'에 '대(大)'를 붙인 것이다. '간'은 수장을 지칭하는 칭호로서 '한기'와 같다. 따라서 대간은 '대한기(大旱岐)' 즉 간 가운데서도 세력이 가장 강한 간, 큰 수장을 의미한다. 대간의 존재는 '간'이 적어도 '대간-간' 또는 '대간-차간-간'으로 분화되었음을 보여준다. 이는 아라가야에서 한기 조직이 상한기-차한기-하한기로 분화된 것과 유사한 모습이다. 그렇다면 비화가야의 지배세력도 크게 대간층과 간층으로 이루어졌다고 할 수 있다.

이렇게 보았을 때 교동과 송현동고분군에서 출토된 관(冠)과 관장식이 주목된다. 관은 대표적인 위신품이다. 교동 Ⅰ군 7호분 출토품은 '출(出)'자형의 세움장식이 있고, 둥근 형태의 영락이 달려 있다. 교동 Ⅱ군 10호분 출토품도 영락이 달린 흔적이 관찰된다. 송현동 15호분 출토품은 '출'자형의 세움 장식이 있는 금동관이다. 은제관식으로는 교동 Ⅱ군 10호분, 교동 Ⅰ군 11호분 2개, 교동 Ⅱ군 1호분 출토품이 있다. 교동 Ⅱ군 3호분에서도 관모(冠帽)가 출토되었다. 출토된 관은 재질에 따라 금동관, 은제관식 등으로 나누어진다. 재질의 차이는 각 재질의 관을 착용할 수 있는 귀족의 신분과 지위의 차이를 보여준다. 그렇다면 비화가야 귀족의 지위는 두 등급 또는 세 등급으로 나누어 볼 수 있겠다. 이는 대간명 명문을 통해 비화가야의 귀족이 대간-간(차간) 또는 대간-간(차간)-하간으로 나누어졌을 가능성이 있다는 것과 연결된다고 하겠다.

교동과 송현동고분에서 출토된 유물을 보면 신라와 닮은 문화요소가 많다. 이에는 두 가지 측면이 있다. 첫째, 비화가야의 전신이라 할 수 있는 불사국이 본래 신라(사로국)와 함께 진한에 속하였다는 점이다. 가야의 여러 나라가 대부분 변한 소국이 성장, 발전하여 형성되었지만, 비화가야는 진한 불사국에서 성장하였기에 신라와 문화적 동질감이 컸을 것이다. 둘째, 비화가야는 신라에게 전략적으로 매우 중요한 지역이라는 점이다. 이는 신라 진흥왕이 이 지역을 장악한 후 척경비를 세워 기념한 것을 보아도 알 수 있다. 비화가야를 중시한 신라는 이 지역에 대해 일찍부터 친화적 유대관계를 가지고 관계 유지에 정성을 들였다. 비화가야 지역에서 출토된 유물이 신라양식인 것은 이러한 연유로 보인다.

한편 교동 11호분에서 "상부선인귀△도(上部先人貴△刀)"가 새겨진 쇠로 만든 큰 칼이 출토되었다. 상부는 고구려의 왕도 5부 중의 하나이며, 선인은 고구려 관등의 하나이다. 이 칼의 최초 소지자인 '귀△'는 고구려 사람일 가능성이 높다. 어떠한 연유로 이 칼이 비화가야 무덤에 와서 묻혔는지는 자료가 없어 알 수 없다. 교동과 송현동고분군은 왕족과 귀족의 사후공간이다. 이 칼은 외국 출신자도 비화가야에서 고위귀족이 되었음을 보여주는 귀중한 사례라 할 수 있다.

5) 소가야(小伽耶)

(1) 국명

소가야는 지금의 경남 고성군(固城郡) 지역을 기반으로 한 나라이다. 소가야라는 국명은 『삼국유사』에 나온다. 『삼국지』 동이전에 변한을 구성한 한 나라로 나오는 고자미동국(古資彌凍國)은 소가야의 전신이었다. 고자미동국에서의 '미동(彌凍)'은 고을 또는 읍(邑)을 의미하는 말로 보는 견해도 있고, '물둑'으로 읽어 제방을 의미하는 말로 보는 견해도 있다. 고자미동국의 다른 표기로 『삼국사기』 열전 물계자전에는 고사포국(古史浦國)으로, 『삼국유사』 물계자조에는 고자국(古自國)으로, 『일본서기』에는 구차(久嗟), 고차(古嵯)로 나온다. '고(古)'와 '구(久)'는 음운이 상통하며, '자(資)'·'자(自)'·'사(史)'·'차(嵯)'도 역시 음운이 상통하므로 고자미동국=고자국=고사포국=구차국이 된다. 신라 경덕왕 때 '고자'를 고성(固城)으로 고쳤다.

한편, 『삼국유사』 오가야조에 나오는 소가야라는 국명의 의미는 두 가지로 해석할 수 있다. 하나는 작은 가야라는 의미이고, 다른 하나는 대가야에 대칭되는 의미, 즉 대가야 다음으로 강한 나라라는 의미로 보는 것이다. 당시 소가야인들이 스스로를 작은 가야라고 칭하지 않았다면 후자의 의미로 사용하였을 가능성도 있겠다. 이는 고려나 조선이 자신을 중국의 중화

(中華)에 비교하여 소중화(小中華)라 한 것과 유사하다.

'○○가야' 형태의 이름은 가야 당시의 이름이 아니라 신라 말에 와서 붙인 이름이다. 따라서 현재의 고성 지역을 중심으로 존재했던 가야국의 이름으로는 적당하지 않다. 그렇지만 소가야는 고성 지역에 성립한 정치체를 가리키는 국명으로 널리 알려져 있다. 그래서 이 책에서는 다른 가야국과의 균형도 맞추고 독자의 이해도를 높이기 위해 '소가야'로 표기한다.

(2) 성장 기반

소가야의 전신인 고자미동국의 중심지로 추정되는 곳은 지금의 고성읍 일대이다. 고성읍에서 고자미동국과 직접적으로 관련되는 유적이 고성 동외동패총이다. 이 패총은 출토 토기로 보아 삼한시대(원삼국시대)를 포함하므로 고자미동국의 유적으로 볼 수 있다. 동외동패총이 있는 산구릉 정상부 및 주변부에서 확인된 4~5세기대의 주거지와 제사유구는 고자미동국 이후, 즉 소가야와 관련된 유적이다. 지리적 위치를 고려해 보았을 때 이 유적의 주인공, 즉 소가야인의 성장 기반은 해상을 통한 교역이었음을 알 수 있다. 그 교역품의 중심은 철이었을 것이다.

이러한 사실을 직접적으로 뒷받침하는 것이 동외동패총에서 발굴된 여러 유구와 유물이다. 이 유적에서는 고대 야철지가 발견되었는데, 이 지역에서 철 생산이 이루어졌음을 보여준다. 『신증동국여지승람』 고성현 군명조에 고자(古自), 고주(固州)와 더불어 철성(鐵城)이란 이름도 나와있는데, 고성 지역이 철 생산과 관련이 있음을 뒷받침한다.

소가야는 또 다른 이름인 고사포(古史浦)에서도 알 수 있듯이 '포구의 나라'였다. 문물 수입과 수출처로서 주변 지역에 미친 영향력이 컸다. 해상 교류는 이 지역에서 출토된 유물을 통해서도 확인된다. 고성 동외동에서는 중국 화남(華南) 지방의 인문도(印文陶)로 추정되는 토기편과 한경(漢鏡)

이 출토되었는데, 소가야가 중국과 교류하였음을 보여준다. 고성에서 출토된 광봉동모(廣鋒銅鉾)와 야요이(彌生)식 토기는 이 지역과 왜와의 관계를 보여주는 자료이다. 광봉동모라는 것은 세형동검이 일본에 전파되어 의식용구로 발달하면서 형태가 다양화해지고 점점 대형화되어 완전한 의기로 발달한 것이다. 경남 합천 봉계리 20호분에서 출토된 일본 스에키(須惠器)계 굽다리접시는 소가야를 통해 들어온 것으로 보인다. 5세기 중반 이후부터 6세기 중반에 걸쳐 축조된 송학동 1호분은 유물의 내용으로 보아 외래적인 요소가 강하게 드러난다. 이는 소가야가 전남 지역이나 일본 규슈 지역과도 활발한 교역을 하였음을 보여준다. 이렇듯 소가야의 성장 기반은 농경보다는 해상무역이었다. 해상교역권을 둘러싸고 포상팔국이 가라국을 공격할 때 소가야가 전쟁을 주도한 것도 국력의 기반이 해상에 있었기 때문이다.

(3) 영역의 확대와 지배층의 무덤

소가야는 포상팔국이 금관가야를 공격할 때 주도적인 역할을 하였다. 그런데 이 전쟁에서 포상팔국이 패배함으로써 남해안에서 교역권의 중심이 금관가야로 집중되면서 소가야의 세력은 일시적으로 위축되었다. 그러다 4세기에 들어 소가야는 다시 두각을 나타냈다. 이를 보여주는 것이 고성 송학동 A-1호분의 남쪽 끝부분에 위치한 E-1호분이다. 이 고분은 길이 3미터, 폭 1미터의 덧널무덤인데 짧은목항아리·굽다리접시·컵형토기·원통모양그릇받침(筒形器臺)·화로모양그릇받침(爐形器臺)과 쇠낫·쇠도끼(鐵斧)·철착(鐵鑿) 등의 철기가 출토되었다. 출토 유물로 미루어 보아 축조시기는 4세기 후반이다. 이 토대 위에서 소가야는 5세기 중반에 들어와 세력을 확장하였다.

소가야의 세력 확장은 소가야양식토기의 분포를 통해 살필 수 있다. 소가야양식토기는 삼각투창굽다리접시(三角透窓高杯), 일단장방형투창굽다리접시(一段長方形透窓高杯), 수평구연호(水平口緣壺), 동체타날 그릇받침이 대표적인 유물이다. 소가야양식토기가 5세기 후엽까지 고성을 중심으로 하여 남쪽으로 경남 거제시, 북쪽으로 경남 거창군과 전북 남원시, 동쪽으로 경

소가야양식토기(국립중앙박물관)

남 창원시 진동, 서쪽으로 하동읍에 이르는 비교적 넓은 범위에 분포하고 있다. 이는 소가야의 세력범위가 그만큼 넓어졌음을 보여준다. 지리적으로 인접한 경남 사천의 사물국(史勿國)도 소가야에 병합되었다.『삼국사기』지리지 고성군조에 사수현(泗水縣: 현 사천)이 문화량현(蚊火良縣: 현 고성 대가면)과 상선현(尙善縣: 현 고성 대가면)과 더불어 고성군의 영현으로 나오는 것도 그 결과라고 하겠다. 이렇게 세력을 확대한 소가야 최고지배자의 칭호는 종래의 번예나 살해 등에서 한기로 바뀌었다. 544년에 열린 사비회의에 참석한 소가야 대표자의 칭호가 한기인 것이 이를 보여준다.

소가야 지배층의 무덤이 고성 송학동고분군이다. 송학동고분군은 고성읍 북쪽의 무학산(舞鶴山, 舞妓山) 구릉을 중심으로 만들어진 7기의 고분으로 이루어져 있다. 이 가운데 1호분은 내부 구조가 모두 13개의 돌덧널, 돌방으로 이루어져 있으며 3개의 독립된 봉토가 합쳐진 독특한 형식이다. 먼저 구릉의 남쪽편에 1A호분이 축조되었고, 그 북쪽편에 연접하여 1B호분이 축조되었다. 마지막에 축조된 1C호분은 1A호분과 1B호분이 맞닿은 지점을 굴착하여 축조한 후 단절형 주구(周溝)를 조성하였다. 주구에는 적갈색 원통모양그릇받침을 세워 부장하였다. 이를 하나의 묘역으로 설정한다

고성 송학동고분군 전경(가야고분군 세계유산통합관리지원단)

면 전체 길이 75미터에 달하는 규모가 큰 고분이다.

중심묘인 1B호묘는 전체 길이, 너비, 높이가 6.7×2.0×1.58미터이며, 무덤의 서쪽 단벽 중앙에 3.15×1.0×1.48미터의 연도(羨道: 묘길)를 가진 굴식돌방무덤이다. 특히 연도와 석실 내부의 천장을 비롯한 네 벽에 붉은 색이 채색되어 있는데, 일본 규슈(九州)와 간사이(關西) 지방의 고훈시대(古墳時代) 고분과 유사하다. 이 고분은 고자국과 왜의 교섭·교류를 보여주는 중요한 자료다. C호분은 궁륭상천장으로 5.6×2.6×2.4미터인 굴식돌방무덤이다. 출토 유물로는 토기류와 금동귀걸이, 마구, 금동장식대도, 청동제 굽다리접시, 유리구슬 등이 출토되었다. 축조 시기는 500년 전후다.

소가야 시기의 산성으로 고성 만림산토성이 있다. 이 산성은 고성읍 대독리 일원에 위치하는데, 전체 둘레 720미터, 성벽 너비 20~22미터, 최고

고성 만림산토성 전경

높이 6미터에 이르는 토성이다. 이 토성은 남해안을 통해 소가야 중심지로
드나드는 선박을 조망할 수 있다. 따라서 이 토성은 소가야 교역의 거점인
해문을 방어하는 역할을 한 것으로 보인다.

6) 그 밖의 나라들

가야로 인식된 나라들은 자료에 따라 수도 다르고 표기도 다양하게 나
온다. 『삼국사기』 잡지 가야금조의 우륵 12곡명에는 하가라도(下加羅都),
상가라도(上加羅都), 달이(達已), 사물(思勿), 물혜(勿慧), 하기물(下奇物), 거열
(居烈), 사팔혜(沙八兮), 이혁(爾赦), 상기물(上奇物) 등 10국이 나온다. 「양직
공도」에는 반파(叛波), 탁(卓), 다라(多羅), 전라(前羅), 사라(斯羅), 지미(止米),

마련(麻漣), 상기문(上己汶), 하침라(下枕羅) 등 9국이 나온다. 『일본서기』신공기 49년조에는 비자발(比自㶱), 남가라(南加羅), 탁국(喙國), 안라(安羅), 다라(多羅), 탁순(卓淳), 가라(加羅) 7국이 나온다. 『일본서기』흠명기 2년(541)조와 5년(544)조에는 안라(安羅), 가라(加羅), 졸마(卒麻), 산반해(散半奚), 사이기(斯二岐), 다라(多羅), 자타(子他), 구차(久嵯)가 나온다. 『일본서기』흠명기 23년(562)조에는 가라국(加羅國), 안라국(安羅國), 사이기국(斯二岐國), 다라국(多羅國), 졸마국(卒麻國), 고차국(古嵯國), 자타국(子他國), 산반하국(散半下國), 걸찬국(乞飡國), 염례국(稔禮國) 등 10국이 나온다. 이 가운데 동일국에 대해 표기를 달리한 경우도 있다. 가라(加羅, 上加羅, 叛波), 남가라(南加羅, 下加羅), 산반해(散半奚: 散半下), 구차(久嵯: 古嵯) 등이다.

이 나라들 가운데 가라국(대가야), 남가라(금관가야), 안라국(아라가야), 비자발(비화가야), 구차국(소가야)에 대해서는 앞에서 이미 언급하였다. 나머지 국들은 위치도 분명하지 않고 성립 이후 발전 모습을 보여주는 자료도 거의 없다. 그러므로 다음에서는 약간의 문헌과 고고학 자료가 남아있는 다라국과 기문국에 대해서만 정리해 두기로 한다.

(1) 다라국(多羅國)

다라국은 「양직공도」와 『일본서기』신공기 49년(수정연대 369)조 및 흠명기 2년(541)조와 5년(544)조에 나온다. 다라의 다른 표기로는 대량(大良), 대야(大耶)가 있다. 다라국의 위치는 합천읍으로 비정하는 견해가 있지만, 합천읍에 고총고분군이 없다. 삼가면에는 삼가고분군이 있지만, 이 고분군은 사이기국의 것일 가능성이 높으므로 삼가면 일대를 다라국으로 보기 어렵다. 반면 쌍책면에는 옥전고분군이 있고 또 다라리(多羅里)라는 지명도 있다. 따라서 다라국의 중심지는 쌍책면 일대로 보는 것이 타당하다.

다라국은 『삼국지』의 변한 12국에는 보이지 않는다. 다라국이 최초로 나오는 문헌기록은 『일본서기』 신공기 49년조이다. 여기에는 가야 7국이 나오는데 다라국은 이 가운데 하나였다. 3세기대에 그 이름조차 전하지 않던 다라국이 4세기에 들어와 가야 7국의 하나로 나오는 것은 변한사회에서 가야사회로 전환하는 과정에서 다라국이 크게 성장하였음을 보여준다. 한편 대가야의 가실왕 대에 우륵이 지은 12곡명의 하나인 하가라도의 하가라를 다라국으로 보는 견해도 있지만, 하가라를 김해의 금관가야로 보는 견해도 있어 단정하기 어렵다.

4세기에 들어와 다라국은 최고지배자의 칭호를 한기로 개칭하였다. 그 이전의 칭호는 번예나 살해였을 것이다. 한기로의 개칭은 541년에 열린 사비회의에 참석한 다라국 대표자의 직명이 하한기로 나오는 것에서 입증된다. 하한기는 한기의 존재를 전제로 하기 때문이다. 그 시기는 탁순국과 대가야의 최고지배자가 382년에 한기를 칭한 것으로 미루어 늦어도 4세기 중반으로 볼 수 있다. 한기 칭호의 사용은 다라국 최고지배자의 권력이 이전에 비해 그만큼 강화된 것을 보여준다.

다라국의 지배조직을 보여주는 것이 541년과 544년에 백제 수도 사비에서 열린 사비회의에 참여한 다라국 대표자의 직함이다. 1차 회의 때 대표자는 하한기 이타(夷他)였고, 2차 회의 때의 대표자는 이수위 흘건지(訖乾智)였다. 하한기는 상한기의 존재를, 이수위는 상수위와 삼수위의 존재를 상정하게 한다. 그러면 다라국에는 상한기-하한기 또는 상한기-차한기-하한기로 이루어진 한기 계통의 지배조직과 상수위-이수위 또는 상수위-이수위-삼수위로 이루어진 수위 계통의 지배조직이 있었다고 할 수 있다. 한기 계통과 수위 계통이 모두 보이는 것이 다라국 지배조직의 특징이다. 이로 미루어 다라국의 최고지배자는 안라국이나 가라국처럼 왕을 칭하였거나 비화가야처럼 대간을 칭하지 않았을까 한다.

전성기 다라국의 모습을 보여주는 유적이 합천군 쌍책면의 옥전고분

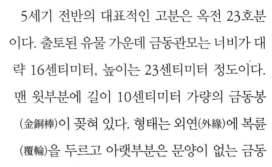
합천 옥전 23호분 출토 금동관모

군이다. 이 고분군은 유구의 형태에 따라 Ⅰ기 덧널무덤기, Ⅱ기 대형 구덩식돌덧널무덤기, Ⅲ기 고총고분기로 나눌 수 있다. Ⅰ기는 대략 4세기대를 중심으로 5세기 전반까지, Ⅱ기는 5세기 중엽이 중심이며, Ⅲ기는 5세기 후반~6세기 전반대로 파악된다.

5세기 전반의 대표적인 고분은 옥전 23호분이다. 출토된 유물 가운데 금동관모는 너비가 대략 16센티미터, 높이는 23센티미터 정도이다. 맨 윗부분에 길이 10센티미터 가량의 금동봉(金銅棒)이 꽂혀 있다. 형태는 외연(外緣)에 복륜(覆輪)을 두르고 아랫부분은 문양이 없는 금동판의 대륜(臺輪)으로 구성되었다. 일반적으로 내관(內冠)이라 불리는 것과 거의 같은 모습이다.

5세기 중반이 되면 옥전 M1호분, M2호분처럼 유구의 규모가 커지며 거대한 봉분을 쌓고 내부에는 부장유물을 따로 넣을 수 있는 부장 전용공간인 딸린덧널이 만들어졌다. 아울러 부장품도 새로운 장신구를 비롯하여 투구 같이 권위를 상징하는 위세품이 여럿 부장되는 변화가 나타났다.

5세기 후반에 만들어진 대표적 무덤은 옥전 M3호분이다. 이 고분은 내부가 최대로 커지고 부장유물의 양과 질에서 옥전고분군 전체를 대표한다. 부장된 유물은 관대(棺臺)로 사용된 121점의 주조쇠도끼(鑄造鐵斧)와 금동장식투구, 말투구 2벌, 청동그릇, 기꽂이, 금은으로 장식된 장식말갖춤 등과 가야고분에서 거의 발견되지 않았던 용봉무늬고리자루큰칼(龍鳳文環頭大刀) 등 고리자루큰칼 4자루이다. 이는 이 고분의 주인공이 강력한 권력을 가진 다라국 최전성기의 지배자였음을 증명한다.

고분에서 출토된 각종 무기와 무구, 마구 등 다라국의 군사력을 보여준다. 금은으로 상감된 고리자루큰칼(環頭大刀) 등은 다라국 고위지휘관의 위신을 보여주는 위신품이다. 철제종세장방판(縱細長方板)투구와 소찰주(小札胄), 횡장방판정결(橫長方板釘結) 갑옷이나 삼각판혁철(三角板革綴)갑옷은 당시 군사들이 철제갑옷으로 무장하였음을 보여준다. 은상감된 화살통(盛矢具)은 궁수대의 존재를 보여준다. 특히 옥전 28호분에서 출토된 말갑옷은 다라국에 강력한 개마기병군단이 있었음을 보여준다.

옥전고분군에서는 다라국과 주변국과의 교류를 보여주는 유물도 많이 출토되었다. 5세기 전반 외래유물로 대가야양식의 유물이 집중적으로 나온다. 이는 다라국이 대가야의 문화적 영향을 받은 것을 보여준다. 그렇지만 7점의 용봉무늬고리자루큰칼과 은상감고리자루큰칼은 대가야의 고분군인 고령 지산동고분군에서 출토된 3점의 장식고리자루큰칼보다 훨씬 많은 양이다. 무덤 축조방식에서 옥전 M3호분은 이전 시기의 덧널무덤이다. 이러한 사실은 다라국이 자신의 전통을 그대로 고수하고 있었음을 보여준다. 옥전 M1호분에서 출토된 유리잔, 편원어미형말띠드리개(扁圓魚尾形杏葉), 창녕양식토기 등은 앞 시기 문화와 전혀 연결되지 않는 신라양식의

합천 옥전 M3호분 출토
환두대도

유물들이다. 이는 다라국과 신라와의 교류를 보여주는 중요한 자료다. 한편 말갑옷은 고구려의 벽화고분에 많이 묘사되어 있어서 옥전 28호 출토 말갑옷은 다라국과 고구려의 교류를 보여준다.

(2) 기문국(己汶國)

기문국의 이름은 기문하(基汶河)에서 유래하였다. 『한원(翰苑)』 번이부 백제조에 의하면 "기문하는 동남쪽으로 흘러 바다에 이른다"고 하였다. 이 기문하가 오늘날의 섬진강이다. 기문(基汶)과 기문(己汶)은 표기 차이일 뿐이다. 남원의 백제 당시 지명인 고룡군(古龍郡)의 고룡(古龍)은 기문의 음인 '고몽'과 상통한다. 남원은 섬진강 유역에 위치한다. 따라서 기문국의 위치는 남원 지역으로 비정할 수 있다. 이와는 달리 경북 김천 지역으로 보는 견해도 있다.

기문국은 『일본서기』 계체기 7년(513)조에 처음으로 보인다. 그리고 520년대에 만들어진 「양직공도」 백제국사도에는 상기문(上己文)이, 『삼국사기』 악지에는 상기물(上奇物)과 하기물(下奇物)이 나온다. 기물(奇物)은 기문(己汶)의 다른 표기이다. 한편 『신찬성씨록』 좌경 황별 하 길전련(吉田連) 조에는 삼파문(三巴汶: 上巴汶·中巴汶·下巴汶)이 나온다. '파(巴)'가 '기(己)'의 다른 표기이므로 삼파문은 삼기문(三己汶)이 된다. 이를 종합하면 처음에는 기문이 있었고, 이 기문이 상기문·중기문·하기문으로 분화된 것으로 볼 수 있다. 『한원』에 의하면 기문은 "땅의 사방은 삼백 리이고 토지는 비옥하고 백성들도 많았다"고 하였다. 비록 땅은 좁았지만 토지가 비옥하여 인구가 많아짐에 따라 세 기문으로 분화된 것 같다. 분화된 이유와 시기는 자료가 없어 알 수 없다.

6세기에 들어와 백제 무령왕은 웅진 천도 이후의 혼란상을 극복하여 안정을 이루었다. 이에 더 나아가 영역 확장 정책을 추진하여 섬진강 유역으로의 진출을 도모하였다. 이 과정에서 무령왕은 513년에 기문(己汶)과 대사(帶沙)를 차지한 후 군령(郡令)과 성주(城主)를 두어 직접 지배하려 하였다. 대사는 섬진강 하구의 경남 하동이다. 대가야는 백제의 이러한 정책에 강하게 저항하였다. 이리하여 기문과 대사 문제는 백제와 대가야 사이의 외교 현안이 되었다. 541년과 544년에 두 번에 걸쳐 열린 사비회의의 주된 안건의 하나가 기문과 대사에 설치한 백제의 군령, 성주의 철수 문제였다는 것이 이를 보여준다.

기문국의 전성기를 보여주는 고고자료가 남원 유곡리와 두락리고분군과 남원 월산리고분군이다. 두락리 32호분은 동서 21미터, 남북 17.4미터, 추정 높이 3.2미터이다. 내부에서 청동거울, 백제계 금동신발편, 금박편과 토기류 50여 점, 철기류 200여 점이 나왔다. 청동거울은 무령왕릉에서 나온 것과 흡사한 형태여서 32호분은 6세기 후반에 조성되었다고 보고 있다. 두락리 17호분은 구덩식돌덧널무덤으로 석곽의 크기는 길이 8미터, 너비 1.3미터, 깊이 1.8미터 규모이고, 납작한 장대석 17매로 뚜껑을 덮었다. 출토된 유물은 마구류와 무구류 그리고 각종 토기류이다. 월산리 M1-A호분에서는 환두대도병두와 대가야산의 갑주(甲胄)와 무구류가 출토되었다. 월산리 M5호분에서는 중국제 청자 닭머리항아리(鷄首壺), 철제자루솥, 금제와 유리장신구, 갑옷, 마구류, 토기류 등이 출토되었다. 청자 닭머리항아리는 중국 동진과 남조에서 제작되었다. 백제는 한성시대부터 동진과 교류하면서 청자를 받아들였다. 이로 미루어 이 닭머리항아리는 백제를 통해 기문국으로 들어왔을 가능성이 크다. 이와 달리 기문국이 직접 중국 남조와 교류하여 가져온 것으로 보는 견해도 있고, 고령의 대가야를 통해 받았다고 보는 견해도 있다.

2
중심국의 변화

1) 최초로 가야의 중심국이 된 금관가야

철기 생산과 유통을 바탕으로 한 해상교역권의 장악과 부의 축적은 금관가야의 성장 동력이었다. 이렇게 성장해 나간 금관가야는 313년에 낙랑군이, 314년에 대방군이 고구려에 의해 멸망함으로 말미암아 옛 한(漢)군현 지역과의 교역이 끊기고 서진(西晉)과의 통교도 원활하지 않게 되어 일시적으로 대외교역이 침체되었다. 그러나 인접한 영산강 유역의 여러 정치체와 바다 건너 왜와의 통교를 유지함으로써 세력을 유지하였다. 이를 바탕으로 금관가야는 변한사회가 가야사회로 전환할 때 중심적인 역할을 하였다.

금관가야가 가야사회를 주도하는 중심국이 되었을 당시 성장 모습을 보여주는 것이 김해 대성동고분군의 Ⅱ류 덧널무덤이다. Ⅱ류 덧널무덤은 4~5세기 전반에 축조되었다. 토광의 깊이가 3~4미터로 갑자기 깊어지고 주검받침(屍臺)에 자갈을 깔기도 하였다. 으뜸덧널에 덧대어 딸린덧널을 만들었다. 다량의 무기류를 부장하였고 또 3~6명을 순장하기도 하였다.

대성동 1호분, 7호분, 8호분, 11호분이 여기에 해당한다. 대성동 29호분과 47호분에서는 청동솥(銅鍑)이 출토되었고, 11호분에서는 북방계 유물인 호랑이모양띠고리(虎形帶鉤) 등과 중국제 방격규구신경(方格規矩神鏡) 3점이 출토되었다. 금동제와 청동제 마구류는 금관가야와 전연(前燕)의 교류·교섭을 보여 준다.

이렇게 가야 여러 나라의 중심국이 된 금관가야는 스스로 위상을 높이기 위해 새로운 상징체계를 만들었는데, 바로 『삼국유사』 가락국기에 나오는 6란신화다. 이 신화에 의하면 한 상자 안에 여섯 알이 있었고 이 알에서 태어난 동자가 금관가야를 비롯하여 각각 나라를 세웠다고 한다. 6란신화는 두 개의 맥락으로 이루어져 있다. 하나는 수로왕을 비롯하여 가야 각국의 시조가 난생하였다는 것이다. 이 난생신화는 고구려와 신라의 시조난생신화와 맥을 같이 한다. 다른 하나는 여섯 알이 한 상자 안에 있었고, 이 가운데 수로왕이 가장 먼저 태어났다는 것이다. 한 상자 안의 여섯 알 가운데 수로왕이 맏형으로 태어났다는 것은 금관가야가 가야 여러 나라 가운데 중심국이었음을 보여 준다.

2) 가야의 새 중심국, 대가야

4세기대까지 가야 여러 나라를 주도한 국가가 금관가야였다면, 5세기 이후 가야를 주도한 나라는 대가야였다. 금관가야에서 대가야로 가야의 주도권이 이행된 데에는 고구려의 신라 구원 전쟁이 계기가 되었다. 400년에 5만 명의 고구려 군대는 신라의 수도 경주까지 침입한 왜를 격파한 후 도망가는 왜군의 뒤를 쫓아 임나가라의 종발성(從拔城)까지 이르렀다. 이때의 임나가라는 앞에서 언급한 바와 같이 금관가야를 가리킨다.

이 신라 구원 전쟁은 백제-가야-왜 세력과 신라-고구려 세력의 대결이었다. 그리고 중국 동북지방-한반도-일본열도에서 성립한 나라 모두가 관련된 최초의 국제전쟁이었다. 고구려가 5만 명의 군사를 동원한 것에서 보듯이 전쟁 규모도 컸다. 이 국제전의 여파는 만만치 않았다. 가야의 여러 나라 가운데 금관가야는 고구려의 말발굽이 미친 곳이 되어 피해가 컸다. 이 전쟁에서의 패배로 금관가야의 위상은 크게 흔들렸다. 여기에 더하여 제6대 좌지왕(坐知王, 재위 407~421)은 용녀(傭女: 신분이 낮은 여인)에 홀려 그녀의 척당(戚黨)을 관리로 등용함으로 말미암아 정치정세가 매우 혼란하였다. 외우내환(外憂內患)이 겹친 것이다. 이 틈을 타서 고령의 대가야가 금관가야를 대신하여 가야의 새로운 중심국이 되었다. 중심국의 교체가 일어난 것이다.

대가야가 중심국이 된 데에는 내적인 성장도 뒷받침이 되었다. 이를 보여주는 것이 고령 지산동 73호분과 75호분이다. 73호분은 지산동고분군에서 매장주체부가 덧널무덤으로 밝혀진 유일한 예이고, 75호분은 구덩식돌방무덤이다. 초기 고총인 73호와 75호분은 주체부가 덧널무덤에서 구덩식돌방무덤으로 교체되는 과도기에 해당되는 고총이다. 이 무덤들은 봉토 연접식 방식으로 이루어졌으며, 순장도 행해졌다. 금동관식, 철제관식 등 다종다양한 유물이 출토되었다. 73호분은 5세기 초엽(5세기 1/4분기)에, 75호분은 그 뒤에 축조되었다.

이렇게 가야를 대표하는 중심국이 된 대가야는 최고지배자의 칭호를 한 기에서 왕으로 격상하였다. 대가야왕 하지(荷知)가 479년에 남제(南齊)에 사신을 파견하면서 '가라국왕(加羅國王)'을 칭하였고 남제가 이를 승인해 주었다는 기록은 이를 보여준다. 국격을 높인 대가야는 가야사회에서 위상을 드러내기 위해 건국신화를 새로 만들었다. 이 건국신화가 "가야산신 정견모주(正見母主)가 천신인 이비가(夷毗訶)에 감응하여 대가야왕 뇌질주일(惱室朱日)과 금관가야왕 뇌질청예(惱窒靑裔)를 낳았는데, 뇌질주일은 곧 대가야의

지산동 75호분(대동문화재연구원)

시조 이진아시왕(伊珍阿豉王)이고, 뇌질청예는 수로왕의 다른 이름"이라는
이른바 시조형제신화이다. 이 신화는 최치원이 쓴 「석이정전(釋利貞傳)」에
나온다. 이 신화는 대가야의 시조 뇌질주일이 형으로, 금관가야 시조 뇌질
청예(수로)가 동생으로 나오는 것에서 보듯이 대가야를 중심에 두고 만든 것

이다. 따라서 이 건국신화는 대가야가 새로이 가야 여러 나라 가운데 가장 대표적인 국이 되면서 위상을 높이기 위해 만든 상징체계라고 할 수 있다.

3) 외교의 중심국으로 부상한 아라가야

5세기 이후 가야사회를 주도해 간 나라는 고령의 대가야였지만, 6세기에 들어와 함안의 아라가야가 두각을 나타내었다. 아라가야는 그 전신인 안야국 단계부터 그 수장에게 우호를 더하는 모습에서 보듯이 3세기에도 이미 변한사회 중심국 중 하나였다. 이후 아라가야의 성장 모습을 보여주는 유적이 고대(高大)한 봉분을 가진 함안 말이산고분군이다. 5세기 이후 축조되기 시작한 말이산고분군의 봉분이 높은 무덤들은 아라가야의 국력이 한층 강화되었음을 보여준다. 이 토대 위에서 아라가야는 영향력을 확대해 나가면서 가야사회에서 발언권을 높였다.

계기가 된 것은 6세기 초 상황의 변화였다. 백제는 512년에 섬진강 유역 일대의 상다리·하다리·사타·모루 지역을, 513년에 기문과 대사 지역을 차지한 후 군령과 성주를 두었다. 가야는 군령과 성주의 철수를 요청하였지만 백제가 받아들이지 않았다. 한편 백제의 섬진강 유역 일대 진출에 자극을 받은 신라는 낙동강을 건너 남가라·탁기탄 등을 점령하였다. 가야로서는 위기 상황이었지만 가야의 중심국 대가야는 제대로 대응하지 못하였다. 『일본서기』 흠명기 2년(541)조에 "탁기탄(啄己呑)이 가야와 신라 사이에 끼여 매년 공격을 받아 피해를 입었는데, 임나가 구원해 주지 못해 망하고 말았다"고 한 기사가 이를 보여준다.

그러자 아라가야가 대가야를 대신하여 전면에 나섰다. 이를 보여주는 것이 529년 아라가야 주도로 개최된 고당회의(高堂會議)다. 이 국제회의는 안라회의(安羅會議), 안라고당회의(安羅高堂會議) 등으로도 부른다. 고당은 말 그대로 높은 건물을 말하는데 아마도 규모가 큰 건물일 것이다. 함안 충의공원(고당유적)에서 확인된 대규모 건물지가 고당유적으로 추정되고 있다. 회의 개최의 목적은 쇠약해진 금관가야(남가라)와 신라에게 병합된 탁, 탁기탄 등을 다시 세우는 것이었다. 이 회의에는 백제·신라·왜가 참석하였다. 백제 사신으로 참석한 이들은 장군 군윤귀(君尹貴) 등 3명이었고, 신라 사신으로는 부지나마례(夫智奈麻禮)와 해나마례(奚奈麻禮)가 참석하였다. 이 시기 백제는 513년에 기문과 대사 지역을 장악한 후 가야 서남부지역으로의 진출을 노리고 있었다. 531년에 백제가 아라가야의 걸탁성(乞乇城)에 군대를 주둔시킨 사건이 이를 보여준다. 백제의 이러한 의도는 아라가

함안 충의공원 초대형 건물지

야의 이해와 상충되는 것이었다. 그랬기 때문에 백제 사신들은 이 회의에서 홀대를 받았다. 반면 신라의 회의 참석 목적은 가야 여러 나라의 실질적 리더가 된 아라가야의 의중을 파악하는 것이었다. 그래서 가야가 요구한 금관가야와 탁기탄의 복건에는 매우 소극적인 입장을 취하였다. 그 결과 안라고당회의는 소기의 성과를 거두지 못하였다.

여기에서 주목되는 점은 안라고당회의 주재자가 아라가야의 왕이었다는 사실이다. 이는 아라가야가 국제회의를 주도해 나갈 만큼 가야사회에서 큰 영향력을 행사하였음을 보여준다. 아라가야의 높아진 위상은 541년과 544년에 열린 사비회의에서도 확인된다. 아라가야는 1차 회의 때 3명의 대표를, 2차 회의 때 2명의 대표를 보냈다. 나머지 참가국이 각 1명의 대표자만 보낸 것과 크게 비교가 된다. 참가국 기재 순서를 보면 아라가야가 모두 첫 번째 위치를 차지하고 있다. 백제왕과 각국 대표들은 이 회의에서 논의된 사항은 최종적으로 아라가야왕과 대가야왕의 자문을 받아 시행하기로 하였다. 이는 아라가야가 대가야 못지않게 가야 여러 나라를 리드하는 중심국으로서의 위상을 가졌음을 보여준다.

우리 시대의 가야사

제3장

3

국제관계와 교류

1. 4세기: 교역망의 재편과 각국의 대응

2. 5세기: 높아지는 가야의 존재감

3. 6세기: 독자노선 추구와 그 한계

4. 문물 교류

4세기: 교역망의 재편과 각국의 대응

1) 가야·신라의 남해안 교역 주도권 경쟁

가야의 대외 교섭과 교류는 변한 시기에 이미 시작되었다. 3세기 중반 까지의 상황을 전하는 『삼국지』 동이전에는 중국 군현에서 변한을 거쳐 왜 에 이르는 교통로가 나타나 있다. 이에 따르면 대방군에서 출발한 중국 군 현의 사신은 한반도 연안항로를 따라 김해의 구야국(가락국, 금관가야)에 이 른 뒤 대한해협을 건너 쓰시마섬(對馬島)으로 갔고, 다시 일본열도의 야마타 이국(邪馬臺國)으로 갔다. 또 진한, 변한에서 생산된 철을 중국 군현과 왜에 서 구매했다고 하는데, 아마 이 교통로를 통해 교역되었을 것이다. 이 길에 서 가까운 사천 늑도유적이나 창원 다호리유적에서는 한의 화폐인 오수전 (五銖錢)과 일본의 야요이(彌生)토기가 출토되었는데, 이 교역로를 매개로 중 국대륙–한반도–일본열도 사이에 활발한 교역 활동이 있었음을 보여준다.

그런데 이러한 남해안 교역의 주도권을 놓고 변한 내부에서 주도권 다 툼이 일어났다. 『삼국사기』 신라본기와 물계자열전, 그리고 『삼국유사』 물 계자조에 보이는 포상팔국의 가라 공격이 바로 그것이다. 포상팔국은 항

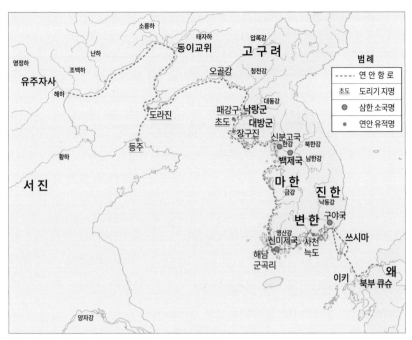

중국–서해안–남해안–일본열도를 잇는 연안항로(임동민)

구를 끼고 있는, 고사포국(古史浦國, 고자국: 현 경남 고성)을 비롯한 8국을 말한다. 그들의 1차 공격 대상은 신라본기에 가라, 물계자전에 아라국(阿羅國, 안라국: 현 경남 함안)으로 나오는데, 김해의 가라국(구야국, 금관가야)으로 보는 것이 통설이다. 2차 공격 대상은 신라 갈화성(현 울산)이었다. 1차 공격 시기는 신라본기에 나해이사금 14년(209)으로, 『삼국유사』에 나해왕 17년(212)으로 나오며, 2차 공격은 각각 3년 뒤라고 하였다. 1차 공격 때 가라국은 신라에 도움을 요청했는데, 포상 8국의 공격을 물리친 장군은 석우로(昔于老)였다. 석우로는 310년에 즉위하여 356년에 사망한 흘해이사금의 아버지였다. 이를 근거로 포상 8국의 공격 시기는 3세기 전반보다 늦은 시기였다고 보는 견해도 있다.

포상 8국은 해상교역, 특히 대왜 교역의 주도권을 잡기 위해 경쟁세력인 금관가야를 공격하였다. 금관가야는 신라에 구원을 요청하였고, 신라가 구원군을 파견함으로써 1차 공격은 실패로 끝났다. 3년 뒤 포상팔국 중 몇 국이 신라의 대외 교역항인 갈화성을 공격하였지만 역시 패배하고 말았다. 그 결과 남해안 교역을 주도하려던 포상팔국의 의도는 꺾이고 말았다. 금관가야는 종래처럼 교역 주도권을 지켰지만 신라의 도움을 받았기 때문에 그 위상은 전과 같지 않았다.

4세기에 들어오면서 동아시아에서는 정치적으로 큰 변화가 일어났다. 중국에서는 진(晉) 제국이 쇠퇴하면서 주변의 유목민족들이 내지(內地)로 들어와 311년에는 수도 낙양(洛陽)을, 316년에는 장안(長安)을 함락하고 황제를 붙잡아 죽이는 상황에 이르렀다. 이에 황족 사마예(司馬叡)는 317년에 남쪽으로 내려가 건강(建康: 현 난징)에서 왕조를 재건하였는데, 이를 동진(東晉)이라고 한다. 한편 북중국에서는 선비(鮮卑), 흉노(匈奴) 등 다섯 유목민족이 여러 왕조를 수립하는 이른바 5호16국시대가 전개되었다.

한편 만주와 한반도에서는 고구려가 313년에 낙랑군을, 314년에 대방군을 점령하고, 선비 모용부가 세운 전연(前燕)과 대결하는 등 동아시아의 중요한 세력으로 부상하였다. 고구려의 낙랑·대방군 축출은 한반도 남부의 정세에도 큰 변화를 가져왔다. 고구려의 압박이 직접적으로 가해지는 동시에 군현이 더 이상 교역을 주도하지 못하면서 낙랑군·대방군 중심의 교역체계에 변화가 나타났다. 진한·변한 각국은 새로운 활로를 모색해야 했다.

이러한 상황에서 기존 교역로에서 관문사회(Gateway Society) 역할을 하던 금관가야는 신라의 도전을 받게 되었다. 신라는 일찍이 육상교통로를 통해 중국 군현과 연결되어 있었다. 금호강 유역에서 출토되는 한경(漢鏡)과 그것을 모방하여 만든 본뜬거울(倣製鏡), 청동띠고리는 그것을 잘 보여준다. 신라는 이러한 육상교통로를 바탕으로 성장하면서 낙동강 방면으로도 진출하였다. 그리하여 신라는 낙동강과 남해 연안수로, 그리고 왜와의 교역을 둘러싸고 금관가야와 경쟁하였고, 이 경쟁에서 신라가 점차 우위를 잡았다. 신라와 가야 사이에 벌어진 황산진(黃山津: 낙동강 하류) 전투에서 신라가 승리를 거둔 것과 포상팔국전쟁이 끝나고 가야가 신라에 왕자를 볼모로 보낸 것 등은 이를 잘 보여준다. 이 두 사건은 연대가 정확하게 맞지는 않지만, 전체적인 흐름에서 볼 때 신라가 점차 남해안의 교역 주도권을 잡아가고 있는 모습을 반영하고 있다. 그 결과 남해안에서 일본열도로 이어지는 교역로에서 금관가야의 독점적 지위가 무너지고 신라와 남해안 연안의 국들이 경쟁하는 구도가 형성되었다.

2) 백제와 왜를 중계하고 교역에 참여하다

보통 삼국 중 백제가 왜와 가장 긴밀했다고 인식하고 있지만, 사실 일찍부터 왜와 교류한 것은 지리적으로 가까웠던 가야와 신라였다. 『일본서기』 숭신기(崇神紀)에는 "숭신 65년 가을 7월 임나국(任那國)이 소나갈질지(蘇那曷叱知)를 보내 조공했는데, 임나는 축자국(築紫國)에서 2,000여 리 떨어져 있고 북쪽은 바다로 막혀 있으며 계림(鷄林)의 서남쪽에 있다"고 기록되어 있다. 이 기사는 그대로 역사적 사실로 받아들일 수 없지만, 변한 구야국이 일찍부터 왜와 교류한 사실을 보여준다고 할 수 있다.

한편 『일본서기』 신공기(神功紀)에는 백제가 탁순국(卓淳國)을 통해 왜와 교섭하고, 또 이들이 가라 등 7국을 '평정'한 일이 기록되어 있다. 신공기의 백제 관계 기사는 246~265년에 해당하지만, 여기에서 2주갑, 즉 120년을 내려 근초고왕 등의 재위시기인 366~385년으로 조정하는 것이 일반적이다. 신공기에는 백제 초고왕(근초고왕) 이후 귀수왕(근구수왕), 침류왕, 진사왕의 즉위 사실이 기록되어 있는데, 120년을 더해야 『삼국사기』 백제본기와 부합하기 때문이다.

『일본서기』에 따르면 366~367년 백제는 탁순국을 통해 처음 왜국과 교섭하였다. 탁순국은 가야를 구성하는 한 나라로, 그 위치에 대해 경남 창원, 대구, 경남 의령으로 보는 설 등이 있지만, 이 중 창원에 비정하는 것이 통설이다. 여기에서 금관가야(가라국, 가락국)가 아닌 탁순국이 중계자 역할을 했다는 점이 주목된다. 『일본서기』에 따르면, 366년 왜의 사신이 탁순국에 왔는데 전에 백제가 왜로 가는 길을 찾아 탁순국에 온 적이 있어 이를 백제에 알렸다고 한다. 백제는 탁순인과 함께 온 왜 사신의 종자에게 선물을 주고 보물창고를 보여주며 교류할 뜻이 있다는 것을 내비쳤으며, 왜의 사신은 보고를 받고 곧 귀국했다. 이듬해인 367년 백제는 왜에 사신을 파견했지만, 사비신라(沙比新羅: 경남 양산)에서 신라의 방해를 받았다.

2년 뒤인 369년 왜의 군대가 탁순국에 이르러 목라근자(木羅斤資)라는 백제 장군과 함께 신라를 격파하고 비자발·남가라·탁국·안라·다라·탁순·가라 7국을 평정했으며, 군대를 옮겨 서쪽으로 돌아 고해진(古奚津)에 이르러 남만(南蠻) 침미다례를 무찔러 백제에게 주었다고 한다. 또 근초고왕과 왕자 귀수(貴須: 근구수왕)가 군대를 이끌고 와서 만나니, 비리(比利) 등 4읍이 스스로 항복했다고 되어 있다. 『일본서기』에는 이러한 군사행동의 주체가 왜국으로 되어 있지만 실상은 백제가 주도한 것으로 여겨진다. 그 성과가 모두 백제에 귀속된 것으로 나타나 있기 때문이다.

이때 군사행동은 크게 두 부분으로 나뉜다. 먼저 영남 지역에서 신라와 가라 등 7국을 격파 혹은 평정한 것이다. 7국은 비자발(현 창녕)·남가라(현 김해)·탁국·안라(현 함안)·다라(현 합천)·탁순(현 창원)·가라(현 고령)를 말하는데, 대체로 가야를 구성하는 나라들이고 국명 중 남가라와 가라가 있는 것으로 보아 5세기 말 이후라고 할 수 있다. 즉 4세기 말 실제로 이러한 국들이 있었는지, 백제-왜 연합군이 신라와 이 국들을 격파했는지 다 알 수는 없지만, 백제가 왜와 지속적으로 교류하기 위해서는 이러한 가야 각국을 복속 내지 포섭할 필요가 있었고, 이를 위해 어느 정도 군사력을 과시할 필요도 있었을 것이다.

두 번째 군사행동은 남만 침미다례를 무찌른 것이다. 이곳은 현재의 전남 강진 혹은 해남에 비정되는데, 『진서(晉書)』 장화전(張華傳)에 보이는 마한(馬韓) 남부지역의 대표세력 신미국(新彌國)과 음이 유사하여 그 후신으로 보기도 하며, 남만이라는 표현에서 백제 남쪽의 주요세력이었음을 알 수 있다. 그것을 '도륙하였다(屠)'는 표현에서 강력한 조치가 있었음을 유추할 수 있으며, 이어 전라도 지역에 비정되는 4읍이 백제왕에게 스스로 항복했다고 되어 있다. 예전에는 이 기사를 토대로 근초고왕이 전라도 지역을 복속시켰다고 간주하는 것이 일반적이었지만, 최근에는 마한 지역의 독자성이 좀 더 늦게까지 유지되었다고 보는 견해도 제법 나타나고 있다. 그랬을 때 이 기사는 백제가 새로 서남해안 해로를 개척하여 활용한 사실을 보여주는 것으로 이해된다. 즉 교통로에 있는 주요세력을 제압하고 안정적인 기항지를 마련했다는 것이다.

서남해안 해로는 가야 지역을 경유하여 왜로 이어졌는데, 이것은 앞 시기 낙랑·대방군에서 운용한 교역로를 부활시킨 것이었다. 백제는 이른바 남방 경략을 통해 교역로를 확충하고 후방지역을 안정화함으로써 이 무렵 시작되는 고구려와의 전투에 적극적으로 대응할 수 있었다. 또 백제 근초고왕은 372년 남조 동진(東晉)에 처음 사신을 파견하여 진동장군 영낙랑태수(鎭東將軍 領樂浪太守)라는 작호를 받았다. 백제가 동진과 통교함으로써 남조-백제-가야-왜로 이어지는 광역 교역망이 구축된 것이다. 가야의 여러 나라는 이러한 네트워크를 통해 동아시아 여러 나라와 교섭·교역하면서 문물 수용의 폭을 넓히고 경제적 부를 축적할 수 있었다.

3) 고구려 광개토왕의 신라 구원과 '임나가라'의 쇠퇴

이처럼 4세기 말 한반도 서남 연안항로는 백제를 중심으로 재편되어 왜와 연결되었으며, 가야 각국은 여기에 참여하였다. 한편 백제는 중국 남조의 동진과도 교류하여 각종 문물을 받아들이고, 그것을 다시 가야 각국과 왜에 전파하면서 영향력을 확대하였다. 이를 배경으로 백제는 북방의 고구려와 경쟁하였는데, 그 여파가 결국 가야 각국에 미치게 되었다.

백제와 고구려의 공방에서 먼저 우위를 점한 것은 백제였다. 369년 근초고왕은 태자를 보내 치양(雉壤: 황해도 배천)에 진을 치고 있던 고구려 고국원왕의 군사 2만 명을 물리쳤으며, 371년에는 태자와 함께 정예군사 3만 명을 이끌고 고구려 평양성을 공격하여 고국원왕을 전사시켰다. 그런데 광개토왕(재위 391~412)이 즉위하면서 백제는 열세에 처하게 되었다. 광개토왕은 391년 백제의 10개 성과 관미성(關彌城)을 빼앗았으며, 392년에는 4만 명의 군사를 거느리고 북쪽 변경을 공격하여 석현성 등 10여 성을 함락시키고 한수 북쪽의 여러 부락을 빼앗았다. 광개토왕비문에는 영락 6년(396)에 광개토왕이 몸소 군사를 이끌고 백제국을 토벌하여 백제 아신왕의 항복을 받고 58성 700촌을 획득했다고 기록되어 있다.

광개토왕비(국립중앙박물관 소장 유리건판)

아신왕은 고구려에게 받은 치욕을 갚고 위기를 극복하기 위해 397년 태자 전지를 볼모로 보내 왜국과 우호관계를 맺고 군사 지원을 요청하였다. 「광개토왕비」에는 "백제가 맹세를 어기고 왜와 화통했다"고 한다. 백제의 요청을 받아들인 왜는 399년에 친고구려적 입장을 취한 신라를 공격하였다. 위기에 처한 신라는 사신을 광개토왕에게 보내 왜의 침입 사실을 알리고 구원을 요청하였다.

400년 광개토왕은 보병과 기병 5만 명을 보내 신라를 구원하였다. 「광개토왕비」에는 남거성(男居城)에서 신라성(新羅城: 신라의 왕성)까지 왜병이 그 안에 가득했는데 고구려군이 이르자 곧 퇴각한 것으로 나타나 있다. 고구려군은 달아나는 왜병을 추격하여 '임나가라 종발성(從拔城)'에 이르렀고, 성이 항복하자 그곳에 신라인 수비병을 안치시켰다(安羅人戍兵). '안라인수병(安羅人戍兵)'에 대해 안라(安羅)를 안라국(아라가야)으로 보고 그 수비병으로 해석하는 견해도 있다. 여기에서 임나가라는 금관가야를 지칭한다고 보는 것이 일반적이며, 종발성이 어디인지는 분명하지 않다. 왜병이 임나가라 방면으로 도주한 것은 같은 진영에 속해 있었기 때문일 것이며, 왜병을 싣고 온 전선(戰船)이 그곳에 정박하고 있었을 가능성도 있다.

전쟁 결과 임나가라는 종발성이 고구려에 귀복하는 등 일정한 타격을 입었으며, 백제·가야·왜의 정치적 연합에도 일정한 균열이 생겼다. 이를 강조하여 금관가야가 거의 멸망에 이르렀다고 보는 견해도 있지만, 김해 대성동고분군에서 5세기 초의 대형 무덤이 확인되고 있어 일정한 세력을 유지했다고 보는 것이 타당하다. 그렇지만 금관가야의 위상은 예전과 달라져 주도권이 흔들렸다. 이에 반해 영남 내륙의 국들은 국제적인 교역에서 다소 소외되어 발전이 지체되었지만, 전쟁으로 인한 피해와 단절 없이 성장을 계속해 나갈 수 있었다. 그리하여 5세기 중엽 이후에는 김해 지역이 아닌 고령 지역의 정치체가 '대가야(大加耶)'를 표방하면서 동아시아 외교무대에 등장하게 되었다.

2

5세기: 높아지는 가야의 존재감

1) 국제사회에 당당히 이름을 알리다

400년 광개토왕의 신라 구원 전쟁 이후 대가야는 새로이 가야의 중심 국으로 부상하여 주변 여러 나라를 이끌었다. 이러한 정세 변화에 큰 영향을 미친 사건이 고구려와 백제의 충돌이었다. 427년 고구려 장수왕은 역사적인 평양 천도를 단행하였다. 천도를 전후한 시기에는 고구려와 백제의 직접적인 격돌이 없었지만, 고구려의 평양 경영이 안정화 단계에 접어들고, 백제에서도 고구려에 대한 강경노선을 주장하는 정권이 들어서면서 두 나라의 충돌은 불가피해졌다.

백제는 소강상태에 접어든 시점에도 고구려와의 전쟁에 대비하기 위하여, 433년 신라에 화호를 청하고 434년에 좋은 말을 보냈다. 신라가 이에 화답하여 양질의 금과 명주를 보냄으로써 두 나라는 협력관계로 전환하였다. 가야 또한 고구려에 대항하기 위한 반고구려 연합전선에 참여하면서 백제와 신라 사이에서 자국의 이익을 위해 고심하였다.

백제 개로왕은 471년 송에 사신을 보냈고, 472년에는 북위에 사신을 보내 고구려를 공격해 줄 것을 요청하였다. 이처럼 백제는 신라·가야뿐만 아니라 중국의 남북조 국가들까지도 연계하여 고구려를 압박하였다. 이로 말미암아 백제와 고구려 사이에 긴장이 더욱 고조되었다. 이때 신라는 백제의 위기상황을 틈타 서북 방향으로 영역을 확대하면서 성을 쌓아 소백산맥을 넘어 청주 일원으로 진출할 수 있는 발판을 마련하였다. 470년 충북 보은 지역에 축성된 삼년산성을 비롯하여 474년에 쌓은 일모성(현 청원군 문의면), 구례성(현 옥천군 옥천읍), 좌라성(현 영동군 황간면) 등이 모두 소백산맥 이북에 위치하고 있는 것은 이를 잘 보여준다.

그러자 475년 고구려 장수왕은 3만 명의 군대를 거느리고 백제를 공격해 수도 한성을 함락하고 개로왕을 죽였다. 이때 개로왕의 동생 문주가 신라로 가서 구원병을 요청하자 신라는 1만 명의 구원병을 보냈다. 그러나 문주가 신라군을 이끌고 왔을 때 한성은 이미 함락되었고 개로왕도 죽임을 당한 상황이었다. 이러한 비상시국에서 즉위한 문주왕은 웅진으로 천도를 단행하였다.

백제의 위기상황은 가야가 성장할 수 있는 좋은 기회였다. 대가야는 적극적인 팽창정책을 추진하였다. 대가야양식토기가 함양·합천·산청 등 서부 경남 내륙지역에 광범위하게 나타나고 있고, 남원과 임실 등 섬진강과 금강 상류 유역까지 확대되고 있는 것은 이를 말해준다. 이러한 상승 기운을 타고 479년 가라왕 하지(荷知)는 중국 남제(南齊)에 사신을 파견하였다.

이 가라국의 실체에 대해서는 김해의 금관가야나 함안의 아라가야로 보는 견해도 있지만 고령의 대가야로 보는 것이 타당할 것이다. 고령 지산동고분군에서 알 수 있듯이 이 시기 대가야의 국력이 가장 강했기 때문이다. 그렇다면 하지왕은 대가야왕이 된다. 이처럼 대가야는 처음으로 중국 왕조와 직접 교섭을 하게 되었다.

하지왕을 가야금을 만든 가실왕과 동일한 인물로 보는 견해도 있다. 그 근거는 하지(荷知)와 가실(嘉室)의 음이 상통한다는 점과 두 왕이 가야왕 가운데 가장 두드러진 업적을 남긴 왕이라는 점 등이다. 그러나 하지왕을 가실왕으로 보면 가야금을 만든 우륵의 나이가 문제가 된다. 우륵은 신라에 망명해서 대가야가 멸망한 562년 이후까지 생존했다고 보이는데, 그것과 479년의 시간적 간극이 너무 크기 때문이다. 따라서 하지왕은 5세기 후반의 왕이고 가실왕은 이뇌왕 사후 즉위한 6세기 전반의 왕으로 보는 것이 좀 더 자연스럽다.

하지왕이 보낸 대가야 사신단이 남제로 간 경로에 대해 육로로 거창-함양-육십령-장수-진안-임실-정읍을 거쳐 부안에서 배를 탔다고 보는 견해가 있긴 하지만, 대체로 거창-함양-남원을 거쳐 섬진강 하구의 하동에서 배를 타고 갔다고 보는 견해가 우세하다. 그런데 이제까지 대가야는 한 번도 중국 왕조에 사신을 보낸 적이 없어 뱃길 안내와 통역이 필요하였다. 이를 해결해 줄 수 있는 나라는 백제밖에 없었다. 이는 521년에 신라 법흥왕이 양나라에 사신을 보낼 때 백제 사신을 따라갔다는 것과 백제 사신의 통역 도움을 받았다는 사실에서 알 수 있다.

대가야 사신이 백제의 도움을 받았다면, 중국으로 출발한 곳과 관련하여 주목되는 곳이 부안 죽막동 제사유적이다. 이 유적은 3세기 후반에서 7세기 전반까지 사용되었다. 출토 유물에는 백제는 물론 왜와 중국에서 만든 유물도 있고, 합천 옥전 M3호분과 고령 지산동 44호분에서 출토된 것과 유사한 검릉형말띠드리개(劍菱形杏葉) 등 가야계 유물도 있다. 이곳에는 현재까지도 어부들의 안전과 고기잡이를 도와준다는 개양할미(변산반도 앞바다를 수호하는 해신) 전설이 내려오며, 풍어를 기원하는 용왕제가 수성당(水城堂)에서 매년 열리고 있다. 이러한 사실을 종합할 때 대가야의 사신단은 부안 죽막동까지 해로로 이른 다음 해상의 안전을 기원한 후 백제의 뱃길 안내와 통역의 도움을 받아 남제로 출항했다고 볼 수 있다.

부안 죽막동 제사유적(국가유산포털)

남제는 대가야 하지왕에게 보국장군 본국왕(輔國將軍 本國王)을 수여하였다. 보국장군은 정3품의 장군호다. 이는 백제 동성왕이 남제로부터 받은 진동대장군(정2품)이나 고구려 장수왕이 받은 표기대장군(정1품)보다 품계가 낮다. 가야가 중국 왕조와 직접 교섭한 것은 처음이었기 때문에 남제는 가야에 대한 정보가 부족하였다. 『남제서』 가라전의 내용이 소략한 것도 이와 관련이 있다. 그래서 남제는 대가야왕에게 품계가 높지 않은 보국장군을 수여한 것으로 보인다.

하지왕이 받은 '본국왕'이라는 작호는 특이한 작호다. 왕호는 백제왕, 고구려왕, 신라왕, 왜국왕처럼 그 나라 국호에 왕을 붙인 형태로 수여하는 것이 일반적이었다. 본국왕이라 한 사례는 없는데, 하지왕의 경우가 유일하다. 본국왕은 '그들 나라의 왕'이라고 해석되는데, 남제는 하지왕의 요청으로 이 작호를 수여한 것으로 보인다. 이 경우 대가야는 가야의 본국이 되어 남제 황제로부터 명실상부하게 가야의 여러 나라를 대표하는 작호를 받은 것이다.

하지왕이 남제에 사신을 파견하고 보국장군 본국왕의 작호를 받은 것은 가야사에서 큰 의미가 있다. 무엇보다도 독자적인 교류를 시도하여 가야를 국제사회에 알린 것이다. 이는 신라가 521년에 남조 양에 사신을 파견하여 존재를 알린 것보다 40년이나 앞선다. 보국장군 본국왕이라는 작호는 가야의 여러 나라에서 하지왕의 위상을 높였다. 최초로 왕호를 국제적으로 인정받았기 때문이다. 이를 바탕으로 이후 대가야는 '대왕'을 칭하였다. 충남대학교박물관에서 소장하고 있는 대가야양식의 긴목항아리에 새겨진 '대왕' 명문이 이를 잘 보여준다.

중국과의 교류를 통해 대가야 사신의 눈에 비친 남제 수도 건강성의 모습과 남제 문화가 준 충격은 대단했다고 추정된다. 이는 대가야가 중국 문화를 적극 받아들이는 계기가 되었을 것이다. 뒷날 가실왕이 중국의 쟁(箏)을 모방하여 가야금을 만들었는데, 그것의 본이 된 쟁이라는 악기를 받아들인 것이 이때일 가능성도 있다. 그렇지만 대가야와 남제의 교섭·교류는 1회로 그치고 말았다. 그 이유가 무엇인지는 알 수 없지만, 백제의 중흥에 따른 국제정세의 영향과도 관련이 있을 것이다.

2) 백제·신라와의 협력과 반고구려 연합전선 구축

479년 남제에 사신을 보낸 대가야는 481년 백제와 함께 고구려의 공격을 받은 신라를 구원하였다. 이때 고구려는 말갈과 함께 신라의 북쪽 변경에 쳐들어와 호명성(狐鳴城) 등 7성을 빼앗고, 미질부(彌秩夫)로 진군해 왔다. 미질부는 현재의 경북 포항시 흥해읍 일대로 추정되며 신라 수도 경주에 인접한 곳이다. 이렇게 다급한 상황에서 신라는 백제와 가야에 구원을 요청하였다. 이때의 가야는 지리나 정황으로 보아 대가야를 지칭한 것으로 보인다. 백제는 475년 고구려의 공격으로 한성이 위험에 빠졌을 때 신라의 도움을 받았기 때문에 신라의 요청에 응해 군대를 파견하였다. 가야도 신라가 무너지면 안전을 확보하기 어렵다고 판단하여 군대를 파견하였다.

백제-가야-신라 연합군은 길을 막아 고구려군을 격퇴하고, 강릉 혹은 남한강 상류지역으로 추정되는 이하(泥河)까지 추격하여 천여 명의 머리를 베어 승리를 거두었다. 이는 세 나라가 연합하여 고구려의 위협에 대처한 최초 사례다. 5세기 말까지 백제와 신라에 대한 고구려의 공격은 계속되었다. 이때에도 백제와 신라의 공조는 몇 차례 이루어졌지만, 가야가 여기에 참여했다는 기록은 없다. 고구려에 대항한 세 나라의 공조는 551년 백제 성왕이 주도하여 고구려의 한강 유역을 공격했을 때 다시 한번 위력을 발휘하게 된다.

3) 가야의 세력 확장과 백제와의 충돌

481년 신라를 도와 고구려군을 물리친 대가야는 세력을 확장하면서 487년 백제와 충돌하였다. 이 사건은 『일본서기』 현종기(顯宗紀) 3년(487)조 기사에 나타나 있다. 이 해 기생반숙녜(紀生磐宿禰)라는 인물이 임나를 점거하고 고구려와 교통하면서 삼한의 왕이 되고자 했는데, 임나의 좌로(左魯)인 나기타갑배(那奇他甲背) 등의 계책에 따라 백제의 적막이해(適莫爾解)를 이림(爾林)에서 죽이고 대산성(帶山城)을 쌓아 동쪽 길을 지켜 군량을 운반하는 나루를 끊어 군대를 굶주리게 했다는 것이다.

여기에서 임나는 가야 여러 국을 함께 지칭하거나 금관가야 혹은 대가야를 지칭하는데, 당시 상황을 고려하면 대가야로 보는 것이 무난하다. 기생반숙녜는 기씨(紀氏)로서 백제계 도왜인(渡倭人)으로 보는 견해가 우세한데, 가야계 인물로 보는 견해도 있다. 나기타갑배는 나간타갑배(那干陀甲背)로도 표기되었는데, 여기에서 갑배(甲背)는 백제와 가야에서 공통으로 사용한 인명에 붙는 어미로 일종의 존칭일 가능성이 크다. 좌로(左魯)의 성격은 분명하지 않지만 지방의 유력세력을 가리키는 관명으로 추정된다. 그렇다면 나기타갑배는 대가야의 유력한 지역세력가로 볼 수 있다.

『일본서기』에 의하면 이림(爾林)은 고구려 땅이었으며 대산성(帶山城)과 인접해 있었다. 이림과 대산성의 위치는 전북 임실군, 전북 김제군 청하면과 충남 예산군 대흥면 등으로 비정하는 견해가 있고, 충북 음성 혹은 괴산, 청주·청원 일대, 대전·옥천 방면으로 보는 견해도 있다. 이림이 고구려 땅이라는 사실과 동쪽 길과 나루가 있던 상황을 고려하면 백제 수도 웅진 동쪽의 금강이 흐르는 청원과 대전 방면으로 보는 것이 타당하다.

이 사건의 성격을 놓고 여러 의견이 제시되었다. 먼저 초기의 일본인 연구자들은 이를 왜의 장군이 백제를 공격한 사건으로 보았다. 즉 기생반숙녜를 야마토정권 혹은 서일본 세력으로 본 것인데, 『일본서기』가 편찬 당시 일본의 시각에 따라 왜곡, 윤색되었다는 점에서 재고의 여지가 있다. 한편 이를 백제가 섬진강 유역에 진출하는 과정에서 가야 세력과 충돌한 것으로 보거나, 반대로 가야가 세력 확장 과정에서 백제와 충돌한 것으로 보기도 한다. 구체적으로는 나기타갑배가 대가야에 복속된 전북 동부지역의 지역세력인데, 이 지역에 대한 백제의 영향력 확대를 견제했다는 것이다. 더 나아가 대산성 축조를 통해 영역 확장을 꾀하는 동시에 백제에 압박을 가함으로써 삼국 간의 전쟁에 개입하여 영향력을 행사하려고 했다는 해석도 있다.

이 사건이 일어난 487년은 백제 동성왕 9년이다. 동성왕은 486년 신진 세력인 백가를 중용하는 등 친정체제를 강화하고, 궁실을 중수하였다. 기생반숙녜는 한성 함락과 웅진 천도라는 백제의 어지러운 정치 상황을 틈타 임나 지역을 기반으로 독자세력을 구축하여 세력을 확대하고자 했으나, 혼란을 수습한 동성왕이 이들의 활동 권역으로 압박을 가하자 이에 대처하기 위해 공동의 행동을 취했다고 보는 것이 합리적인 해석이다.

이 시기 이림은 '고구려 땅'이라는 주석에서 알 수 있듯이 고구려가 차지하고 있었다. 그러나 백제는 487년에서 멀지 않은 시기에 이림을 빼앗은 후 적막이해(適莫爾解)에게 지키게 하였다. 이 틈을 타서 기생반숙녜는 먼저 고구려에 접근한 후 나기타갑배의 계책에 따라 이림을 공격하여 이곳을 지키고 있던 백제의 적막이해를 죽였다. 그리고 대산성을 새로 쌓아 백제의 동쪽 길을 지켜 군량을 운반하는 나루를 차단하였다. 이로 말미암아 백제군은 굶어 지치게 되었다. 이에 백제 동성왕은 크게 노하여 군대를 보내 대산성을 공격하게 하였다. 기생반숙녜는 처음에는 이를 잘 막아냈지만, 군대의 힘이 다하여 대가야로 돌아왔다가 결국 왜로 축출되었고, 나기타갑배 등 300여 명은 백제군에게 죽임을 당하였다. 대산성 전투는 이처럼 백제의 승리로 마무리되었으며, 이후 백제가 가야 지역으로 진출하는 명분을 제공하는 후유증을 남겼다.

3

6세기: 독자노선 추구와 그 한계

1) 전라 동부지역을 둘러싼 대가야와 백제의 갈등

487년 대산성 전투 이후 가야와 백제는 협력을 유지하면서도 경쟁하는 미묘한 관계로 변모하였다. 496년 2월 대가야는 신라에 꼬리 길이가 5척에 이르는 흰 꿩을 보냈다. 흰 꿩은 상서로움을 의미했다. 이 해는 백제와 신라의 협력관계에 미묘한 변화가 일어나는 시점이기도 했다. 대가야가 신라와 교섭한 것은 신라와의 우호 관계를 강화하려는 동시에 백제에 대한 견제의 의미도 있었다.

501년 즉위한 백제 무령왕은 웅진 천도 이후 벌어진 혼란한 정치 상황을 수습하고 국력을 회복하였다. 그는 고구려의 수곡성(水谷城)을 공격하여 고구려에 대한 군사정책을 공세로 전환하였고, 고목성(高木城)을 공격해온 말갈 군대를 격퇴하여 방어전도 성공적으로 수행하였다. 그 결과 백제와 고구려의 전선은 소강상태를 유지하였다. 이에 백제는 시선을 동남방, 즉 전라도 동부지역으로 돌려 한강 유역의 상실로 축소된 경제기반을 확충하려 하였다.

512년 백제는 상다리·하다리·사타·모루 등 이른바 임나 4현을 차지하였다. 그 위치에 대해 낙동강 중류지역 또는 경남 서부 일대로 보는 견해가 있지만, 고고자료를 종합했을 때 전남 동부지역인 여수반도·돌산도·순천·광양에 비정하는 것이 타당하다. 이는 백제가 섬진강 하류지역을 영역화해 나갔음을 보여준다. 또 백제는 513년에 기문(己汶)·대사(帶沙)도 장악하였는데, 일반적으로 기문은 전북 남원, 대사는 경남 하동에 비정된다. 기문은 대가야가 서쪽으로 진출할 때의 요충지였고, 대사는 남해안으로 나아가는 관문이었다. 특히 섬진강 하구의 대사는 대가야가 왜와 교섭·교류를 할 때 드나드는 길목이었다.

백제가 기문·대사를 차지한 것은 섬진강 수계의 주요 거점지역을 장악하여 섬진강 교통로의 통제권을 장악하려 함이었다. 이는 대가야에 커다란 군사적 압박이었을 뿐만 아니라 남해안으로 나가는 길목을 차단당하는 형국이 되었다. 백제가 이렇게 나오자 대가야는 다른 방도를 모색해야 했다. 대가야는 먼저 외교적 교섭으로 섬진강 유역을 둘러싼 백제와의 분쟁을 해결하려 하였다. 그래서 대가야는 왜에 사신을 보내어 자신의 입장을 지지해 줄 것을 요구하였다. 그러나 백제가 왜에 오경박사(五經博士)를 파견하는 등 문물을 전수해 왜의 지지를 이끌어냄으로써 소기의 성과를 거두지 못하였다.

외교적 수단이 실패로 돌아가자 대가야는 군사적으로 맞서기로 하였다. 514년 대가야는 자탄(子呑)과 대사(帶沙) 등에 성을 쌓고 만해(滿奚) 등과 서로 연결시키고 봉후(烽候)와 저각(邸閣)을 설치하여 백제가 섬진강을 넘어 그 동쪽지역으로 뻗어오는 것을 방비하였다. 이열비(爾列比)와 마수비(麻須比)에 성을 쌓아 마차해(麻且奚)와 추봉(推封)에 연결한 후 사졸과 병기를 모아 신라를 압박했다. 대가야는 신라가 백제의 기문·대사 점령에 아무런 반대를 하지 않을 뿐만 아니라 심지어 일정 정도 동조한 것에 대해 반발하여 신라에 대해 공세를 취한 것이다. 이윽고 515년 대가야는 왜의 사신이 대사강(帶沙江: 섬진강)을 통해 진입하는 것을 저지하여 왜에 대해서도 적대적인 태도를 보였다.

그러나 대가야의 반격은 의도한 성과를 거두지 못하고 오히려 국제정세에서 고립되는 결과를 초래하였다. 백제는 529년 이전의 어느 시기에 섬진강 교통로의 통제권을 완전하게 장악하였다. 그리고 군령과 성주를 설치하여 이 지역을 직접지배하려 하였다. 백제와 신라 사이에서 독자노선을 추구하고 있던 대가야는 둘 중 하나를 선택해야 했다.

2) 대가야와 신라의 혼인동맹 결성과 파탄

백제의 공세에 대처하기 위해 선택한 외교적·군사적 수단이 모두 실패로 돌아가고 오히려 국제적 고립이라는 위기에 봉착한 대가야가 선택한 위기돌파 수단은 신라와 다시 우호관계를 맺는 것이었다. 522년 대가야 이뇌왕(異腦王)은 신라에 사신을 보내어 청혼했다. 이뇌왕은 『일본서기』 계체기에 나오는 가라(加羅)의 기부리지가(己富利知伽)와 동일 인물로 보인다. 이뇌왕은 신라와 우호관계를 맺으면 신라가 백제와 공조하는 것을 차단하여 자국의 안전을 보장받을 수 있다고 생각했다.

신라는 백제가 섬진강 유역을 점령한 후 그 지역에 대한 영향력을 강화하는 상황이 바람직하지 않았다. 이는 곧 가야 세력에 대한 백제의 영향력 확대로 이어질 수 있었기 때문이다. 신라 법흥왕은 대가야와 혼인관계를 맺음으로써 백제를 견제할 수 있을 뿐만 아니라 나아가 가야 지역으로 진출할 수 있는 교두보를 확보할 수 있다고 판단했다. 신라는 대가야의 청혼을 수락하여 이찬 비조부(比助夫)의 누이를 대가야에 보냈다. 대가야와 신라의 혼인동맹이 성사된 것이다. 대가야왕과 신라 왕녀 사이에서는 월광태자(月光太子)가 태어났다. 그는 대가야와 신라의 우호관계 지속을 상징하는 인물이었다.

그러나 이 동맹은 길게 가지 못했으며, 오히려 대가야의 의도와는 달리 신라의 가야 지역 진출이라는 결과로 이어졌다. 524년에 신라 법흥왕은 남쪽 경계를 순행하고 영역을 개척하였다. 이는 신라의 가야 지역 진출 의도를 보여준다. 이로 말미암아 양국 사이에 균열이 발생했다. 『삼국사기』에는 이때 가야국왕(加耶國王)이 나와 법흥왕과 만났다고 기록되어 있는데, 이 가야국왕을 대가야왕으로 보는 견해도 있지만 남쪽 경계를 순행한 것으로 미루어 금관가야왕으로 보는 것이 타당하다.

529년에 대가야와 신라의 관계에 결정적인 균열이 생겼다. 이른바 변복(變服)사건이 일어난 것이다. 『일본서기』에 따르면 대가야왕은 시집온 신라 왕녀를 수행한 시종 100명을 받아들이면서 '여러 현(諸縣)'에 나누어 배치하였다. 그런데 시종 100명은 대가야의 지시를 따르지 않고 입은 옷을 마음대로 바꾸어 입었다. 이에 아리사등(阿利斯等)이 강하게 반발했고 신라인 시종을 강제로 소환했다. 아리사등은 탁순국왕 또는 아라가야왕으로 보거나 대가야의 유력자였다고 파악하기도 한다. 대가야의 이러한 조치는 우호관계를 빙자해 가야 지역으로 침투해 오는 신라를 경계한 행동이었다.

그러나 신라는 도리어 왕녀를 돌려보내라고 요구했다. 파혼이라는 카드를 꺼내 대가야를 압박한 것이다. 기부리지가(이뇌왕)는 신라 왕녀와 부부가 되어 자식까지 보았다는 것을 이유로 파혼을 거부한다고 했다. 이에 신라는 가야 지역에 대한 군사적 공세에 나섰고, 그 결과 도가(刀伽)·고파(古跛)·포나모라(布那牟羅) 3성과 북쪽 변경의 5성을 함락시켰다. 대가야와 신라의 혼인동맹은 7년 만에 파국을 맞았다.

3) 아라가야 주도의 외교 노력과 좌절

　　대가야와 신라의 혼인동맹이 파국을 맞은 후 신라는 탁기탄을 병합하는 등 낙동강 이서 지역으로 압박해 왔다. 탁기탄은『일본서기』에 나오는 가야 소국의 명칭으로 그 위치에 대해서는 경남 창녕 영산이나, 의령으로 보는 설 등이 있는데, 대체로 신라와 가야의 경계 지역에 있었던 국으로 추정된다. 대가야는 이러한 위기에 제대로 대처하지 못하면서 위상이 실추되었고, 이에 함안의 아라가야가 새롭게 가야 여러 나라를 주도하게 되었다. 아라가야는 백제와 신라는 물론 왜까지 포함한 적극적인 외교협상을 통해 위기를 돌파하고자 했다.

함안 충의공원유적

529년 아라가야는 고당(高堂)을 짓고 이곳에 백제와 신라, 그리고 왜의 사신을 초청하였다. 회의 목적은 신라가 멸망시킨 탁기탄 등을 다시 세우는 것이었다. 그러나 백제 사신은 당에 오르지 못하는 홀대를 받았고, 신라도 이 회의에 소극적이었다. 그 결과 아라가야 주도의 외교는 그 목적을 달성하지 못하였다.

4) 두 차례의 사비회의와 가야

532년 신라는 금관가야를 멸망시키는 등 가야 지역에 대한 공세를 멈추지 않았다. 한때 가야의 여러 나라를 주도하였던 금관가야의 멸망은 대가야와 다른 가야국에도 큰 충격이었다. 아라가야를 중심으로 한 가야의 여러 나라는 신라에 두세 차례나 화의를 요청하였으나 거절당했다. 이제 가야가 기댈 곳은 백제밖에 없었다. 가야는 다시 백제에 접근하여 도움을 요청했다.

백제의 성왕은 이때야말로 가야 세력을 자기편으로 끌어들일 수 있는 호기라고 생각하였다. 그리하여 백제 수도인 사비에서 두 차례에 걸쳐 국제회의를 개최하였다(541, 544). 회의 목적은 신라에게 멸망한 탁기탄·남가라(금관가야)·탁순 3국을 다시 세우는(復建) 것과 백제가 설치한 군령과 성주의 철수 문제였다. 종래에는 이 회의를 임나부흥회의(任那復興會議) 또는 임나복건회의(任那復建會議)라고 부르기도 했다. 그러나 임나는 가야 전체를 가리키는 용어인데, 3국의 복건을 임나복건으로 부를 수 없다. 3국의 복건을 위한 이 회의가 사비에서 열렸으므로 '사비회의'로 부르는 것이 타당하다.

541년 4월에 열린 1차 사비회의에는 안라(安羅: 현 경남 함안), 가라(加羅: 현 경북 고령), 졸마(卒麻: 현 경남 함양), 산반해(散半奚: 현 경남 초계), 다라(多羅: 현

대형 건물(고당) 복원 모형(함안박물관)

경남 합천), 사이기(斯二岐: 현 경남 부림), 자타(子他: 현 경남 거창) 등 가야 7국의
대표와 왜의 사신이 참석했다. 그러나 백제 성왕은 탁순국 등의 멸망은 내
부 분열에 따른 것으로, 신라가 쳐들어오면 구해주겠다는 원론적 입장을
표명하면서 물품을 나누어 주는 등 소극적 대응으로 일관하였다. 또한 강
한 고구려에 대항하기 위해서는 군령과 성주를 철수시킬 수 없다고 하였
다. 이리하여 1차 사비회의는 합의를 도출하지 못하고 끝났다.

　　백제가 당장 병력을 파견해 신라의 진출을 저지하지 않겠다는 입장을
보이자 아라가야 등 가야의 여러 나라는 왜의 사신을 중재자로 삼아 신라
에 접근하는 외교적 수단을 사용하여 위기를 극복하려 하였다. 이는 백제
와 신라 양국 사이를 오가는 줄타기 형태의 외교였다. 이러한 가야 여러 나
라의 태도 변화에 심각성을 느낀 백제는 다시 회의 개최를 요구하였다. 그
러나 가야 여러 나라는 543년 12월, 544년 정월 등 세 차례에 걸쳐 회의
참여를 거절하였다. 544년 11월 백제가 전향적인 자세를 보이며 회의 참

여를 독촉하자 가야 여러 나라가 응하여 2차 사비회의가 개최되었다.

　2차 사비회의에는 안라 · 가라 · 졸마 · 사이기 · 산반해 · 다라 · 자타 · 구차(久嵯: 현 경남 고성) 등 가야 8국의 대표와 왜의 사신이 참석했다. 이때 백제는 이전 회의보다 구체적 방안을 제시하였다. 첫째 가야의 여러 나라를 보호하기 위해 아라가야와 신라의 경계 지역에 축성하고 주둔군을 배치한다고 했다. 둘째 남한(南韓) 지역에 백제의 군령 · 성주를 두어 고구려와 신라의 공격에 대비한다고 했다. 셋째 신라와 내통한 왜의 사신인 길비신(吉備臣) · 하내직(河內直) · 이나사(移那斯) · 마도(麻都)를 본국으로 송환한다고 했다. 첫째 제안은 가야 여러 나라의 요청사항과 부합했다. 하지만 둘째와 셋째 제안은 가야의 이해관계와 무관하거나 상반된 것으로, 백제 측 입장이 강하게 반영된 것이었다. 특히 군령과 성주를 두는 것은 백제 역시 신라와 마찬가지로 가야 여러 나라를 위협하는 존재임을 상기시켰다. 백제의 제안은 가야 여러 나라의 자구책과 거리가 있었다. 가야 여러 나라는 최종 답변을 안라왕 · 가라왕 등에게 미루면서 회의를 마쳤다.

5) 백제에 대한 군사 지원과 관산성 전투에서의 패배

　이후 회의는 다시 개최되지 않았다. 다만 백제는 가야의 여러 나라와 왜에 물품을 주고 학자나 기술자를 파견하는 등 우호관계 지속을 위해 노력을 아끼지 않았다. 신라를 견제하는 것은 물론 숙원이었던 한강 유역 회복을 위해서는 가야 여러 나라 및 왜와 우호관계를 유지하는 것이 필수적이었다. 그러나 가야 여러 나라는 쉽사리 백제에 대한 군사 지원을 허락하지 않았다.

　이러한 상황에 변화를 가져온 사건이 548년 정월에 일어난 마진성(馬津城) 전투였다. 마진성은 『삼국사기』 성왕 26년(548) 조에 독산성(獨山城)으로 나오는데, 지금의 충남 예산에 비정된다. 이 전투는 고구려가 백제의 독산성(마진성)을 포위, 공격하면서 일어났다. 백제가 신라에 도움을 청하자 신라는 갑졸 3,000명을 보내주었다. 백제·신라 연합군은 고구려군을 대파하였다.

고구려가 마진성을 공격한 배후에는 아라가야가 있다고 여겨졌다. 고구려인 포로가 고구려군의 침공이 아라가야와의 밀통에 따른 것이라고 증언하였기 때문이다. 이 증언은 백제의 외교적 주장을 강화하기 위한 날조로 보는 견해도 있지만, 아라가야가 자구책의 하나로 독자적으로 고구려에 접근했다고 볼 수 있다. 이에 백제는 아라가야에 대한 압박을 강화하였다. 이 압박은 백제가 고구려에 대해 공동 군사 대응을 하기 위해 신라와 손잡은 상황에서 나와 이전보다 훨씬 강하였다. 이제 자구를 위해 취했던 가야의 줄타기 외교는 효용성을 잃어버리게 되었다. 가야는 백제의 요구에 응하기로 하였다. 이를 잘 보여주는 것이 가야의 두 차례에 걸친 백제에 대한 군사 지원이었다.

1차는 551년 백제 성왕이 475년에 고구려에게 빼앗긴 한강 유역을 되찾기 위해 군사를 일으켰을 때의 지원군 파견이었다. 이때 신라도 지원군을 파견하였다. 고구려에 대항한 삼국 연합군이 형성된 것이다. 백제 성왕은 신라군·가야군과 함께 고구려를 공격했다. 백제군은 먼저 한성을 차지한 후 한강을 건너 평양성(남평양: 현 경기도 양주)을 공격하여 6군을 빼앗았다. 거칠부와 구진(仇珍) 대각찬을 비롯한 8명의 장군이 거느린 신라군은 죽령 바깥에서 고현(高峴: 현 철령) 안쪽에 있는 10군을 차지하였다. 이렇게 공동 군사작전은 성공적으로 끝났다.

그런데 곧바로 새로운 변화가 생겼다. 신라 진흥왕이 한강 유역의 인적·물적 자원을 확보하고 나아가 중국과 직접 통교할 수 있는 교통로를 차지하기 위해 비밀리에 고구려에 접근한 것이다. 신라의 이러한 접근은 고구려에게는 바람직하였다. 한강 유역을 빼앗긴 상황에서 백제와 신라 사이를 갈라놓으면 남방 전선에서의 근심을 덜 수 있기 때문이다.

이렇게 이해관계가 맞아떨어져 신라와 고구려는 이른바 '밀약(密約)'을 맺었다. 『일본서기』에 "고구려와 신라가 마음을 같이하고 힘을 합치고 있다"고 한 기사가 이를 말해준다. 553년 신라는 백제가 차지한 한성을 비롯한 한강 하류를 모두 점령해 버렸다. 애써 차지한 한성과 남평양을 모두 잃어버리고 말았으므로, 백제에게는 최악의 결과였다. 이에 성왕은 554년에 대군을 일으켜 신라에 대한 보복 공격에 나섰다. 이때 백제는 대가야에 원군을 요청하였다. 대가야는 곤혹스러웠다. 불과 3년 전에는 신라와 함께 고구려를 공격하였는데, 이제 백제를 도와 군사를 파견하면 신라와 싸워야 하기 때문이다. 대가야는 마침내 백제를 위해 지원군을 파견하여 확실히 백제 편에 섰다.

554년 가야와 백제의 연합군은 관산성(현 충북 옥천)에서 신라군과 대회전을 벌였다. 이때 백제군의 총사령관은 성왕의 아들 여창(餘昌: 위덕왕)이었다. 그런데 이 전투에서 성왕이 최전선에 나가 있는 여창을 위로하러 가다가 신라의 복병에 걸려들어 참수되었다. 이로 말미암아 가야와 백제의 연합군은 대패하여 전사자만 3만 명에 가까웠다. 이 전쟁에서의 패배로 대가야는 군사적으로 큰 손실을 입었다. 백제도 성왕의 죽음으로 말미암아 가야를 지원해 줄 수 있는 형편이 못되었다. 신라는 백제를 도와 자기와 싸운 대가야를 외교의 대상이 아닌 정복의 대상으로 삼고 멸망시킬 준비를 하였다. 이렇게 보면 관산성 전투의 패배는 가야가 멸망으로 들어가는 전환점이 되었다고 할 수 있다.

4

문물 교류

1) 가야와 삼국

(1) 신라

가야와 가장 밀접하였던 나라는 신라였다. 가야·신라가 비롯하였던 변한·진한은 3세기까지 토기 양상에 차이가 분명하지 않을 만큼 문화적으로 유사하였다. 두 나라의 문화가 구분되는 시기는 4세기 이후였다. 이때부터 낙동강 서쪽의 가야양식토기와 동쪽의 신라양식토기가 형성·발전하였던 것이다.

가야와 신라의 교류는 5세기 이후 더욱 활발하였다. 대가야의 경우 고분에서 신라산 큰칼(大刀)이 출토되었는데, 고령 지산동 45호분의 세잎고리자루큰칼(三葉文環頭大刀)은 환두부가 상

1: 고령 지산동 45호분 2: 호우총
대도에 보이는 가야와 신라의 교류(『유적과 유물로 본 신라인의 삶과 죽음』)

원하방형으로 되어 있어 신라에서 제작된 것으로 보인다. 고령 지산동의 대동 A-2호묘에서 출토된 세잎고리자루큰칼도 모양 및 제작기법으로 보아 신라에서 제작한 물품이다. 이는 대가야와 신라와의 활발한 교류를 보여준다. 다라국의 경우 합천 옥전고분군에서 출토된 출자형금동관은 신라의 영향을 받은 것이다. 옥전 M1호분, M2호분에서 나온 유리잔, 편원어미형말띠드리개(扁圓魚尾形杏葉) 등은 신라양식의 유물이다. 고분의 경우 고령 지산동고분군, 합천 옥전고분군, 창녕 계성고분군의 일(日)자형 으뜸·딸린덧널식(主副槨式) 돌덧널무덤은 신라의 고총 축조기술을 받아들여 만들어졌다.

한편 경주의 신라 고분에서는 마립간기 왕족의 무덤으로 볼 수 있는 식리총 및 호우총에서 지산동 5호분(구 39호분) 출토품과 같은 대가야산 용봉무늬고리자루큰칼(龍鳳文環頭大刀)이 출토되었다. 이는 대가야 문화가 신라에 영향을 미쳤음을 보여준다. 우륵이 신라에 망명함으로써 대가야의 가야금과 가야 악곡이 전파되고 신라의 국악으로 자리하게 된 것도 양국 교류의 단면으로 볼 수 있다.

(2) 백제

백제도 신라만큼 가야와 밀접하였다. 백제와 가야는 일찍이 서남해 해상교통로를 통해 교류하였는데, 서울 풍납토성에서 출토된 소가야양식의 토기뚜껑편은 그와 같은 교류의 일면을 반영한다. 지금의 충남·전북·전남 등 백제 지역 곳곳에서 출토된 가야양식토기는 일일이 열거하기 어려울 만큼 풍부하다. 가야와 백제의 관계가 더욱 밀접해진 시점은 6세기 전반이었다. 최근 부여 쌍북리에서 발견된 역'품(品)'자형 건물지 출토 대가야양식토기가 대표적이다.

가야의 백제 문화 수용은 대가야 및 여러 나라의 지배층을 중심으로 이루어졌다. 여기에는 6세기 초·중반 신라와 경쟁하고 있었던 백제의 가야에 대한 적극적인 접촉도 일정하게 작용하였다.

대가야와 백제의 교류를 보여주는 대표적인 사례는 고아리벽화고분, 고아2리고분 등 굴식돌방무덤이다. 이 고분은 6세기 초·중반 가야에서 백제의 고분 축조기술을 수용해 만들어졌다. 이로 미루어 대가야는 백제식 굴식돌방무덤을 받아들이면서 매장시설만이 아니라 매장 의례와 사후관념 등도 받아들였을 가능성이 높다. 또 주산성의 내성에서 조사된 지하식 대형 목곽고(木槨庫)는 6세기 중반의 것으로, 백제의 기술을 받아들여 축조했다. 이 목곽고 축조에는 백제 웅진기와 사비기 전반까지 사용되었던 기준척 1척(25센티미터) 자를 사용한 것으로 추정된다.

가야는 백제로부터 각종 물품 제작기술도 수용하였다. 큰칼의 경우 고령 지산동 32NE-1호분의 은상감고리자루큰칼(銀象嵌環頭大刀)은 일본의 칠지도에 새겨진 상감기법과 유사하여 백제 기술의 영향임을 알 수 있다. 지산동 5호분(구 39호분)의 용문고리자루큰칼은 백제 무령왕릉 출토품과 흡사하며, 73호분의 봉황무늬고리자루큰칼(單鳳文環頭大刀) 등도 백제 기술을 대가야에서 수용한 결과로 볼 수 있다. 고령 지산동 5호분의 귀면과판, 44호분의 동완(銅盌)도 백제 무령왕릉에서 계보를 찾을 수 있다. 다라국의 경우 합천 옥전고분군에서 출토된 용봉무늬고리자루큰칼이 백제의 영향을 받아 제작되었다. 기문국이 있었던 남원 월산리 M5호분 출토 청자 닭머리항아리(鷄首壺)와 초두(鐎斗), 남원 유곡리와 두락리 32호분 출토 청동거울과 금동신발 등은 백제를 통해 들어온 것이다.

한편 대가야의 악사 우륵이 만든 12곡 중 사자기(師子伎)는 사자춤, 보기(寶伎)는 황금색을 칠한 공을 가지고 재주를 부리는 곡예로 백희잡기(百戱雜技)의 하나인데, 중국 남제에서 직접 전래되었거나 백제를 통해 전달되었을 가능성이 크다. 금관가야는 8대 질지왕(銍知王: 재위 451~492)대에 시조 수로왕과 허왕후의 명복을 빌기 위해 두 사람이 합혼(合婚)한 곳에 왕후사

(王后寺)를 지었다. 이는 금관가야에 불교가 들어온 것을 보여준다. 대가야의 불교는 백제로부터 전파되었다. 대가야의 경우 불교 수용을 보여주는 기록은 없지만 고아동벽화고분의 연꽃무늬와 송림리가마에서 출토된 연꽃무늬벽돌을 통해 불교가 들어왔음을 알 수 있다. 고아동벽화고분의 연꽃무늬에 사용된 안료는 적색의 진사(辰砂), 백색의 연백(鉛白), 녹색의 동화합물(탄산동 또는 염화동) 등 천연 무기안료다. 진사 광산은 한반도에서 알려진 곳이 없고 중국 남부의 구이저우성(貴州省)과 후난성(湖南省) 등지에서 널리 알려져 있어서, 대가야가 이 안료들을 백제를 통해 구했다고 보인다. 또 합천 저포리고분군 출토 토기에 새겨진 '하부사리리(下部思利利)' 명문은 백제의 영향을 받은 것으로 보인다.

(3) 고구려

가야와 고구려의 관계는 5세기 전후부터 본격적으로 나타난다. 고구려의 영향을 잘 보여주는 유물이 기마 관련 갑주와 마구 그리고 마갑 등이다. 부산 복천동고분군에서 출토된 갑주와 마구 등은 고구려의 영향을 받아 만들어졌다. 합천 옥전 M3호분에서 출토된 투구는 철판을 극히 장식적으로 오려서 횡으로 지판을 결합시킨 독특한 형태인데, 투구 최상부에 모두 금동제를 사용하여 화려하게 장식하였다. 이와 거의 같은 형태의 투구가 평안북도 태천군 용상리의 총오리산성에서 발견되어 가야와 고구려 투구와의 관계를 파악하는 데 중요한 자료가 되고 있다.

마갑은 고령 지산동 75호분과 함안 말이산고분군의 마갑총과 45호분 등에서 출토되었으며, 대가야와 아라가야에 중장기병이 있었음을 보여준다. 중장기병의 모

국립경주박물관 소장
김해 출토 기마인물형토기

고구려 삼실총 벽화고분의 중장기병

습은 김해 대동면 덕산리에서 출토된 것으로 알려진 기마인물형토기에서 찾아볼 수 있다. 그 형상은 고구려 고분벽화에 보이는 중장기병과 유사하다. 이로 미루어 가야 각국은 고구려의 중장기병과 무기를 수용하여 중장기병대를 편제하였던 것이다. 이러한 무기체계의 수용에는 400년 고구려의 신라 구원 전쟁이 준 충격이 일정하게 작용했다고 보는 견해가 있다.

가야와 고구려의 관계는 6세기 전반까지 지속되었다. 이와 관련하여 경남 창녕 교동과 송현동고분군에서 출토된 금상감(金象嵌) 고리자루큰칼 명문이 주목된다. "상부선인귀□도(上杴先人貴□刀)"라고 판독되는데, 상부(上杴)는 상부(上部)와 같은 것으로 추정되며, 선인(先人)은 고구려의 관명으로 이해된다. '귀□(貴□)'를 이름으로 본다면, 비화가야에서 활동한 고구려인으로 볼 수 있다. 그가 어떻게 하여 비화가야에 와서 살다가 교동고분군에 묻혔는지는 알 수 없지만, 그를 통해 고구려 문화가 비화가야에 전해졌을 가능성이 크다.

2) 가야와 중국·일본

(1) 중국

가야와 중국대륙·일본열도 사이와의 교류는 이미 변한시기에 시작되었다. 변한은 가야로 발전하기 전에도 해상교역을 비교적 활발히 하였는데, 이를 보여주는 대표적 유적이 사천 늑도유적이다. 늑도는 사천시 삼천포항과 남해군 창선도 사이에 위치한 조그마한 섬으로, 섬 전체에 대규모 유적이 형성되어 있다. 발굴조사 결과 패총과 분묘, 주거지 등과 함께 중국

계 낙랑토기, 일본계 야요이(彌生)토기, 점토대토기 등 각종 토기류, 반량전(半兩錢), 오수전(五銖錢), 한경(漢鏡) 등 13,000여 점의 유물이 출토되었다.

4세기 이후 금관가야는 낙동강 하구에서 서남해 해상교통로를 통해 동아시아 각지와 교류하였다. 이때 금관가야의 해문(海門) 역할을 한 곳이 관동리유적이다. 고김해만 해안가 관동리에 위치한 이 유적은 선착장(棧橋)과 창고, 잘 정비된 도로망, 주거지역과 우물, 신전 등 마을 형태를 잘 갖춘 해상교역항으로 확인되었다. 금관가야는 이를 통해 낙랑·대방의 중국 군현과 북방 유목민족의 물자, 삼연(三燕) 지역의 마구, 중원의 허리띠장식을 수용하였다. 김해 대성동고분군에서 출토된 유목민이 이동하면서 걸어 놓고 음식을 끓여 먹는 도구인 동복(銅鍑), 철복(鐵鍑)과 가야 각 지역에서 출토되고 있는 한경(漢鏡)을 비롯한 중국의 화폐 등이 이를 잘 보여준다.

479년 대가야왕(가라왕) 하지는 백제의 도움을 받아 남제에 사신을 파견하였다. 이때 남조의 문화도 수용하였을 것이다. 가야금의 본이 된 쟁(箏)도 이때 대가야로 들어왔을 가능성이 있다. 한편 5세기 이후 남원 월산리 M5호분에서 출토된 청자 닭머리항아리(鷄首壺)와 함안 말이산 75호분 출토 연꽃무늬청자(靑磁蓮瓣文碗)는 기문국 및 아라가야와 중국대륙과의 교류를 엿볼 수 있다. 김해 대성동고분군, 합천 옥전고분군에서 출토된 유리용기조각, 유리잔은 실크로드를 통한 문물 수용도 이루어졌다고 보는 근거가 된다.

(2) 일본

가야는 일찍부터 왜와 교역하였다. 주된 교역품은 3세기까지는 철이었다. 변진의 철이 왜로 수출되었다는 기록이 이를 보여준다. 변한사회에서 가야사회로 전환된 이후 가야와 왜의 교류를 보면 5세기 전반까지는 김해 금관가야 물품이 주류를 이루었다. 이를 보여주는 유물이 김해 대성동고분군에서 출토된 방패장식품인 바람개비모양청동장식(巴形銅器), 장대장식품인 대나무모양장식(筒形銅器), 돌화살촉 등이다. 이 유물들은 일본 고분에서 많이 출토되어 일본제품으로 알려져 있으나 근래에는 금관가야 지역에서 많이 출토되어 가야가 원류라는 견해가 강하게 제기되고 있다.

5세기 이후 대가야가 일본열도와의 교류를 주도하면서 대가야양식의 장신구·토기·무구·마구 등이 일본 전역으로 확산되었다. 아라가야·소가야의 토기 제작기술은 5세기부터 일본에 전파되어 일본 고훈시대(古墳時代)의 대표 토기인 스에키(須惠器) 문화를 탄생시켰다. 일본의 긴키(近畿) 지방의 유적에서 아라가야의 상징적 토기인 불꽃무늬토기(火焰文透窓土器)가 6점이나 출토된 사실은 이를 보여준다. 반면에 일본산 제품이 대가야에 들어오기도 하였다. 대표적으로 고령 지산동 44호분 출토된 오키나와(沖繩縣)산 야광조개로 만든 국자를 들 수 있는데, 근래에 이 국자는 중국 남조산이라는 설이 제기되고 있다. 비화가야의 경우 창녕 교동과 송현동 7호분에서 일본산 녹나무로 만든 배의 부재를 재활용한 목관과 일본산 이모가이로 만든 말갖춤 장식품이 출토되었다. 고성 송학동고분군의 중심묘인 1B-1호묘의 연도와 석실 내부 천장을 비롯한 네 벽에 칠해진 붉은 채색은 일본 규슈(九州) 지방 고분의 영향을 받은 것이다. 합천 옥전고분군의 판갑옷은 왜계 판갑옷과 비슷한데, 양국 사이의 영향 관계를 보여준다. 이처럼 가야에 들어온 왜계 물품 또는 왜의 영향을 받아 제작된 고분은 다음과 같다.

국명	유적	유물	비고
대가야	고령 지산동고분군	야광조개국자	왜계 물품
금관가야	김해 대성동고분군	파형동기·통형동기·응회암제석제품	
비화가야	창녕 교동·송현동고분군	목관(일본산 녹나무)	
다라국	경남 합천 옥전고분군	왜계 판갑옷	
소가야	고성 송학동고분군	1B-1호분의 현실(붉은 채색)	왜 영향

4

멸망과 그 이후

1. 가야 각국의 쇠퇴와 멸망

2. 신라의 가야 지역 지배

3. 가야계 사람들의 활동

1

가야 각국의 쇠퇴와 멸망

1) 금관가야

금관가야는 400년에 고구려가 파견한 5만 명의 군사에 의해 패배하면서 세력이 약화되었다. 이후 금관가야가 주변 세력을 주도하는 모습은 문헌기록과 고고자료에 보이지 않는다. 『일본서기』 신공기 49년(369)조와 『삼국사기』 김유신열전에는 금관가야가 남가라(南加羅) 또는 남가야(南加耶)로 지칭되고 있어, 이 무렵 가라(加羅)로 칭해지고 있던 대가야보다 세력이 미약했던 것으로 추정된다. 또 『일본서기』에는 "남가라는 작고 협소하여(蕞爾狹小) 마침내 적의 공격에 잘 대비하지 못하고 의탁할 곳을 몰랐기(不知所託) 때문에 멸망했다"고 하였다. 이 기록은 백제의 인식이 강하게 반영되어 과장된 측면도 있지만, 5세기 말~6세기 초 당시 금관가야의 세력이 미약했던 상황을 보여준다. 그래서 520년대에 만들어진 「양직공도」에는 백제 주변에 있었던 10개의 나라에 금관가야의 이름이 보이지 않게 되었다. 『일본서기』 계체기 27년(527)조에 금관가야(남가라)가 멸망한 것으로 기록될 만큼 이 시기 금관가야가 매우 쇠약하였다. 이로 말미암아 금관가

세움장식 세부 모습

부산 복천동고분군 출토 금동관(Magazine 가야 Vol. 1)

야는 낙동강 유역으로 진출하려는 신라에 제대로 대응하지 못하였다.

한편 신라는 지증왕대(재위 500~514)부터 가야 방면으로 군사활동을 활발히 벌였다. 이때 중심적인 역할을 한 인물은 연변관(沿邊官) 이사부(異斯夫)였다. 연변관이라는 명칭을 고려하면 이사부는 낙동강 하류와 남해안 일대를 공격한 것으로 추정된다. 이와 관련하여 주목되는 것이 부산 복천동고분군의 성격 변화다. 복천동고분군은 5세기 후엽이 되면 고유한 덧널무덤(木槨墓)이 소멸되고, 딸린덧널(副槨)이 없는 긴 장방형의 크고 작은 돌방무덤(石室墳) 및 돌덧널무덤(石槨墓)이 새로운 묘제로 자리잡는다. 그리고 부산 지역의 토기양식이 보이지 않고, 신라양식의 토기가 부장되었다. 이는 부산 지역이 신라의 영역으로 편입되었음을 보여준다.

524년 신라 법흥왕(재위 514~540)은 남쪽으로 개척한 영역을 순행하였는데, 가야국왕이 찾아와서 만났다. 이 가야국왕은 금관가야의 군주였을 것으로 파악되는데, 신라에 화의(和議)를 요청하였을 것으로 추정된다. 그러나 신라는 금관가야에 대한 압박을 멈추지 않았다. 529년 신라 장군 이사부는 3,000명의 군사를 이끌고 낙동강을 넘어 부산 다대포 혹은 낙동강 하구 서쪽으로 추정되는 다다라원(多多羅原)에서 3개월간 주둔하며 금관가야의 4개 촌을 침략하여 사람들과 재물을 빼앗아 신라로 가져갔다. 4촌은 금관(金官) · 배벌(背伐) · 안다(安多) · 위타(委陀) 혹은 다다라(多多羅) · 수나라(須那羅) · 화다(和多) · 비지(費知)라고 한다. 4촌 중에서 수나라는 금관가야의 중심지로 파악된다. 또 탁순이나 탁기탄 등 주변국도 점차 신라에 병합되어 갔다. 금관가야의 운명은 말 그대로 풍전등화(風前燈火)였다.

결국 532년 금관가야의 구형왕(仇衡王, 仇亥王)은 왕비 및 세 아들, 장남 노종, 차남 무덕, 삼남 무력을 데리고 나라의 보물을 갖고 스스로 신라에 항복하였다. 이로써 금관가야는 멸망하였다. 다만『삼국유사』가락국기의 왕대기(王代記)에 신라 진흥왕이 562년에 금관가야를 멸망시켰다는 기사는 법흥왕이 532년에 금관가야를 멸망시킨 것을 잘못 기록한 것이다.

신라는 구형왕과 직계 왕손을 신라 왕경으로 이주시켜 진골 신분에 편입하고, 기존의 영토는 식읍(食邑)으로 준 후 구형왕의 동기(同氣)인 탈지(脫知) 이질금(尒叱今)을 본국에 머물게 했다. 탈지 이질금 등 금관가야의 지배층은 식읍 등을 관리하게 하였던 것으로 보인다. 한편, 신라는 금관가야 영역이었던 곳에 군대와 관료를 파견하여 직접적인 지배력을 확장해 나갔을 것이다.

2) 비화가야

비화가야가 자리 잡았던 경남 창녕 지역은 낙동강의 동쪽에서 서쪽을 이어주는 거점이다. 이곳은 신라가 낙동강 서쪽의 가야 지역으로 진출하는 과정에서도 전략적으로 중요한 지역이었다. 낙동강 너머 고령의 대가야, 합천의 다라국, 함안의 아라가야 등 여러 세력과 마주하기 때문이다. 이러한 지리적 위치로 비화가야는 주변 여러 세력과 활발히 교류하였는데, 이 때문에 상호 간의 이해관계가 복잡하게 얽혀 있기도 했다.

비화가야의 소멸 시점은 분명하지 않다. 『일본서기』 신공기 49년(369) 조에 비자발(比自㶱)이 나온 이후 문헌자료에는 더 이상 이름이 나오지 않기 때문이다. 그래서 고고자료를 근거로 하여 비화가야의 멸망 시기를 4세기 후반, 또는 5세기 전반이나 후반으로 보는 다양한 가설이 있다. 비화가야의 중심 묘역인 교동과 송현동고분군에서 신라 것과 매우 유사한 금공예품과 마구류 등이 다수 발견되었는데, 이를 근거로 교동과 송현동고분군 축조 집단은 독자세력이 아니라 신라와 관련된 세력으로 추정한다.

반면, 이러한 금공예품·마구류 등은 신라의 문물을 적극적으로 수용한 결과이며, 독자적인 생산체계를 마련하고 있었던 것으로 보고 비화가야가 5세기 후반까지 존속하였다고 추정하기도 한다. 한편으로 『일본서기』에 보이는 구례산(久禮山)을 지금의 창녕 화왕산으로 보고 이를 근거로 비화가야가 6세기 전반까지 존속하였다고 파악하기도 한다. 그러나 비화가야의 멸망을 이해하는 구체적인 자료는 부족한 상황이다.

3) 아라가야

아라가야는 5세기 후반 이후 대가야와 함께 유력한 대국이었다. 신라와 백제의 가야 진출이 본격화되자 아라가야는 국제회의를 통해 자구책을 마련하고자 하였다.

아라가야는 529년 왜·백제·신라 사신을 불러들여 고당(高堂)회의를 개최하였다. 이 회의에서 외교 교섭을 통해 백제와 신라의 군사 위협에서 벗어나고자 하였지만, 소기의 성과를 거두지 못하였다. 이 와중에 금관가야, 탁기탄, 탁순이 신라에 의해 멸망하였다. 이제 아라가야는 신라와 낙동강을 마주하며 대치하였다. 신라는 아라가야인의 경작을 방해하였고, 각종 군사활동을 통해 압박의 수위를 높였다. 백제도 섬진강 수계의 주요 거점지역을 장악하며 영향력을 확대해 왔다. 531년 백제는 함안 혹은 진주 지역으로 추정되는 걸탁성(乞乇城)까지 진출하여 아라가야를 압박했다.

아라가야는 가야 여러 나라를 주도하여 541년과 544년 백제 수도에서 개최된 사비회의에 참여하였다. 아라가야는 외교적 교섭을 통해 신라의 가야 진출을 저지하고, 가야 지역에 설치된 백제의 군령·성주를 철수

함안 성산산성

시키고자 하였다. 하지만 아라가야의 외교적 노력은 성공하지 못했다. 그러자 다시 고구려와 교섭을 시도하였다. 아라가야와 고구려의 교섭은 『일본서기』에 기록되어 있는데, 아마도 고구려의 힘을 빌려 백제의 군령과 성주를 철수하게 하려는 것이 아니었을까 한다. 그렇지만 548년 고구려의 백제 공격이 실패하면서 아라가야의 자구책은 결국 성과를 거두지 못하고 말았다.

아라가야의 멸망에 대해 『삼국사기』 지리지에 법흥왕대(514~540)에 아라가야를 멸망시키고 아시량군으로 삼았다는 기록이 전하지만, 아라가야가 540년 이전에 멸망하였다고 볼 수는 없다. 541년 544년 백제 수도 사비에서 열린 사비회의에서 아라가야가 활발한 외교활동을 벌인 것이 확인되기 때문이다. 사비회의 이후 아라가야에 대한 기록은 거의 나타나지 않는다. 554년 신라는 관산성 전투에서 승리했고, 555년 1월 신라 진흥왕은 창녕에 하주(下州: 완산주)를 설치하였다. 신라는 창녕 지역을 거점으로 아라가야와 대가야를 압박하였을 것이다.

『일본서기』 흠명기 23년조에는 562년 임나가 신라에 의해 멸망하였다고 하면서 세주에 가라국, 안라국 등 10여 국이 560년에 멸망하였다고 기록하였다. 또 흠명기 22년조에는 561년 신라가 아라파사산(阿羅波斯山)에 성을 쌓았다는 기록이 있다. 파사산은 『신증동국여지승람』 함안군 산천조와 봉수조에 나오는 파산(巴山)으로, 현재의 함안군 봉화산이나 성산산성에 비정된다. 신라가 이곳에 성을 쌓았다는 것은 561년 이전에 이 지역이 신라의 영역이 되었음을 의미한다. 이를 종합하면 아라가야는 561년 이전에 멸망한 것으로 볼 수 있다.

4) 소가야

　　고성 지역을 중심으로 성장·발전하였던 소가야는 이른 시기부터 백제와 밀접한 관계를 맺고, 백제와 왜의 교섭 과정에서 일정한 역할을 맡았다. 하지만 6세기 이후 신라·백제가 영역을 확장해 오자 소가야는 쇠퇴하였다.

　　6세기대에 소가야의 동향을 단편적이나마 짐작해 볼 수 있는 자료가 541년과 544년에 백제에서 개최된 사비회의이다. 고차국(古嵯國, 古自國), 즉 소가야는 541년에 열린 사비회의에 참석하지 않았다. 소가야가 사비회의에 참석하지 않은 사정은 자료가 없어 알 수 없다. 그러나 544년 회의에는 참석하였는데, 그 목적은 백제의 가야 진출과 관련되었을 것으로 짐작된다. 당시 백제가 기문, 대사 지역을 비롯하여 새롭게 영토로 편입한 지역에 지방관인 군령·성주를 파견하며 영향력을 확대하고 있었기 때문이다. 소가야는 지리적으로 신라보다 백제에 더 가까이 있었으므로 백제에게 더 강한 군사적 압박을 받았다. 이로 미루어 소가야는 2차 사비회의에서 이런 우려를 드러내지 않았을까 한다. 그러나 백제는 군령·성주를 철수시키지 않았다.

　　사비회의 이후 백제는 고구려에 빼앗긴 한강 유역을 되찾기 위해 왜에 사신을 파견하여 군사 지원을 요청하였다. 이 과정에서 소가야는 백제와 왜를 연결하는 역할을 하면서 백제에게 불가침과 같은 실질적 약속을 받았을 것이다. 그 대가로 소가야는 551년 백제의 한강 유역 진출이나 554년 관산성 전투 때 군사를 파견했을 가능성도 있다. 하지만 백제는 관산성 전투에서 패배하여 가야를 지원할 수 없게 되었다. 반면에 신라는 가야 병합에 박차를 가하였다. 이 과정에서 소가야는 신라에 의해 멸망하였다.

　　소가야의 멸망 시기는 『일본서기』 흠명기 23년조를 근거로 560년이나 562년이라고 파악하는 견해가 있다. 고성 지역에서 6세기 후반 신라계 유물이 다수 출토되는 점으로 보아 소가야는 6세기 중반을 전후하여 신라에 복속·통합된 것으로 추정된다.

5) 대가야

대가야는 5세기 이후 섬진강 방면으로 영역을 확장해나갔고, 479년에 남제에 사신을 파견하는 등 그 위상을 높였다. 그러나 6세기 초에 들어서면서 대가야는 백제와 신라의 압박에 직면하였다. 신라가 낙동강을 넘어 금관가야·탁기탄·탁순을 병합하였고, 백제가 섬진강 유역으로 진출하여 기문과 대사를 차지하였기 때문이다. 이에 대응하여 대가야는 522년에 신라 왕녀를 맞이하여 혼인동맹을 맺었다. 그러나 529년에 일어난 변복(變服)사건으로 말미암아 혼인동맹은 파탄을 맞게 되었다.

금관가야·탁기탄·탁순을 멸망시킨 신라가 가야를 강하게 압박해 왔다. 이에 대가야는 아라가야 등 가야 여러 나라와 더불어 백제 성왕이 개최한 사비회의에 참석하여 신라의 가야 진출을 저지하기 위한 대책을 논의하였다. 하지만 백제는 신라, 가야보다는 고구려를 대비하는 데 관심이 더 많았고, 기문과 대사에 설치한 군령과 성주를 철수하라는 가야 측의 요구를 받아들이지 않았다. 이처럼 대가야는 성과를 거두지 못하고, 사비회의 이후 신라의 거센 공세에 직면했다.

이러한 가운데 대가야 지배층 내부에도 분열이 발생하였다. 우륵은 "나라가 장차 어지러워질 것이다"라고 하면서 신라로 망명하였다. 우륵의 망명은 대가야의 정치적 혼란을 상징한다. 대체로 대가야가 친백제정책을 추진하자, 친신라파였던 우륵이 불만을 품고 신라로 투항하였다고 추정한다. 한편에서는 가실왕이 백제와 신라 사이에서 균형외교를 취했는데, 이어 즉위한 도설지왕(道設智王)이 친백제정책을 추진하면서 지배세력

사이에 갈등이 격화되었고 이에 우륵이 신라로 망명한 것으로 추정하기도 한다.

신라에 망명한 우륵은 551년 신라 진흥왕을 만났다. 진흥왕이 지방을 순수하다가 낭성(娘城)에서 우륵과 그의 제자가 음악에 정통하다는 말을 듣고 그들을 부른 것이다. 진흥왕은 하림궁(河臨宮)에서 우륵과 그의 제자에게 음악을 연주하게 하였는데, 두 사람이 각각 새로운 노래를 지어 연주하였다. 이듬해인 552년 진흥왕은 계고(階古)·법지(法知)·만덕(萬德) 3명을 우륵에게 보내 가야의 악(樂)을 배우고 연주하게 하였다. 이후 우륵의 음악은 신라의 대악(大樂)으로 채택되었다. 고대의 악(樂)은 복속·통합의 상징적 의미를 가진다. 국가의례에서 각 지역과 관련된 음악을 연주하는 것은 해당 지역에 대한 관념적 지배의식을 표현하는 것이다. 대가야의 멸망 이전부터 진흥왕이 가야악을 수용한 것은 가야 세력의 병합을 가속하려는 의도를 내포하는 것이며, 대가야에 대한 신라의 패권의식을 드러낸 것으로 이해된다.

신라는 가야의 여러 나라를 군사적으로 압박하는 한편, 경제적으로 지원하며 정치적으로 회유하기도 했다. 금관가야를 비롯한 가야 여러 나라의 항복은 압박과 회유가 반복된 결과다. 우륵을 비롯한 대가야의 지배층이 분열하고 일부가 신라에 투항한 것도 신라의 회유책이 작동하고 있었기 때문이다.

신라는 554년 관산성 전투에서 백제에 대승을 거둔 이후 555년 비사벌(현 창녕)에 하주를 두어 아라가야와 대가야를 압박하면서 가야를 공략하였다. 『삼국사기』에는 562년 9월 가야가 반(叛)하자 진흥왕이 이사부에게 대가야를 공격하게 하였고, 화랑 사다함은(斯多含)이 귀당(貴幢)의 비장(裨將)으로 기병 5,000명을 거느리고 대가야의 전단문(栴檀門)에 들어가 백기(白旗)를 세우고 이어 이사부가 군사를 이끌고 다다르자 일시에 항복했다고 한다. 『삼국사기』 사다함열전에도 사다함이 병사를 거느리고 전단량(旃檀梁)에 들어가자 대가야 사람들이 생각지도 못하고 있다가 갑자기 병사가 들이닥치자 깜짝 놀라 막을 수 없었다고 한다. 이를 근거로 대체로 대가야는 562년에 멸망하였다고 파악된다. 그런데 『일본서기』에는 562년 정월에 멸망하였다는 기록이 있어 『삼국사기』의 멸망 시기와 차이가 약간 있다.

562년 신라가 대가야를 공격할 때 내건 명분은 '가야반(加耶叛)'이었다. '가야반'은 기록 자체의 오류이거나 『삼국사기』 찬자가 금관가야와 대가야를 착각하여 비롯된 오류로 파악하는데, 이와 달리 '가야반'을 오류로 보지 않고 오히려 주목하여 '반(叛)'이 일어나기 이전에 대가야의 주요 지배세력이 신라로 흡수되었고, '반(叛)'을 계기로 신라에 완전히 편입되어 멸망하였다고 보는 견해도 있다. 또, 대가야에 남아있던 일부 세력이 자신들의 독자성과 기득권을 유지하고자 신라에 통합되는 것에 반발하여 저항하였는데, 바로 이러한 움직임이 562년의 '반(叛)'으로 기록되었다고 추정하기도 한다.

이와 관련하여 562년 7월 백제의 신라 공격을 주목하기도 한다. 이때 대가야가 백제의 편을 들었을 가능성도 제기되었는데, 그 배경에는 561년 신라 진흥왕이 창녕에서 사방군주와 모임을 갖고 대가야를 압박한 정황이 작용하지 않았을까 한다. 그러나 백제의 신라 공격은 성공을 거두지 못하였다. 군사 1,000여 명이 죽임을 당하거나 포로가 되었다. 이에 대가야의 친백제적이고 반신라적인 행동을 신라 입장에서 '가야반'이라고 기록한 것으로 이해하기도 한다.

이처럼 대가야가 최종적으로 멸망한 것은 562년 9월이지만, 이미 그 이전부터 점진적으로 신라에 복속되어가는 과정이 있었던 것으로 보인다. 이는 고령 지산동고분군에서 확인되는 신라양식토기로 확인할 수 있다.

지산동고분군의 능선 끝자락에는 6세기 중엽으로 추정되는 신라 계통의 묘제가 확인되며, 무덤 내부에서 신라양식토기가 주로 출토된다. 이와 더불어 562년 이전에 제작된 연꽃무늬수막새(蓮花文圓瓦當)도 신라와 관련된 것이다. 대가야의 점진적 소멸 과정을 반영한 고고자료로 보인다. 대가야가 멸망함으로써 가야의 여러 나라가 모두 신라에 병합되었고, 이로써 가야의 역사도 종말을 고하였다.

6) 그 밖의 나라들

(1) 다라국과 기문국

『일본서기』흠명기 23년조의 세주에는 560년에 신라에게 멸망한 10개의 국명이 나오는데, 가라국(加羅國)·안라국(安羅國)·사이기국(斯二岐國)·다라국(多羅國)·졸마국(卒麻國)·고차국(古嵯國)·자타국(子他國)·산반하국(散半下國)·걸손국(乞飡國)·임례국(稔禮國)이다. 이 기사의 내용을 가야의 여러 나라가 한꺼번에 멸망하였다고 해석하기는 어렵고, 점진적인 멸망 과정을 하나의 기사에 묶어서 기록했다고 볼 수 있다. 대체로 대가야가 멸망하기 이전에 가야국들이 차례로 소멸되었던 것으로 추정되는데, 멸망 과정을 개략적으로 추정해 볼 수 있는 나라는 앞서 언급한 대가야(가라국)와 아라가야(안라국)를 빼면 다라국과 기문국 그리고 탁순과 탁기탄 정도이다.

다라국은 541년에 열린 1차 사비회의와 544년에 열린 2차 사비회의에 참석하였다. 이후 다라국에 대한 기록은 나타나지 않는다. 따라서 다라국의 멸망 시기는 544년 이후 어느 시기일 것이다. 다라국은 『일본서기』흠명기 23년조의 세주에서 560년 멸망한 10국에 언급된다. 또 다라국은 낙동강을 끼고 있던 아라가야와 이웃하므로 아라가야 멸망 시기와 비슷한 560년 전후에 멸망하였을 가능성이 크다.

기문국의 멸망은 백제의 섬진강 유역 진출 과정과 연결된다. 백제 무령왕은 웅진 천도 후 불안한 정치정세를 안정시킨 후 팽창정책을 추진하여 상다리·하다리·사타·모루를 병합하였다. 이 지역은 대체로 현재의 광양만과 여수만 일대로 추정된다. 이후 백제는 기문과 대사를 차지한 후 군령과 성주를 두었다. 가야는 백제에게 군령과 성주의 철수를 요구하였지만, 백제는 이에 응하지 않았고 결국 기문국은 멸망하고 말았다.

기문국은 상기문·중기문·하기문이란 명칭으로도 나타난다. 520년경에 만들어진 것으로 추정되는 「양직공도」에 상기문이, 529~551년 어느 시기에 만들어진 우륵 12곡 가운데 상기물(상기문)과 하기물(하기문)이 나온다. 이를 근거로 상기문과 하기문이 550년대에도 존재하였을 것으로 추정하기도 한다. 544년에 열린 사비회의에 다라국과 함께 대표를 파견한 사이기국(斯二岐國)·졸마국(卒麻國)·자타국(子他國)·산반하국(散半下國, 散半奚國) 등은 560년이나 그 이전에 멸망했을 것으로 추정된다.

(2) 탁순과 탁기탄

금관가야가 멸망의 과정을 밟고 있었을 때 인근의 탁기탄, 탁순도 같은 처지에 있었다. 『일본서기』에 따르면 탁기탄은 가라(대가야)와 신라 사이에 있어서 해마다 신라의 공격을 받았지만 주변에서 아무런 도움을 받지 못했다고 한다. 그로 말미암아 탁기탄의 지배세력은 분열되고, 결국 신라에 항복하자는 의견이 우세해져 신라에 귀부했던 것으로 보인다. 『일본서기』 계체기 21년(527)조에 탁기탄이 신라에게 이미 멸망한 것으로 묘사된 것을 볼 때 탁기탄의 멸망 시기는 아마도 527년 혹은 그 이전으로 볼 수 있다.

금관가야와 탁기탄에 이어서 탁순이 신라에게 소멸되었다. 이 무렵 탁순의 상황은 사비회의에서 백제 성왕의 발언을 통해 짐작할 수 있다. 성왕은 "탁순국의 상하 지배층은 분열되었다. 그 임금은 스스로 신라에 붙어 내응하였기 때문에 멸망하고 말았다"라고 하는데, 이 당시 탁순국의 지배층이 분열되어 있었고, 대가야와 백제에게 아무런 도움을 받지 못하고 있었음을 알 수 있다. 사비회의에서 성왕은 금관가야·탁기탁·탁순의 멸망 사례를 언급하고 가야의 여러 나라가 신라를 따르면서 함께 책략을 꾸미는 것을 우려하면서 신라를 믿지 말고 경계할 것을 거듭 강조했다. 당시 백제는 가야의 여러 나라와 신라의 관계가 긴밀해지고 있는 상황을 경계하면서, 금관가야·탁기탄·탁순이 저항할 생각 없이 신라에 스스로 귀부하여 멸망했다고 진단하였다. 이 기사를 통해 가야 여러 나라에 대한 신라의 영향력이 점차 강해졌던 것을 알 수 있고, 탁순도 신라의 공세에 저항하지 않고 스스로 신라에 복속되었음을 알 수 있다. 탁순의 멸망 시기는 정확히 알 수 어렵지만, 사비회의가 개최된 541년 이전의 어느 시점으로 추정된다.

2
신라의 가야 지역 지배

1) 지방통치조직으로의 편제

(1) 하주 설치

가야를 멸망시킨 신라는 그 영역을 주군(州郡)으로 재편하였다. 주에는 두 종류가 있었다. 하나는 군주(軍主)와 그 휘하 군단인 정(停)이 주둔한 곳으로 군사적인 성격이 강한 주며, 다른 하나는 상주(上州)·하주(下州)·신주(新州)와 같은 광역 행정단위였다.

555년 신라 진흥왕은 새로 편입한 비화가야 지역에 하주(下州)를 설치하였다. 하주의 주치는 비사벌(현 창녕)이었다. 그리고 군부대인 비사벌정(比斯伐停)을 두었다. 창녕 지역은 신라가 가야를 멸망시키는 데 전략적 요충지였기 때문이었는데, 그리하여 이곳은 행정과 군사의 중심지가 되었다. 가야 지역 가운데 주가 설치된 곳은 창녕이 최초다. 이는 창녕이 신라의 지방통치에서 차지하는 위상이 그만큼 높았음을 보여준다.

561년 진흥왕은 이 지역을 순행하고 「창녕 신라 진흥왕척경비」를 세웠다. 이 비는 진흥왕의 순수를 기념한 '순수비'로 보기도 하고, 영토를 넓힌

것을 기념한 '척경비'로 보기도 한다. 창녕비에는 2명의 촌주가 보이는데, 외위인 술간(述干)을 가졌다. 술간은 제8관등으로 다른 촌주보다 높은 관등이었으니 창녕의 유력세력이 신라에서 우대받았음을 알 수 있다.

565년 진흥왕은 하주를 폐하고 대야주(大耶州)를 두었다. 이에 따라 창녕은 비자화군(比自火郡)이 되었다. 통일 이후 9주 5소경제가 확립되면서 창녕에는 10정 중 하나인 하주정(下州停)이 설치되었다. 경덕왕은 비자화군의 이름을 화왕군(火王郡)으로 고쳤다. 영현으로는 현효현(玄驍縣)이 있었는데, 현재 경북 달성군 현풍읍이다. 창녕군 영산현에 있었던 서화현(西火縣)은 경덕왕대에는 상약현(尙藥縣)으로 불렸고 밀성군(密城郡: 현 경남 밀양)

창녕 신라 진흥왕척경비(국가유산포털)

우리 시대의 가야사

에 속했다.

이후 하주의 주치는 565년 대야주(현 합천)에, 642년 압량주(현 경산)로 옮겨졌고, 661년 다시 대야주로 옮겨졌다. 665년에는 하주를 삽량주와 거열주(현 거창)로 분리했는데, 685년 거열주는 청주(현 진주)로 옮겨졌다. 757년 삽량주는 양주, 청주는 강주로 바뀌었다.

(2) 소경 설치

신라는 왕도가 지리적으로 치우쳐 있는 것을 보완하기 위해 중요한 지방에 소경을 설치하였다. 최초의 소경은 지증왕 15년(514)에 설치한 아시촌소경(현 경북 의성군 안계면 추정)이다. 이후 557년에 국원소경(중원경: 현 충주)을, 639년 북소경(하슬라주: 현 강릉)을 설치하였다가 폐지한 후, 678년에 북원소경(북원경: 현 원주)을 설치하였다. 삼국을 통일한 이후 680년 금관소경을, 685년 서원소경(현 청주)과 남원소경(현 남원)을 설치하였다.

532년(법흥왕 19)에 금관가야를 멸망시킨 신라는 그곳을 금관군(金官郡)으로 편제하였다. 그랬다가 통일 이후인 680년에 금관소경을 설치하여 군에서 소경으로 위상을 높였다. 금관소경은 낙동강 수로와 남해안을 연결하는 교통의 요충지였다. 가야의 중심국이라는 상징성을 지닌 금관가야는 신라에 자발적으로 항복하였다. 여기에 더하여 금관가야계인 김유신은 삼국 통일에 큰 공을 세웠다. 그래서 신라 신문왕은 금관가야계 세력을 우대하기 위해 금관군을 금관소경으로 격상시킨 것으로 추정된다. 경덕왕대(742~765)에 금관소경은 김해경(金海京)으로 이름이 바뀌었다.

가야의 여러 나라는 신라에 편입되었지만 일부 나라는 백제에 편입되었다. 그 가운데 하나가 기문국(현 남원)이다. 513년 기문국은 백제의 섬진강 유역 진출 과정에서 멸망하였다. 백제는 기문 지역에 고룡군(古龍郡)을 설치하였다. 이후 백제와 신라는 전북 동부지역을 둘러싸고 치열한 전투

신라의 소경(『신라의 통치제도』)

를 벌였는는데, 대표적 전투가 602년 아막성(阿莫城) 전투이다. 아막성은 전북 남원시 아영면에 있는데, 경상도와 전라도를 연결하는 교통로상에 위치한다. 660년 신라는 당나라 군대와 함께 백제를 멸망시킨 후 남원을 영역으로 편입하였다. 군 이름은 그대로 고룡군으로 한 것 같다.

668년 신라는 고구려를 멸망시킨 후 고구려의 유력 유민을 남원에 안치하였다. 이는 대가야인을 충주에 안치한 것과 비슷한 모습이다. 이를 계기로 남원 지역에 고구려의 왕산악(王山岳)이 만든 거문고(弦琴)가 전해졌다. 685년 신라는 이곳에 남원소경을 설치하였는데, 경덕왕대에 이름을 남원경으로 바꾸었다. 『삼국사기』 악지에 따르면 경덕왕대에 옥보고(玉寶高)가 지리산 운상원(雲上院)에 들어가 50년간 거문고를 익혔고 새로운 가락 30곡을 지어 거문고의 대가가 되었다고 한다. 옥보고는 거문고를 속명득(續命得)에게 전해줌으로써 신라에서 거문고의 전통이 전수되는 데 큰 공헌을 하였다. 이는 남원소경이 고구려 문화의 전통이 이어지는 신라 지방 문화의 중심지가 되었음을 보여준다.

(3) 군현 설치

신라는 가야 각국을 정복하거나 병합한 후 그 지역을 군현으로 편제하였다. 금관가야는 금관군(金官郡), 비화가야는 비자화군(比自火郡), 아라가야는 아시량군(阿尸良郡), 소가야는 고자군(古自郡), 대가야는 대가야군(大加耶郡)이 되었다. 그 외에도 굴자군(屈自郡), 대량주군(大良州郡), 전야산군(轉也山郡), 한다사군(韓多沙郡), 궐지군(闕支郡), 속함군(速含郡) 등이 설치되었다.

560년 신라는 아라가야를 멸망시킨 후 그 지역을 아시량군(阿尸良郡)으로 편제하였다. 그리고 이 지역에 대한 방어력을 높이기 위해 성산산성(城山山城)을 쌓았다. 성산산성은 6세기 후반에 축조되었다고 보는 설이 일반적이지만, 7세기 전반설 등도 있다. 성산산성에서는 많은 목간(木簡)이 출토되는데, 물품에 묶어 두는 하찰(荷札) 목간이 주를 이룬다. 이를 통해 신라가 여러 지역에서 역역을 동원하는 모습과 각종 물품이 성산산성으로 이송되는 모습이 밝혀졌다.

아시량군의 영현으로는 소삼현(召彡縣)과 장함현(獐含縣)이 있었다. 소삼현은 현재의 함안군 군북면으로, 장함현은 의령군 의령읍으로 비정된다. 소삼현에는 9주 5소경이 확립된 이후 10정 중 하나인 소삼정이 설치되었

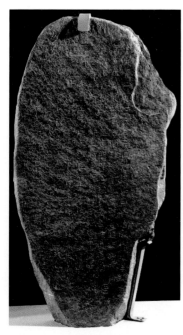
신라 남산신성비 제1비(『신라문자자료 Ⅰ』)

다. 경덕왕대에 아시량군의 이름을 함안군(咸安郡)으로 고치고, 소삼현은 현무현(玄武縣), 장함현은 의령현(宜寧縣)으로 고쳤다.

591년에 세워진 「남산신성비(南山新城碑)」 제1비에는 아량촌(阿良村), 칠토(柒吐) 등 아라가야와 관련된 지명이 보인다. 비문에 나오는 아량나두(阿良邏頭)의 '나두'는 신라 중앙에서 파견된 지방관이다. 이 비를 통해 신라가 옛 아라가야 지역에서 인력을 동원하여 경주 남산에 신성을 쌓았고, 이를 위해 지방관을 파견했음을 알 수 있다.

560년경에 신라는 소가야를 멸망시킨 후 고자군(古自郡)으로 삼았다. 고자군은 문화량현(蚊火良縣)·사물현(史勿縣)·일선현(一善縣) 3개 현을 두었다. 경덕왕대에 사물현은 사수현(泗水縣)으로, 일선현은 상선현(尙善縣)으로 이름을 고쳤다. 문화량현은 현재의 고성군 상리면, 사수현은 사천시 사천읍, 상선현은 고성군 영현면으로 비정된다.

562년 신라는 대가야를 멸망시키고 대가야군(大加耶郡)으로 삼았다. 신라는 대가야가 최후까지 저항했기 때문에 대가야라는 이름은 그대로 사용하되 군으로 편제하여 격을 낮추었던 것으로 보기도 한다. 대가야의 영역에 속했던 고령군 성산면 일원은 일리군(一利郡)으로, 합천군 봉산면 지역은 대야주(大耶州) 또는 대야군으로 편제하였다. 대가야군의 군세를 축소시킨 것이다. 대가야군에는 적화현(赤火縣)과 가시혜현(加尸兮縣), 2개의 영현이 있었다. 적화현은 합천군 야로면·가야면·묘산면 일원이며, 가시혜현은 고령군 우곡면·개진면 일원이다. 경덕왕대에 대가야군은 고령군(高靈郡), 적화현은 야로현(冶爐縣), 가시혜현은 신복현(新復縣)으로 이름을 고쳤다.

신라는 다라국을 멸망시키고 합천 지역을 영역으로 편입한 후 대량주군(大良州郡) 혹은 대야주군(大耶州郡)으로 편제하였다. 565년 신라는 하주의 주치를 합천의 대야주로 옮겨 백제에 대비하는 거점으로 삼았다. 이는 합천 지역이 가지는 군사적 중요성을 보여준다. 642년 백제가 대야주를 함락하자, 신라는 하주의 주치를 압량주(현 경북 경산)로 옮기고 낙동강을 사이에 두고 백제와 각축을 벌였다. 신라는 660년 백제를 멸망시키고 661년에 압독주를 다시 대야주로 옮겼다. 676년 신라는 대야주를 강양군(江陽郡)으로 삼아 강등시켰다. 강양군에는 삼기현(三岐縣, 三支縣), 팔계현(八谿縣, 草八兮縣), 의상현(宜桑縣, 辛爾縣) 세 영현이 있었는데, 각각 합천군 대병면, 합천군 초계면, 의령군 부림면으로 비정된다.

멸망 과정에서 대부분의 가야 지역은 신라 영역으로 편입되었지만, 거열성(居列城: 현 경남 거창)이 백제 멸망 후 백제부흥군의 근거지가 된 것을 보면 어느 시기에 백제가 이 지역을 차지하였던 것으로 추정된다. 663년 신라는 거창 지역을 차지하고서 거열주(居列州, 居烈州)를 두었다. 거열주는 685년에 청주(菁州, 현 진주)를 설치하여 주치를 옮김에 따라 거열군(居烈郡, 居陀郡)이 되었다. 이후 경덕왕대에 거창군으로 이름을 고쳤다. 영현으로는 남내현(南內縣: 현 거창군 위천면)과 가소현(加召縣: 현 거창군 가조면)이 있었다. 경덕왕대에 남내현을 여선현(餘善縣)으로, 가소현을 함음현(咸陰縣)으로 고쳤다.

한편 경남 남해군 남치리 1호분에서 7세기로 추정되는 백제의 은화관식(銀花冠飾)이 발견되었다. 이 관식은 백제에서 2품 달솔에서 6품 나솔의 관등을 가진 유력세력이 착용하는 위세품이었다. 이로 미루어 남해군 지역은 7세기 중반에 백제의 지배권역에 포함되었을 가능성이 크다. 660년 신라는 백제를 멸망시키고 남해군 지역을 영역으로 편입하였다. 그리고 신문왕 10년(690)에 전야산군(轉也山郡)을 설치하였는데, 경덕왕대에 남해군(南海郡)으로 이름을 고쳤다. 영현은 내포현(內浦縣: 현 경남 남해군 삼동면)과

평서산현(平西山縣: 현 남해군 남면)이 있는데, 경덕왕대에 내포현을 난포현(蘭浦縣)으로, 평서산현을 평산현(平山縣)으로 고쳤다.

2) 가야 유민에 대한 정책

(1) 중앙귀족으로의 편입

금관가야는 가야의 여러 나라 중 가장 먼저 신라에 복속했다. 신라는 금관가야 복속을 홍보하고자 금관가야의 지배층을 우대했다. 금관가야의 구형왕은 상등(上等)의 지위를 받았고, 그의 세 아들은 각간(角干)의 관등에 올랐다. 또한 구형왕과 직계가족은 신라 왕경인 경주로 이주되어 진골(眞骨) 신분에 편입되었다. 그리고 본국(本國)을 식읍(食邑)으로 하사받았고, 구형왕의 동기(同氣)인 탈지 이질금(脫知 尒叱今)은 본국에 머물게 하였다. 이는 신라가 금관가야의 지배층을 현지에 남겨 신라의 직접 지배력이 미칠 때까지 과도적인 매개 역할을 시킨 것을 보여준다.

금관가야 왕족이 받은 대우는 다른 어떤 가야 출신보다 특별하였다. 금관가야는 멸망 당시 세력이 약해졌지만, 한때 가야의 중심국이었고 또 가야 여러 나라 가운데 가장 먼저 신라에 복속했기에 신라가 그 상징성을 강조하고자 적극 활용했을 것으로 추정된다. 금관가야의 왕경이었던 김해 지역이 소경으로 편제된 것도 금관가야의 지배세력에 대한 우대정책으로 파악된다.

이처럼 금관가야 왕족은 다른 가야 출신보다 특별 대우를 받았지만, 신라의 정통 진골귀족보다 차별대우를 받았다. 진흥왕의 동생인 숙흘종(肅訖宗)이 자신의 딸 만명(萬明)이 구형왕의 손자 김서현(金舒玄)과 야합하자 만명을 별채에 가두는 등 결혼을 강력히 반대한 일은 이를 보여준다.

금관가야 외 다른 가야 지배세력의 경우 멸망 이후의 동향은 문헌기록에서 잘 드러나지 않으며, 특히 아라가야나 대가야의 왕족에 대한 기록은 전하지 않는다. 그러나 신라에 협조적이었던 일부 지배세력이 금관가야의 왕족과 마찬가지로 신라의 왕경으로 이주되어 비록 진골은 아니더라도 6두품이나 그 이하의 신분에 편제되었을 가능성이 있다.

(2) 사민정책

신라의 피정복지역민에 대한 정책은 크게 두 가지로 나누어 볼 수 있다. 첫째는 피정복지역을 군현으로 편제하고 그 지역민을 포로로 붙잡아 오는 것이다. 포로가 된 사례로는 진흥왕이 대가야를 멸망시킬 때 큰 공을 세운 사다함에게 대가야인 300명을 하사한 것을 들 수 있다. 사다함은 이들을 받아서 다 풀어 주었는데 이는 특별한 사례이고, 포로로 잡혀온 자들은 대다수가 노비가 되었다.

둘째는 다른 지역으로 집단 이주시키는 것인데, 그 형태는 두 가지이다. 하나는 멸망하기 전에 귀부하거나 망명해 온 자들을 일정한 곳에 안치하는 것이다. 551년 이전 어느 시기에 대가야의 악사였던 우륵이 신라로 망명해 오자 진흥왕은 국원(현 충주)에 정착시켰다. 그리하여 충주 지역에서 가야악이 전수되었다. 668년 문무왕이 충주 부근의 욕돌역에 이르렀을 때 나마 긴주(緊周)의 아들 능안(能晏)이 가야의 춤을 바쳤다. 이로 미루어 대가야 멸망 후 대가야 지배세력의 상당수가 국원에 안치된 것으로 추정된다.

다른 하나는 피정복지역민을 다른 지역으로 강제로 이주시키는 것, 즉 집단 사민(徙民)하는 것이다. 집단 사민의 예로는 신라 일성이사금이 13년에 압독국의 반란을 평정한 후 남은 무리를 남쪽 땅으로 옮긴 것을 들 수 있다. 집단 사민은 끝까지 항복하지 않거나 큰 죄를 지은 지역의 민들을 대상으로 처벌의 하나로 행하기도 하고 그 지역 유력세력의 힘을 약화시키기 위해 행하기도 하였다.

동해 추암동고분군 출토 대가야토기(국립춘천박물관)

대가야 멸망 이후 대가야 사람들을 동해안 지역에 집단 사민한 것으로
추정하기도 한다. 이를 보여주는 유물이 강원도 동해시 추암동고분군에서
출토된 대가야 토기와 소가야 토기이다. 추암동고분군에서 확인되는 대가
야 토기는 대가야인이 그 지역에서 직접 만든 것이므로, 대가야의 장인집
단 혹은 지배세력이 사민되었다고 여겨지기도 한다. 삼척 성북동 갈야산
고분군에서도 유사한 대가야계 토기가 확인되었다. 이 토기들은 전형적
인 대가야양식토기와 대가야인이 사민된 지역에서 제작하여 대가야양식
과 신라양식이 혼합된 것으로 분류된다. 동해와 삼척은 고령과 거리가 멀
리 떨어져 있기에 이곳에서 출토된 대가야양식토기를 교류의 산물로 보기
는 어렵다. 이러한 토기를 제작하고 사용한 사람들은 신라가 사민시킨 대
가야인으로 추정되는데, 이는 신라의 이주정책에 따른 것이었다고 파악된
다. 신라는 가야계 지배세력과 주민을 집단으로 이주시킴으로써 지역 내
의 지배질서를 재편하고, 중앙의 지배력을 강화하였다.

3
가야계 사람들의 활동

1) 금관가야계

(1) 구형왕

가야 멸망 전후 가야인의 일부는 백제나 왜로 이주하기도 하였으나 대부분은 신라인이 되었다. 금관가야계 왕족과 그 후예는 신라의 지배세력으로 편입되어 두드러진 활약상을 보이고 있지만, 그 외 다른 가야국의 유민에 대한 기록은 거의 전하지 않아 신라인으로서의 삶이 어떠했는지는 알기 어렵다.

금관가야의 마지막 왕인 구형왕(仇衡王, 仇亥王: 재위 521~532)은 스스로 신라에 귀부하였기에 진골귀족으로 편입되어 상당한 대우를 받았다. 본국을 식읍으로 받아 경제적으로도 안정된 삶을 살았다. 구형왕은 신라 왕경에서 생활하다가 죽었을 것으로 추정된다. 그런데 경남 산청군 금서면에 구형왕의 무덤으로 전하는 돌무덤이 있다. 이 돌무덤 중앙에는 '가락국양왕릉(駕洛國讓王陵)'이라는 비석이 있다. 전(傳)구형왕릉은 석탑설과 왕릉설이 있는데, 구형왕의 무덤으로 파악할 만한 확실한 근거는 제시되지 않았다.

산청 전구형왕릉(국가유산청 국가유산포털)

(2) 김무력과 김서현

구형왕의 아들 가운데 가장 두각을 나타낸 인물은 셋째 아들 무력(武力, 茂力, 另力)이었다. 무력의 아들이 김서현(金舒玄)이고 손자가 김유신(金庾信)이다. 김무력은 군사 방면에서 눈부신 활약을 보인다. 그는 아찬의 관등을 갖고 군주로서 고두림성에서 활동하였다. 551년 신라가 백제, 가야와 연합하여 한강 유역으로 진출할 때 신라 8장군의 한 사람으로서 고구려의 10군을 빼앗는 데도 공을 세웠다. 553년 신주(新州) 군주가 된 그는 554년 관산성 전투에 참여하였다. 그의 비장(裨將)이었던 삼년산군(三年山郡: 현 보은)의 고간(高干) 도도(都刀, 苦都)는 백제 성왕을 기습·살해하여 신라가 대승하는 데 결정적인 공을 세웠다. 이렇게 전쟁에서 세운 공으로 김무력은 최고위 관등인 각간(角干)을 받았다.

무력의 아들 김서현은 진평왕대에 만노군(萬弩郡: 현 충북 진천)의 태수와 대량주(大梁州)의 군주(軍主)를 역임하였다. 629년 김춘추의 아버지인 김용춘(金龍春) 등과 함께 고구려의 낭비성을 공격하여 함락시켰다. 595년 이전 어느 시기에 김서현은 진흥왕의 동생인 숙흘종의 강한 반대에도 불구하고 마침내 그의 딸 만명과 결혼하였다. 그 과정이 순탄하지 않았던 것은 금관가야 왕족 출신이었던 김서현이 신라의 다른 진골귀족과 비교해 차별을 받았기 때문으로 보인다. 그렇지만 김서현은 전쟁에서 공을 세워 가문의 위상을 유지해 나갔다.

(3) 김유신

595년 김서현은 만노군에서 태수로 있을 때 아들 김유신을 낳았다. 충북 진천군 진천읍에는 '진천 김유신탄생지와 태실'이 있다. 15세에 화랑이 되어 용화향도(龍華香徒)를 이끌었다. 629년 김유신은 아버지인 김서현과 김용춘을 따라 중당당주(中幢幢主)로 전쟁에 참여하여 공을 세웠다. 642년 김춘추가 군사를 청하기 위해 고구려에 갈 때 김유신은 압량주(押梁州: 현 경북 경산) 군주가 되었다. 김춘추가 고구려에 들어가 60일이 지나도록 돌아오지 않자 병사를 파견하여 무사히 데리고 왔다. 김유신은 진골귀족들의 반대를 무릅쓰고 누이동생 문희(文姬, 문명왕후)와 김춘추의 혼인을 이루었다. 김춘추와 정치적으로 결속하기 위해서였다. 이후 김유신은 김춘추와 문희 사이에서 태어난 셋째 딸 지소(智炤夫人)와 결혼하였다. 이러한 중첩된 혼인을 통해 김유신은 왕실과의 결속을 더욱 강화하였다.

642년 백제가 대야주를 함락하자 신라는 주치(州治)를 압량주로 옮기고 김유신을 압량주 군주로 삼아 백제의 공격에 대비하였다. 644년 김유신은 소판(蘇判)이 되었고, 백제의 가혜성(加兮城)·성열성(省熱城)·동화성(同火城) 등 7성을 공격하여 크게 이겼다. 647년 대신 비담(毗曇)과 염종이 '여왕이 나라를 잘 다스리지 못한다'는 기치를 내걸고 반란을 일으키자 김

유신은 김춘추와 함께 반란을 진압하여 정치적 실권을 장악하였다. 648년
에는 이찬을 수여받고 상주행군대총관(上州行軍大摠管)이 되어 백제에 쳐들
어가 진례성(進禮城) 등 9성을 공격하여 9,000여 명을 전사시키고 600명을
포로로 잡았다. 660년 상대등이 된 김유신은 대장군으로서 5만 명의 대군
을 이끌고 백제 정벌에 나섰다. 황산벌 전투에서 계백이 거느린 백제군을
격파한 김유신은 백제 수도 사비로 진격하여 당 군대와 힘을 합쳐 백제를
멸망시켰다.

문무왕이 즉위한 이후에도 김유신의 활약은 이어졌다. 661년 고구려
원정을 떠나 평양성을 공격하던 당군이 군량이 떨어져 곤경에 처하자 김
유신은 온갖 어려움을 무릅쓰고 평양으로 가서 식량을 조달해 주었다.
668년 대당대총관(大幢大摠管)이 되었으나 늙고 병이 들어 고구려 원정에
참가하지 못하고 남아 왕경을 지켰다. 고구려를 평정한 문무왕은 김유신
이 왕경을 잘 지켰기 때문에 고구려를 멸망시킬 수 있었다고 하면서 그 공
로를 치하해 태대서발한(太大舒發翰)을 수여하였다.

김유신이 죽자 문무왕은 부의로 비단 1,000필과 조(租) 2,000석을 내려
주고 군악의 고취(鼓吹) 100명을 보내는 등 성대한 의장을 갖추어 금산원
(金山原)에 장사지내게 하였다. 담당 관청에 명하여 비를 세우고 수묘인을
두어 지키게 하였다. 흥덕왕대(826~836)에는 김유신을 흥무대왕(興武大王)으
로 추존하였는데, 파격적인 우대였다. 이때 왕릉격으로 무덤을 조성하면
서 십이지신상(十二支神像)을 조각하였는데, 경주 김유신장군묘다. 『삼국사
기』에도 김유신은 삼국 통일의 주인공으로 부각되었다. 신라의 삼국 통일
에서 금관가야 왕족의 비중은 이처럼 상당했다.

(4) 김문희
김문희(金文姬)는 김서현의 막내딸이고, 김유신의 여동생이다. 어릴 적

이름은 아지(阿之)였다. 하루는 문희의 언니 보희(寶姬)가 서형산(西兄山) 꼭 대기에 올라앉아 오줌을 누었더니 온 나라 안에 가득 찬 꿈을 꾸었다. 보희가 꿈에서 깨어나 문희에게 꿈 이야기를 했더니, 문희가 꿈을 사고 싶다고 하고는 비단 치마를 언니에게 주었다. 이를 매몽(買夢) 설화라고 한다. 며칠 뒤 김유신이 김춘추와 자기 집 앞에서 축국(蹴鞠)을 하다가 김춘추의 옷고름을 밟아 떨어뜨렸다. 김유신이 자기 집에 가서 옷고름을 달자고 하고 함께 집에 들어갔고, 보희를 불러 바늘과 실을 가져와 꿰매라고 하였다. 보희는 사양하며 나오지 않자 문희가 나와 옷끈을 달았다. 문희는 김춘추의 마음을 사로잡았고, 결국 김춘추의 아이를 가지게 되었다.

김유신은 문희의 임신을 꾸짖으면서 자기 누이를 태워 죽인다는 말을 퍼뜨렸다. 하루는 선덕여왕이 남산(南山)에 행차한 것을 보고 기다렸다가 나무를 마당 가운데에 쌓아 놓고 불을 놓아 연기를 냈다. 왕이 연기를 보고 묻자, 좌우에서 김유신이 누이를 태우려는 것 같다고 하였다. 왕이 그 까닭을 물으니, 그의 누이가 남편 없이 임신했기 때문이라고 하였다. 왕은 김춘추가 저지른 일임을 알고 속히 가서 구하라고 하였다. 김춘추가 명을 받고 말을 타고 달려가 죽이지 못하게 하는 왕명을 전하고 곧 떳떳하게 혼례를 치렀고 아들을 낳았는데 그가 바로 문무왕이 되는 김법민이다.

김문희는 김춘추가 진덕여왕에 이어 왕위에 오르자 그 비가 되었다. 그는 문무왕인 태자 법민(法敏)·각간(角干) 인문(仁問)·문왕(文王)·노차(老且)·지경(智鏡)·개원(愷元) 등의 아들을 낳았다. 딸 지소(智炤)는 외삼촌인 김유신과 결혼하였다. 시호는 문명왕후(文明皇后)이다.

2) 대가야계

⑴ 우륵

신라에서 활약한 대가야계 인물 가운데 대표적인 인물로는 우륵과 강수(强首)를 들 수 있다. 우륵은 성열현(省熱縣) 출신으로 가실왕(嘉實王)의 명에 따라 가야금 12곡을 만든 악사였다. 그는 왕도에서 뛰어난 재능을 펼쳤지만, 대가야가 정치적으로 혼란해지자 제자 이문(泥文, 尼文)과 함께 신라로 망명하였다.

551년 신라 진흥왕이 낭성(娘城)에 이르렀다가 우륵의 소식을 듣게 되었다. 우륵과 이문은 하림궁(河臨宮)에서 가야금곡을 연주하였다. 연주를 들은 진흥왕은 우륵으로 하여금 계고(階古)·법지(法知)·만덕(萬德) 세 사람에게 음악을 가르치게 하였다. 우륵은 그들의 재능을 헤아려 계고에게는 가야금을, 법지에게는 노래를, 만덕에게는 춤을 가르쳤다. 이는 대가야에

우륵 동상(대가야박물관)

가야금을 타는 것을 전문으로 하는 자, 노래를 전문으로 하는 자, 춤추는 것을 전문으로 하는 자가 있었음을 보여준다. 이렇게 대가야의 전문연희 조직이 신라로 이어졌다. 신문왕대에 금을 타는 사람을 금척(琴尺), 노래를 하는 사람을 가척(歌尺), 춤을 추는 사람을 무척(舞尺)이라 한 것이 이를 보여준다.

우륵에게 음악을 전수받아 일가를 이룬 계고·만덕·법지는 우륵 12곡에 대해 "이것은 번잡하고 음란하니, 우아하고 바른 것이라고 할 수 없다"고 하면서 축약하여 5곡으로 만들었다. 우륵이 그 말을 듣고 노하였으나, 그 다섯 음악을 듣고 나서는 눈물을 흘리고 탄식하면서 "즐거우면서도 무절제하지 않고 슬프면서도 비통하지 않으니 바르다고 할 만하다"고 말하고 왕 앞에서 연주하게 하였다. 진흥왕이 그들이 배워 연주한 음악을 듣고 크게 기뻐하였다. 진흥왕은 신하들의 반대를 물리치고 가야의 음악과 신라의 음악을 새롭게 정리한 음악을 신라의 대악(大樂)으로 삼았다. 이는 진흥왕의 예악정치를 잘 보여준다. 대가야의 음악이 신라의 국가음악이 됨에 따라 가야금이 오늘날까지 전해할 수 있었다.

우륵은 대가야에서 뛰어난 업적을 남겼고, 신라로 망명한 이후에는 진흥왕의 신임을 얻어 신라의 음악 발전에도 기여하였다. 우륵이 살았던 충주에는 탄금대 등 그와 관련된 흔적이 설화 형태로 전해 오고 있다. 이는 그가 신라 음악에 끼친 영향과 이 지역 사회에서의 위상을 잘 보여준다. 한편 우륵이 신라에 전한 가야금은 다시 왜에 전해졌다. 왜는 가야금을 신라금(新羅琴)으로 불렀다. 일본 도다이지(東大寺)의 쇼소인(正倉院)에는 신라금이 보존되어 있다. 이는 가야금이 동아시아의 악기가 되었음을 보여준다.

(2) 강수

강수(強首)는 신라의 대표적인 문장가다. 중원경 출신으로 우륵이 안치되었던 옛 국원(현 충주) 지역에서 살고 있었다. 강수는 스스로 임나가량(任那加良) 출신임을 내세웠다. 임나가량은 금관가야를 가리킨다고 보기도 하고, 대가야를 가리키는 것으로 보기도 한다. 강수의 아버지 석체가 나마 관등을 가지고 있었고 국원에 안치된 것은 우륵이 충주에 안치된 것과 유사하다. 따라서 강수의 선조는 대가야인이고, 우륵과 비슷한 시기에 신라에 망명하였을 가능성이 크다. 강수가 스스로 임나가량인이라고 일컫은 것은 신라로 망명한 이후에도 그의 가문이 가야인으로의 정체성을 가지고 있었음을 보여준다.

강수의 어머니는 꿈에 뿔이 달린 사람을 보고 잉태하였는데, 출생 후 강수 머리 뒤편에 뼈가 튀어나와 있었다. 현자가 아이의 머리를 살펴보고 상서로운 두상을 가지고 있으니 기이한 인물이 될 것이라고 하였다. 강수는 나이가 들면서 스스로 책을 읽을 줄 알아 의리(義理)에 통달하고, 유학에 뜻을 두어 『효경(孝經)』, 『곡례(曲禮)』, 『이아(爾雅)』, 『문선(文選)』 등을 읽었다. 그는 신분이 낮은 대장장이의 딸과 야합(野合)하여 부모의 반대에 부딪혔다. 강수는 가난하고 천함은 부끄러운 것이 아니나 도를 배우고 행하지 않는 것은 진실로 부끄러운 일이라면서 대장장이의 딸과 결혼하였다.

신라 무열왕은 즉위하였을 때 당이 보낸 조서를 제대로 이해할 수 없었는데, 강수가 즉석에서 해석하여 왕의 총애를 받았다. 무열왕은 강수의 머리뼈를 보고 '강수선생(強首先生)'으로 부르겠다고 하고는 당 황제의 조서에 답하는 표문을 쓰게 하였다. 강수가 쓴 답서의 문장은 세련되고 뜻이 깊었다고 한다. 무열왕은 강수를 '임생(任生)'이라 불러 우대하였다. 이후 강수는 외교문서를 전담하여 신라가 삼국을 통일하는 데 큰 몫을 하였다. 이러한 강수의 공에 대해 문무왕은 "강수는 문장을 잘 지어 능히 중국과 고구려, 백제 두 나라에 편지로 뜻을 다 전하였으므로 우호를 맺는 데에 성공할 수 있었다. 우리 선왕께서 당에 군사를 요청하여 고구려와 백제를 평정한 것은 비록 군사적 공로라 하나 또한 문장의 도움이 있었기 때문이다. 그러한즉 강수의 공을 어찌 소홀히 여길 수 있겠는가"라고 높이 평가하였다. 그리고 사찬(沙湌)의 관등을 주고, 봉록은 해마다 200석을 수여하였다. 신문왕대(681~692)에 강수가 사망하자 국가에서 장례 비용을 지급하는 예우를 했다.

강수는 일찍이 생계를 도모하지 않아서 가난하였으나 온화하였다고 한다. 이는 재물에 얽매이지 않은 강수의 소박한 삶을 보여준다. 강수의 아내도 청빈한 삶을 살았다. 강수가 죽었을 때 그의 아내는 조정에서 많은 물품을 내렸지만, 사사로이 쓰지 않고 모두 불사(佛事)에 바쳤다. 이후 식량이 궁핍해 고향으로 돌아가려 하였는데, 대신이 이를 듣고 왕에게 청하여 조 100석을 하사하였다. 하지만 강수의 아내는 국왕의 은사를 끝내 받지 않고 고향으로 돌아갔다.

3) 멸망 이후 제사와 신앙

(1) 수로왕묘 제사

금관가야가 존속할 시기에 왕실에서는 시조 수로왕묘(首露王墓, 首陵王廟)에 매년 다섯 차례 제사를 지냈는데, 제삿날은 정월 3일과 7일, 5월 5일, 8월 5일과 15일이었다. 금관가야가 멸망한 후 수로왕에 대한 제사는 한동안 중단되었다. 이후 문무왕이 조서를 내려 수로왕묘 제사를 다시 이어가게 하였고, 왕묘 주변의 땅 30경(頃)을 왕위전(王位田)으로 지급하였다. 그 배경에 대해, 문무왕이 "수로왕이 자신의 15대 시조가 된다"라고 밝힌 점을 근거로 금관가야의 마지막 왕 구형왕의 증손인 어머니 문명왕후를 위하여 배려해준 것으로 추정하기도 한다. 이와 달리 문무왕이 중국에서 전대 두 왕조를 대우하고 조상 제사를 주관하게 한 이왕후(二王後)제도를 원용하여 신라가 왕자(王者)의 덕을 갖추고 있고 그 대상을 선정할 수 있는 힘이 있다는 것을 과시하려는 의도에서 취한 조치로 파악하기도 한다.

금관가야 왕족은 신라에 들어와서도 금관가야계라는 인식을 강하게 가지고 있었다. 문무왕대부터 수로왕묘 제사도 이어지면서 이러한 인식이 신라 말까지 이어졌다. 신라 924년에 세워진 「창원 봉림사지 진경대사 탑비」는 진경대사 심희(審希)의 생애를 기록한 탑비이다. 비문의 내용은 경명왕이 직접 작성하였다. 심희의 선조가 임나 왕족이고 먼 조상이 흥무대왕(김유신)이라고 가문의 내력을 밝히고 있다. 여기서의 임나는 금관가야를 가리킴을 알 수 있는데, 경명왕이 심희의 가계를 금관가야와 연관시키고 있는 것을 보면, 신라 말에도 금관가야계 인물이 자신의 출신지를 금관가야로 인식하고 있었음을 알 수 있다.

(2) 가야산신 정견모주 신앙

통일 이후 신라는 산천에 대한 제사를 대사(大祀) – 중사(中祀) – 소사(小祀)로 정비하였다. 대가야와 관련된 산 가운데 소사에 편제된 산은 추심(推心)과 가량악(加良岳)이다. 추심이 현재 어느 산인지는 알 수 없지만 가량악은 가야산으로 파악된다. '가량'과 '가야'는 음이 상통하고 '악'과 '산'은 뜻이 같기 때문이다.

산에는 산신이 있었는데, 통일 이후 신라 산천제사에 편제된 산 가운데 산신의 이름을 알 수 있는 산은 중사에 편제된 동악 토함산의 탈해대왕과 소사에 편제된 가량악(가야산)의 정견모주 정도이다. 가야산은 대가야 당대부터 성소(聖所)로 인식되었다. 『신증동국여지승람』에 따르면 가야산신인 정견모주(正見母主)가 천신 이비가(夷毗訶)에 감응하여 대가야 시조를 낳았다고 한다. 최치원이 쓴 「석순응전(釋順應傳)」에 월광태자(月光太子)가 '정견의 10세손'이라고 하였는데, 정견모주를 기준으로 하여 대수를 계산한 것

가야산 전경

이다. 이는 정견모주가 대가야 왕실 세계(世系)의 최고 정점에 위치한 존재로 인식되었음을 보여준다.

신라는 산천신에게 제사를 드리기 위해 제사시설을 마련하였는데, 중사에 편제된 토함산의 석탈해사(脫解王祠)와 소사에 편제된 영암 월출산 천왕봉의 제사유적이 그 예이다. 가야산신에 대한 제사 터로는 해인사에서 가야산 정상으로 가는 도중 1,200여 미터의 높은 곳에 있는 정견모주의 신단지(神壇址)를 주목하기도 한다. 이곳은 상아덤으로도 불렸으며, 1920년대까지만 하더라도 여기서 소의 머리를 제물로 바치며 매년 정월 정견모주를 위한 산신제를 지냈다고 한다. 최근 우두봉에서 제사유적이 확인되어 이를 정견모주 신단지로 보는 견해가 있는데, 별개의 유적으로 보아야 한다는 견해도 있다.

이후 정견모주는 신라사회에서 중요한 신앙의 대상이 되었다. 『신증동국여지승람』에는 가야산 아래에 세운 합천 해인사에 정견천왕사(正見天王祠)가 있으며 민간에서는 대가야국 왕후 정견이 죽어 산신이 되었다는 기록이 있다. 802년 순응(順應), 이정(利貞)이 창건한 해인사에 정견천왕을 모시는 사당이 만들어졌다는 것과 최치원이 가야산신을 '지온(地媼)'으로 부르고 지온이 해인사 창건에 도움을 주었다고 한 것은, 정견모주가 신라에 들어와서도 신앙의 대상이 되었음을 보여준다. 정견천왕사는 조선 후기까지 이어졌다가 국사단(局司壇)으로 이름이 바뀌었다. 현재 국사단 내부에는 정견모주와 두 아들의 모습이 그려져 있다. 지금까지 알려진 자료로는 정견모주를 모신 사당이 언제 건립되었는지 알 수 없지만 대가야 당대부터 정견모주를 숭배하는 공간이 조성되었을 것으로 추정된다.

5

생활과 문화

1. 삶의 모습

2. 신앙과 제사

3. 축제와 음악

1

삶의 모습

1) 옷과 장신구

(1) 옷감

가야 사람들의 의복이 실물로 전해지는 것은 없지만, 『삼국지』를 비롯한 중국 사서에는 삼한과 고구려·백제·신라 사람들의 복식에 관한 기록이 있다. 『삼국지』 동이전에 의하면 변진에서는 뽕나무를 심고 누에치기로 비단포를 생산했으며 폭이 넓고 올이 고운 포를 만들었다. 의복은 청결하며 폭이 넓은 고운 베를 짜기도 했다고 하였다. 염사치사화에는 변한포 1만 5,000필을 배상했다는 내용이 나온다. 『삼국유사』 가락국기에는 능고(綾袴), 즉 비단바지와 금수(錦繡)·능라(綾羅)와 필단(疋緞) 등이 나오는데, 모두 비단으로 만든 옷감을 말한다. 이러한 기사는 변한에서 삼베 또는 비단 생산이 활발하게 이루어졌음을 보여준다. 또 변한의 여러 나라에서는 비단과 베 등 옷감을 교환수단으로 활용하였다.

가야에서 제작된 직물은 재료에 따라 마직물·모직물·면직물·견직물로 나뉜다. 마직물에는 대마(大麻) 직물인 삼베 혹은 베(마포)와 저마(苧麻)

직물인 모시(저포)가 있다. 세포(細布)는 마의 일종인 경마(檾麻)로 짠 고급 직물로 폭이 넓어 '광폭세포(廣幅細布)'라고 하였다. 모직물은 양털 혹은 짐승의 털로 만들었다. 오늘날의 카펫·러그와 유사한데 계(罽)라고 하였다. 면직물은 무명인데 면포(綿布)라고 하였다. 면포는 누에고치를 부풀려서 목화솜처럼 만든 다음, 이 솜에서 실을 자아내어 짠 옷감이었다. 또한 고치 솜 자체를 넣고 누벼서 옷을 만들기도 하였다. 견직물은 올이 고운 고급 직물이었다. 비단은 견(絹)·능(綾)·사(紗)·금(錦)이라 하였고, 명주는 주(紬)·라(羅)라 하였으며, 생 명주실은 초(綃)라고 하였다.

　직물은 직조방식에 따라 평직(平織)·능직(綾織)·익조직(搦組織)으로 구분된다. 평직은 날실(세로실)과 씨실(가로실)을 한 올씩 위아래로 교차하면서 만든 직물로 가장 간단한 직조이다. 마직물과 모직물·면직물은 경사꼬임조직으로 제직된 일부 직물을 제외하고는 대부분 평직으로 만들어졌다. 특히 베(마포)는 실의 밀도가 얼마인가에 따라 구분되었는데, 왕족이나 귀족은 등급이 높은 저마포(모시)로, 민은 등급이 낮은 대마포(삼베)로 옷을 지어 입었다. 능직은 날실과 씨실을 2~3올 이상 얹어 계속 교차하여 짜는 방법으로 천의 표면에 사선이 나타나도록 하는 직조방법이다. 익조직은 날실이 서로 교차되어 꼬이면서 씨실과 짜이는 것을 말한다. 올 수에 따라 사(沙)·라(羅)로 구분한다.

　고분에 부장된 금속품 가운데에는 녹과 함께 직물이 붙어 있는 경우도 있다. 이를 실체현미경이나 전자현미경 등으로 분석해 보면, 직물 재료는 물론 직조방식에 대해서도 상당한 정보를 얻을 수 있다. 주요 분석 사례를 제시하면 다음과 같다.

가. 합천 옥전 23호분 출토 금동관모에서 확인된 직물을 비롯하여 150여 건의 직물 흔적이 금속과 토기 등에서 확인되었다. 직물조직은 평직이 대부분이 지만 M3호분에서 출토된 유자이기에 부착된 직물조직은 3매와 4매로 이루 어진 능직으로, M1호분에서 출토된 심엽형금구에 부착된 직물조직은 익조 직으로 짠 라(羅)로 확인되었다. 직물의 재료는 대마(麻)·저마(苧麻)·견(絹) 으로 밝혀졌다.

나. 고령 지산동 44호분 출토 안교, 30-2호분 출토 금동관에서 확인된 직물의 재료는 대마이며 평직으로 직조되었는데 S방향으로 꼬임을 준 실이 사용되 었다. 지산동 73·75·45호분에서 출토된 철판에 붙은 직물은 평직과 능직으 로 직조되었다.

다. 함안 말이산고분군에서는 9개 고분에서 14건의 직물 흔적이 확인되었다. 직물의 재료는 마와 대마, 견직물로 구분되고, 직물조직은 대부분 평직이 지만 익조직도 확인된다. 37·38호분에서 출토된 과대(銙帶)에 붙은 직물은 마 직물이고, 8호분에서 출토된 금동장식에 붙은 직물은 견직물로 밝혀졌다.

라. 산청 생초 M13호분·M9호분에 부장된 다수의 철기에서 대마·저마·견직물 이 확인되었다. 견직물은 명주실(生絲, 絹)이고 익조직으로 직조되었다. M9 호분에서 출토된 청동거울을 싼 직물의 경우 앞면은 저마, 뒷면은 견직물로 밝혀졌다.

마. 김해 양동리 200호묘의 덧널무덤에서 발견된 청동투겁창을 감쌌던 삼베 조각은 평직이며 올의 밀도가 높아 비교적 고운 편이며 섬유 측면에 마디가 관찰되고 단면이 다각형을 이룬다. 함께 출토된 동모(銅鉾)에서도 마직물이 확인되었다.

바. 창녕 교동과 송현동 63호분에서 출토된 금동관 안쪽 면에서는 직물의 날실 (세로실)에 선염한 색실을 사용하여 이중(二重) 조직으로 짠 견직물이 확인 되었다. 이는 경금(經錦)이라고 불리는 것이다.

옥전고분군 23호분 출토 금동관모 부착 직물
흔적(경상국립대학교박물관)

지산동고분군 73호분 주곽 출토 직물 흔적
(대가야박물관)

지산동고분군 75호분 봉토 내 1호 순장곽 출토
철제관식 부착 직물 흔적(대가야박물관)

교동과 송현동고분군 63호분 출토 금동관 부착 경금
(창녕박물관)

■ 가야 유물에 부착된 직물 흔적

(2) 복식과 관대

　『삼국지』 등 중국 사서에 기록된 삼국의 복식에 대한 정보와 고구려 고
분벽화에 묘사된 복식, 중국 「양직공도」와 「왕회도」에 나오는 삼국의 사신
도, 그리고 고분에 부장된 토우 등을 종합해 보면 삼국의 복식은 기본적으
로 위에는 저고리, 아래에는 바지나 치마를 입었으며, 겉옷으로 두루마기
를 걸쳤다. 가야와 삼국의 복식은 큰 차이가 없었을 것이므로, 가야의 남성

무용총 벽화

쌍영총 벽화

왕비

귀족

시종

서민

금관가야의 여자 복식 재현과 일러스트 제안(이주영 2020)

■ 고구려 고분벽화에 표현된 복식과 금관가야의 여자 복식 재현

은 바지(袴)와 저고리(襦), 여성은 치마(裙)와 저고리가 기본 옷차림이었으며, 남녀 모두 두루마기(長襦) 같은 겉옷을 착용하였을 것이다. 남성의 바지는 폭이 넓고 저고리는 허리띠로 여미며, 두루마기는 종아리 정도에 이른 것으로 볼 수 있다. 여성은 주름이 표현된 치마와 비교적 소매가 긴 저고리를 입었고, 저고리 위에는 허리띠를 둘렀으며, 두루마기 같은 겉옷을 착용하였다. 물론 신분에 따라 폭과 길이, 색상, 문양, 주름 등에서 차이가 있었

대성동고분군 88호묘 출토 허리띠장식(대성동고분박물관)

지산동 75호분 출토 수면 문양허리띠장식(대가야박물관)

■ 가야 고분 출토 허리띠장식

을 것이다.

관대(冠帶)는 관복을 입을 때 허리에 두르는 띠를 말한다. 허리띠는 기본적으로 대와 대장식, 교구로 이루어진다. 가야의 관대는 출토 유물을 통해 살펴볼 수 있다. 지금까지 가야 지역에서는 총 10기의 고분에서 11식의 허리띠장식구가 출토되었는데, 대다수가 대장식과 교구이다.

대성동 88호묘에서는 용문의 과판을 가진 중국 서진제 허리띠장식이 출토되었다. 지산동 47호분과 75호분, 옥전 M1·M3호분, 말이산 (문)54호분에서 출토된 허리띠장식은 귀면(鬼面) 또는 수면(獸面)이 표현된 것으로, 백제계통 혹은 대가야양식에 속한다. 옥전 M1호분에서 출토된 쌍엽문(雙葉文) 허리띠장식은 신라 황남대총 남분 출토품과 계보가 같다. 옥전 M11호분 출토 은제 허리띠장식은 버섯형교구이고 은판과 혁대 가장자리에 못을 박아 고정한 것으로 백제 무령왕릉 출토품과 유사하다. 말이산 (현)8호분에서 출토된 은제 세잎무늬띠꾸미개(三葉文透彫銙板)는 신라양식으로 신라에서 창녕을 거쳐 함안에 전달된 것으로 추정된다.

(3) 관

관(冠)은 착용한 사람의 지위와 신분을 드러내는 중요한 위신품이다. 관은 귀금속으로 만든 머리띠와 세움장식을 결합시킨 대관(帶冠)과 상투를 덮어씌우는 크기의 고깔에 금속제 장식을 붙이거나 끼운 형태의 모관(帽冠)으로 구분된다. 가야의 관은 고분에서 출토된 유물을 통해 모습을 추정해볼 수 있다. 대관으로는 머리띠에 풀과 꽃을 형상화한 세움장식을 부착한 초화형대관(草花形帶冠), 나뭇가지모양의 세움장식이 있는 수지형대관(樹枝形帶冠), 이마에 넓은 판을 댄 전액형대관(前額形帶冠), 세움장식이 없이 머리띠만 있는 대관이 있다. 관의 재질은 금과 은, 금동으로 구분된다.

초화형대관은 대가야양식인데 금관과 금동관이 있다. 금관으로는 삼성미술관 리움 소장품과 오구라 다케노 스케(小倉武之助)가 반출한 일본 도쿄국 립박물관 소장품이 있다. 리움 소장의 금 관은 매우 얇은 금판으로 머리띠를 만들 고 4개의 세움장식을 부착하였으며 송곳 으로 눌러 새긴 점무늬로 장식되어 있다. 도쿄국립박물관 소장 금관은 머리띠 정 면에 세움장식, 측면에 길쭉한 풀잎모양 장식이 부착되어 있다.

지산동고분군 32호분 출토 금동관(대가야박물관)

　금동으로 만든 초화형대관으로는 지 산동 30호분 2석곽 출토품과 말이산 45 호분 출토품이 있다. 말이산 45호분 금 동관은 봉황으로 추정되는 새 두 마리가 장식되었다. 장식이 비교적 단순하지만 관의 형태를 잘 갖추고 있고 봉황이 장 식된 것은 다른 지역에서 찾아볼 수 없는 아라가야만의 독특한 양식이다.

말이산고분군 45호분 출토 금동관(함안박물관)

　수지형대관은 옥전 M6호분에서 출 토되었는데, 신라 금동관을 모방하여 은 으로 만든 것이다. 전액형대관으로는 지 산동 32호분 주곽 출토 금동관이 있는 데, 대륜의 중위에 큼지막한 광배형 입식 이 부착되어 있다. 입식의 꼭대기는 보주 형(寶珠形)을 띠며 작은 곁가지가 좌우에 부착되어 있다. 이 입식은 6개의 원두정

옥전고분군 23호분 출토 관모(경상국립대학교박물관)

■ 가야의 관

으로 대륜에 고정되고 대륜에는 상하 가장자리를 따라 물결모양의 문양이 시문되어 있다. 입식 중상위에는 영락이 달려 있으나 대륜에는 없다. 입식에는 횡선·X선 교차문양이 베풀어져 있는데, 그 선들은 황금비례의 분할을 나타낸다. 머리띠만 있는 관은 옥전 M6호분, 말이산 34호분에서 출토되었다.

금동제모관은 옥전 23호분과 반계제 가-A호분에서 출토되었다. 옥전 23호분 출토품은 대롱장식과 무늬를 새긴 풀잎장식을 붙였는데 백제계통으로 추정된다. 관모 내면에는 직물을 덧붙였고, 외면에는 금실을 꿰어 영락(瓔珞)을 매달았다. 관모의 높이는 13.5센티미터, 대롱 길이 1센티미터이다. 반계제 가-A호분 출토품도 대롱장식과 풀잎장식을 붙였는데 투구의 정수리에 부착한 것으로 추정된다.

(4) 신발

삼국의 신발 종류는 리(履)·교(蹻)·답(蹋)·화(靴) 등으로 구분된다. 리는 가장 일반적인 신발인데 앞코가 뾰족하게 올라온 형태로 바닥이 얇고 목이 없다. 재질에 따라 풀로 만든 초리(草履), 가죽으로 만든 혁리(革履) 등으로 세분된다. 교답(蹻蹋)과 혁교답(革蹻蹋)은 목이 없는 신발로, 바닥에 정이나 나막신처럼 높이 올린 하부장치가 달린 것을 말한다. 화는 목이 있는 가죽신을 일컫는다.

가야 가죽신의 모습은 대성동 8호분 덧널무덤에서 출토된 그릇받침에 붙어 있는 토우장식에서 살펴볼 수 있다. 토우장식의 신은 발목이 짧은 가죽신(靴) 모양이고 앞코가 살짝 들려져 있으며 옆부분에 원문을 찍어 장식하였다. 발목 부분에는 신발의 윗단을 접은 것처럼 점토띠를 덧붙여 형상화하여 표현하였다. 이러한 가죽신은 귀족이 신었다.

신분이 낮은 사람들은 일상생활에서 짚·삼(麻)·닥 껍질·부들·왕골 등 여러 종류의 풀로 만든 짚신과 나무로 만든 나막신을 신었다. 복천동 53호분에서 출토된 짚신모양토기는 오늘날 샌들 모양과 비슷하다. 점토띠를 꼬지 않고 매끈하게 표현하였으며 돌기총·도갱이·당감잇줄 등 짚신의 세부적인 모습을 생생하게 표현하였다. 가야의 짚신도 복천

부산 복천동고분군 53호분 출토 짚신모양토기
(부산광역시립박물관 복천분관)

동 짚신과 비슷하지 않았을까 한다.

　나막신은 걸어 다니기 불편하지만 물에 강하고 굽을 만들어 높일 수 있기 때문에 비오는 날에 신고 다녔을 것이다. 경산 임당 저습지유적에서는 바닥판과 굽이 일체인 형태의 판자형 나막신이 출토된 바 있다. 바닥판에는 발에 고정하기 위한 끈구멍이 여러 개 확인된다. 부여 쌍북리유적에서는 나무를 깎아 속을 파내고 바닥에 굽을 만들지 않은 고무신형 나막신이 출토되었다. 가야의 나막신도 이와 비슷하였을 것이다.

　가야를 비롯한 삼국에서는 옻칠 제품이 상당히 많이 확인된다. 옻은 습기를 차단하거나 부식을 방지하는 기능이 있다. 창원 다호리 19호분에서는 옻을 칠한 신발이 확인되었다. 한편 광주 신창동유적에서는 가죽신 혹은 짚신을 만들 때 안쪽에 넣고 형태를 다듬는 데 사용한 신발골이 출토되었다.

(5) 장식대도

문헌에는 장식큰칼(裝飾大刀)이 위신품이라는 기록은 없다. 그렇지만 무

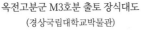

옥전고분군 M3호분 출토 장식대도
(경상국립대학교박물관)

지산동고분군 47호분
(구39호분) 출토 장식대도
(대가야박물관)

교동과 송현동고분군
10호분 출토 장식대도
(창녕박물관)

■ 가야의 장식대도

령왕릉에서 출토된 유물 가운데 무령왕의 작호인 '영동대장군(寧東大將軍)'을 상징적으로 보여주는 것이 용무늬고리자루큰칼(龍文環頭大刀)이라는 사실, 신라 문무왕이 옹산성에 주둔한 백제부흥군을 진압한 후 공을 세운 고위귀족에게 검과 극(戟)을 하사하였다는 사실, 우즈베키스탄 사마르칸트에 있는 아프라시압 궁전벽화에 조우관을 쓴 고구려 사신이 장식대도를 차고 있는 사실로 미루어 장식대도는 위신품으로 볼 수 있다. 따라서 가야의 장식대도도 위신품으로 볼 수 있다. 가야 지역에서 출토된 장식대도는 환두부 형태와 제작기술을 기준으로 용봉무늬고리자루큰칼(龍鳳文環頭大刀), 은장식고리자루큰칼(銀裝環頭大刀), 상감대도(象嵌大刀)로 구분된다.

대가야의 경우 지산동 구39호분, 32NE-1호묘, 30호분 주변 I지구 3호묘, 73호분에서 용과 봉황으로 장식된 장식대도가 출토되었다. 다라국의 경우 옥전 M3호분에서 4점의 장식대도가 출토되었다. 이 가운데 용봉문대도는 칼 손잡이 고리에 용과 봉황이 머리를 교차하는 도상이 표현되어 있고, 손잡이에도 두 마리의 용이 정교하게 표현되어 있다. 칼 손잡이는 철에 금박을 입혔고, 고리에 장식된 용과 봉황은 청동제다. 아라가야의 경우 말이산 (창)54호분에서 용봉문장식대도, 마갑총과 (문)8호분에서 칼 손잡이를 금판으로 감싸 장식한 금장고리자루큰칼이 출토되었다. 비화가야의 경우 교동과 송현동 10호분에서 금동제용봉문장식대도가 출토되었다. 소가야의 경우 연당리 23호분에서 네모난 칼 손잡이 고리에 풀잎 형태의 장식이 있는 대도가 출토되었다. 그러나 용과 봉황으로 장식된 장식대도는 아직 출토된 사례가 없다. 금관가야의 경우 대성동 18호분, 양동리 3호분·142호분 등에서 고리자루큰칼이 출토되었지만, 용과 봉황으로 장식된 장식대도는 출토된 사례가 없다.

가야의 장식대도는 삼국과 양식적으로 구별되고 제작기법에서도 차이가 있다. 용봉문장식대도는 칼 손잡이 안쪽에 용이나 봉황 장식을 만들어 끼워 넣거나 칼 고리나 손잡이 장식에 쌍룡문을 표현한 것이 공통된 특징이다. 이는 백제 장식대도에서 계보를 찾을 수 있으나 도상을 별도로 제작하여 칼 손잡이 안쪽에 끼워 넣는 기법은 가야만의 특색이다. 옥전 M3호분 출토 장식대도에 용과 봉황이 머리를 교차하는 도안이 표현된 것도 가야 장식대도의 특징이다.

(6) 장신구

장신구(치렛거리)는 선사시대부터 오늘날까지 우리의 몸을 아름답게 꾸미거나 사회·문화적 또는 종교적 목적을 표현하는 데 이용되었다. 장신구는 부의 과시물이기도 하였다. 가야를 비롯한 삼국에서는 금속공예기술이 획기적으로 발전하면서 금과 은, 유리와 각종 옥이 조합된 화려하고 섬세한 장신구가 성행하였다. 장신구로는 귀걸이·목걸이·반지·팔찌 등이 있으며 간혹 목이나 가슴을 장식하는 수식(垂飾)도 확인된다.

장신구 제작에 사용된 금속공예기술은 주조, 단조, 투조와 색채 대비, 조금(彫金), 누금세공(鏤金細工), 상감, 도금 등이다. 이 중 가야 장신구의 제작에는 금속 소재를 직접 타격하거나 혹은 모형을 만들어 놓고 그것의 표면에 올려 타격하는 단조기술이 많이 활용되었다. 투조는 동물문·식물문·기하문 등을 새길 때 주로 활용되었는데, 옥전 M1호분 대금구에서 확인된다. 누금세공은 금속의 표면에 금 알갱이나 금선을 붙여 문양을 화려하게 꾸미는 기술인데 귀걸이의 중간식(中間飾)과 수하식(垂下飾)에서 확인된다. 도금은 철이나 청동의 표면에 금이나 은을 덧씌워 장식하는 기술로, 금동관이나 금동제대금구에 많이 활용되었다. 조금은 끌과 망치를 이용하여 금공품의 표면에 문양을 시문할 때 쓰이는 기술로, 지산동 32호분 출토 금동관이 대표적인 사례이다.

삼국시대 귀걸이는 금은 등을 소재로 섬세하고 화려하게 제작되었다. 귀걸이는 고리만으로 이루어진 것도 있지만, 중심고리(주환)에 연결고리(유환)가 부착되고 그 아래로 중간장식(中間飾)과 끝장식(수하식)이 연결되는 것이 기본 구조이다. 주환(主環)은 굵은고리(太環)와 가는고리(細環)로 나뉘고, 중간식은 속이 빈 공모양(空球體)이 특히 많으며 수하식(垂下飾)도 여러 형태로 제작된다.

대가야식 귀걸이는 세환이식이며 중간식은 반구체 2개를 땜으로 접합하여 공구체를 만들고 구체 중간에 각목대(刻目帶)로 장식한 경우가 많다. 수하식은 심엽형(心葉形), 원추형(圓錐形), 삼익형, 속이 빈 금구슬, 산치자열매모양, 표주박모양으로 구분되고 금알갱이를 붙이거나 가장자리에 각목대로 장식하기도 하였다. 원추형 수하식은 위가 넓고 아래로 내려오면서 좁아지며 끝에 공구체나 금알갱이를 붙여 장식한 것이 특징이다. 산치자형(山梔子形) 수하식은 다양한 모양으로 만들어지며 금알갱이나 세로장식이 붙거나 가장자리에 각목대로 장식하기도 한다. 대가야식 귀걸이는 고령을 비롯하여 거창·함양·합천·산청 등 가야 북부지역에 중심 분포권을 형성하고 남원·장수·순천 등 호남 동부지역과 진주·고성·창원 등 남해안 일대에서도 출토된다. 지산동 44호분 6호 석곽에서는 원추형 수하식, 지산동 518호분에서는 표주박형 수하식, 지산동 44호분 11호 석곽과 30호분 주변 Ⅰ-40호묘에서는 산치자형 수하식 귀걸이가 출토되었다.

아라가야식 귀걸이는 말이산(도항리) 11호묘와 4-가호묘에서 출토되었다. 11호묘 출토 귀걸이는 세환이식이고 공구체와 사슬을 이어 만든 귀걸이로, 맨 아래 공구체에 홈을 내어 원형 수하식을 끼워 넣은 형식이다. 4-가호묘 출토 귀걸이는 세환이식이고 중간식은 편구형이며 심엽형 수하식이다.

다라국이 위치했던 옥전고분군에서는 37기의 고분에서 귀걸이가 출토되었다. 백제·신라·대가야에서 수입한 귀걸이와 옥전 지역 특유의 형식으로 제작된 귀걸이로 구분된다. 옥전식 귀걸이는 각국의 디자인이나 기술적 요소를 수용하여 제작되었다. 옥전 25호분 출토 귀걸이는 세환이식이고 중간식은 원판이며 그 아래에는 금사로 된 긴 사슬과 금구슬로 된 수하식이 연결되어 있다. 옥전 35호·75호묘 출토 귀걸이는 세환이식이며 금사슬로 연결된 공구체 수하식이 달려있다. 옥전 M3호분 출토 귀걸이는 세환이식이고 중간식은 공구체이며 수하식은 폭이 넓고 긴 금판으로 만든 심엽형이다. M4호분·M6호분에서 출토된 귀걸이는 주환이 굵고 속이 빈 금동으로 만들어져 신라의 태환이식에 가깝다. M4호분과 91호묘 출토 귀걸이는 열매 가장자리에 각목대로 장식하고 아랫부분에 금알갱이를 붙인 산치자형 수하식으로 대가야양식과 비슷하다.

금관가야 지역에서는 대가야 지역에 비해 귀걸이의 출토량이 현저히 적다. 출토품은 대부분 주환만 있고 주환에 수하식이 달린 귀걸이는 극히 드물다. 대성동 87호묘 출토 귀걸이는 세환이식이고 중간식은 소환연접입

지산동고분군 73호분 출토
목걸이(창녕박물관)

방체이며 수하식은 폭이 넓은 심엽형이다.

삼국시대에는 유리옥을 꿰어 줄을 만들고 다양한 보석을 매달아 화려한 목걸이를 만들었다. 무덤에 부장된 목걸이는 몸에 착용하거나 별도의 상자에 담겨 출토된다. 옥전고분군에서는 약 20련 이상의 목걸이가 발견되었는데, 여기에 사용된 유리옥은 6,000점이 넘는다. 비취곡옥과 대롱옥, 청색 계통의 유리옥이 세트를 이루고, 수정과 마노, 호박, 금 등의 보석을 매달아 장식하였다.

대성동 76호분에서 출토된 목걸이는 수정·마노·유리, 굽은옥·주판알·육각다면체모양, 적색·청색 등 다양한 재질과

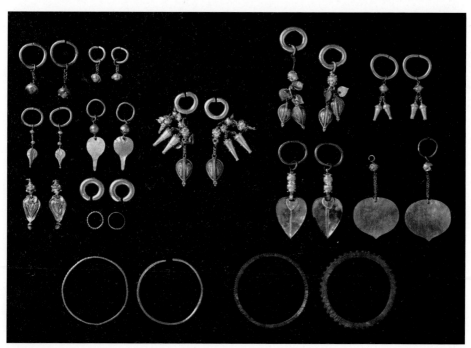

가야 금귀고리와 팔찌(국립중앙박물관 등)

■ 가야의 장신구

색감을 가진 구슬 2,473점으로 만들었다. 양동리 270호분에서 출토된 목걸이도 굽은옥, 주판알, 육각다면체 등 다양한 형태의 수정 146점을 꿰어 만들었다. 양동리 322호분에서 출토된 목걸이는 수정과 마노, 유리 등 총 574점을 꿰어 만들었다. 이 목걸이들은 가야 당시의 보석 세공기술의 진수를 보여준다.

가야 팔찌는 일부 고분에서만 출토된다. 신라 팔찌에 비해 가늘고, 표면에 새김눈(刻目紋)을 장식한 사례가 많다. 김해 구지로 12호묘에서는 청동으로 만든 팔찌가 출토되었다. 옥전고분군에서는 금·은·청동·석재 등 다양한 재질의 팔찌가 출토되었다. 옥전 M2호분에서는 금제, 28호분에서는 청동제, 82호분에서는 은제, 56호분과 60호분에서는 돌로 만든 팔찌가 출토되었다. 내산리 34호분과 진주 중안동에서는 은제팔찌가 출토되었다. 한편, 대성동 2호분에서는 돼지이빨로 만든 팔찌가 출토되었는데, 동물뼈로 만든 팔찌에서 금속으로 만든 팔찌로 변화하였음을 보여준다.

가야에서 반지는 많이 제작되지 않았다. 신라 문화의 영향을 받았던 송현동 7호분·12호분에서 금제·은제반지가 출토되었다. 손가락 굵기에 맞추어 가늘게 제작하였고 중앙에 장식을 만들어 도드라지게 한 것이 있다.

(7) 머리 모양

머리 모양은 백제의 경우 시집을 가지 않은 여인은 머리를 땋아 올렸는데 뒤로 한 줄을 드리워 장식을 하였지만 시집을 가면 두 줄로 나누어 장식을 하였다. 고구려 고분벽화에서 확인되는 고구려 여인의 머리 모양은 가발을 머리에 올린 가체식머리, 얹은머리, 쪽진머리, 묶은 단발머리, 귀밑머리를 좌우 볼 쪽에 늘어뜨린 선빈머리, 정수리 좌우에 두 개의 상투를 틀어 올린 쌍계로 분류할 수 있다. 신라 여인도 올린머리, 쪽진머리, 묶은머리를 하였다. 이로 미루어 가야의 여인들도 이러한 머리 모양을 하지 않았을까

대성동고분군 88호분 출토 머리빗

김해 예안리고분군 77호분, 예안리고분군 출토 편두인골
(부산대학교박물관)

한다.

　　머리를 만지는 데 필요한 도구로는 빗, 뒤꽂이 등이 있다. 대성동 88호분과 91호분에서는 빗 모양장신구가 출토되었다. 88호분에서 출토된 2점의 빗모양장신구는 순장자 머리맡에서 출토되었다. 동물의 척골로 추정되는 뼈를 다듬어 양 끝의 지지대로 놓았고, 그 사이에 뼈로 만든 빗살을 배치한 뒤, 견사로 여러 번 묶고 옻칠하여 살을 고정하였다. 이 장신구에 대해 머리를 빗는 용도가 아니라 비녀처럼 묶은 머리에 꽂아 장식한 것으로 추정한 견해도 있다. 사천 늑도유적 56호묘와 창원 성산패총·가음정동패총에서는 머리를 고정하는 데 이용된 뼈나 뿔로 만든 뒤꽂이와 빗이 출토되었다.

　　『삼국지』 변진조에서는 아이가 태어나면 머리를 돌로 눌러 한쪽을 납작하게 만드는 편두(偏頭) 풍습이 있었다고 하였다. 예안리고분군에서는 출토된 210개체의 인골 중에서 10개체가 편두로 확인되었다. 편두는 유아를 비롯하여 남녀 모두에서 확인되며 여성의 비율이 높았다. 편두는 미용을 위한 것이었다고 보기도 하고, 지위를 나타내기 위한 것이었다고 보기도 하는데, 변한에서 금관가야까지 이어진 특징적인 습속이었다.

2) 식생활

(1) 농산물

가야를 비롯한 삼국에서는 지역의 자연환경에 따라 각기 다른 음식문화를 발전시켰고, 이는 오늘날 우리 식탁의 근간이 되었다. 삼국시대 여러 유적에서 확인된 인골을 분석한 결과에 따르면, 이 시대 사람들은 쌀·보리·밀·콩 등 곡물을 주식으로 하였고, 조와 피·기장 등 잡곡과 육류, 해산물을 섭취하였음이 밝혀졌다.

『삼국지』 변진조에 의하면 변한 지역은 토지가 비옥해 오곡과 벼 재배에 적당하다고 하였다. 이 기사에는 오곡과 벼를 구별했는데, 오곡은 조·기장·콩·보리·마였다. 삼국시대 초기까지 벼는 수전 경작이 가능한 곳에서나 재배되었고, 여전히 많은 지역에서는 가뭄에 강한 밭작물인 기장이나 조·피를 재배하는 밭농사가 주로 행해졌다. 또 콩과 보리도 많이 심었다. 이러한 곡물은 고고학 발굴조사에서도 확인되었다. 김해 부원동유적에서는 쌀·조·기장·콩·보리와 함께 복숭아씨가 발견되었다. 산청 소남리유적과 지산동 44호분에서는 조와 기장이 출토되었다. 부산 가동유적에서는 탄화된 밀과 팥이 발견되었다. 김해 봉황동유적, 고성 동외동유적에서는 여러 종류의 곡식과 견과류, 과실류 등의 종자가 확인되었다. 진주 평거동유적에서는 마을과 함께 대규모의 논밭이 조사되었다.

그러나 4세기부터 제철기술의 발달과 함께 괭이나 쇠스랑·따비·쟁기·낫 등 다양한 철제농기구가 널리 보급되어 목제농기구를 대체하였다. 곳곳에 보와 제방이 축조되고 저수지도 많이 만들어졌다. 이리하여 농업생산량이 급증하였고 황무지가 개간되면서 경작지가 늘어났다. 『삼국유사』 가락국기에 수로왕이 도읍을 정하려고 수레를 타고 임시 궁궐 남쪽의 신답평(新畓坪)을 둘러보았다고 하였는데, 이 기사의 신답평은 말 그대로 '새로이 개간한 논'을 말한다. 이는 금관가야에서 논의 개간이 활발히 이루어져 농경지가 확대되었음을 보여준다.

가야 사람들의 밥상에는 곡식 이외에 나물과 채소, 과일 등이 부식으로 차려졌다. 이러한 사실은 고분에서 확인된 음식물을 통해 알 수 있다. 지산동고분군·봉황동유적·부원동유적·동외동유적·가동유적에서 복숭아·밤·참외·오이 등 과일이 출토되었다. 송현동 7호분에서는 나무 소쿠리 안에서 참다랑어뼈와 함께 밤이 발견되었다.

(2) 사육과 수렵

가야에서는 본격적인 농경과 함께 가축 사육이 이루어졌다. 이를 보여주는 대표적인 유적이 창원 신방리유적과 김해 봉황동유적이다. 두 유적에서는 사냥했던 사슴과 멧돼지·노루·고라니 유체와 함께 사육된 개·소·말 유체가 다량 출토되었다. 특히 봉황동유적에서는 늙은 소와 말의 유체가 많이 나왔는데, 이는 농경 또는 운송작업에 이용된 후 식용으로 활용되었음을 뜻한다. 진주 평거동유적과 창원 반계동유적 논유구에서는 소 발자국과 쟁기 흔적이 확인되었다.

소는 고분 축조 과정에서 제사의 희생물이나 부장용으로 사용되기도 하였고, 견갑골이나 소발굽은 복점의 재료로 활용되었다. 소의 유체는 동래패총, 대성동·예안리고분군, 진해 용원유적에서도 출토되었다. 말도 식용으로 사용되었으나, 무덤 부장용, 의례용, 희생수로서 활용된 사례가 다수 확인된다. 지산동고분군, 예안리고분군, 반계제고분군, 대성동고분군 등의 무덤 내부나 봉토에서 말의 유체가 확인되고 있다. 개는 수렵견으로서 역할을 하였으며, 늑도유적에서 24개의 유체가 시신과 함께 출토되었다. 닭도 사육되었는데, 지산동 44호분·45호분, 대성동 1호분에서는 토기에 담긴 닭뼈가 출토되었다. 닭과 개·소는 가구 단위로 사육되었을 테지만, 말은 국가 차원에서 목장을 만들어 관리했을 것이다.

가야의 수렵은 여러 유적에서 출토된 동물뼈를 통해 알 수 있다. 가야유적에서 출토된 14종 8,466개체 동물뼈 중 사슴이 63%, 개 23%, 멧돼지 9%, 소 2%, 노루 1% 순이다. 사슴류가 압도적으로 많고, 그 다음이 멧돼지다. 멧돼지는 늑도유적에서 335개체, 신방리유적에서 114개체, 동래패총에서 148개체가 확인되었다. 부산 동삼동패총에서는 호랑이·곰의 뼈도

〈표 1〉 남해안 지역 유적 출토 육지 포유류(김건수, 2021)

종명 \ 유적명	사천 늑도	사천 방지리	진해 웅천	진해 용원	창원 신방리	김해 봉황동	부산 북정	부산 조도	부산 동래
사슴	3,394	241	93	338	290	210	2	111	636
대륙사슴								4	
노루	34	23		4	5	1			31
고라니					3				12
멧돼지	335	54	9	62	114	43		10	148
개	1,825	26		17	26	12	8		41
소	23	26		1	15	13			60
말		20	3		16	10			23
산양		1				1			
곰	3					1			1
너구리	1			1					
쥐	46							19	
족제비		2							
수달	8			5					5
합계	5,669	393	105	428	469	291	29	125	957

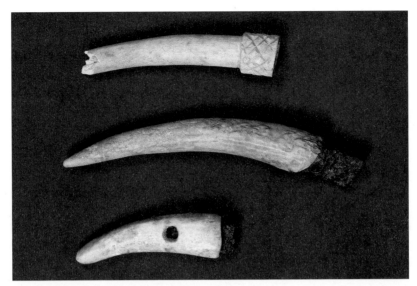
늑도·회현리유적 출토 사슴뿔 칼손잡이(삼강문화재연구원)

출토되었다.

수렵은 많은 사람이 동원되어 집단적으로 행하거나, 덫과 함정, 망 등으로 포획했으며, 매가 사용되기도 했다. 수렵된 동물의 고기는 음식으로 사용하고, 뼈·뿔·이빨 등은 생활도구와 장신구로 활용되었다. 가죽과 털은 의복 내지는 방한복, 신발 등의 소재로 활용되었고, 지방은 방한용 또는 조명용 기름으로 사용되었다. 김해 대성동고분군과 봉황동유적, 창원 성산패총, 창원 웅천패총 등지에서는 멧돼지 이빨로 만든 목걸이나 팔찌 등 장신구, 화살촉, 낚싯바늘 등이 출토되었다. 사슴뿔은 손칼을 끼웠던 손잡이, 활의 시위를 거는 데 사용한 활고자와 화살촉, 갈고리, 패류를 채취할 때 사용한 빗창, 망치와 쐐기, 작살 등 다양한 용도로 활용되었다. 대성동고분군 2호분에서는 사슴 중수골로 만든 화살촉이 37점 출토되었고, 창원 웅천패총에서는 사슴뿔 칼손잡이가 출토되었다.

가야 유적에서는 다양한 조류의 유체도 확인된다. 진해 용원유적과 부

우리 시대의 가야사

산 동래패총, 사천 늑도유적에서는 꿩·가마우지·오리과·바다쇠오리·기러기·까마귀 등의 유체가 확인되었다. 이 중 다수의 유적에서 꿩의 뼈가 가장 많이 출토되고 있어 꿩이 주요 사냥감이었음을 알 수 있다. 가야는 498년에 신라에 꼬리가 5척이나 되는 흰 꿩(白雉)을 보냈는데, 이로 보아 꿩은 외교상에서 특산품으로 사용되기도 하였다.

(3) 어로

가야는 해양과 하천에 접하고 있어 어로가 중요한 생업활동 중 하나였다. 해안이나 강가에 형성되어 있는 사천 늑도·방지리패총, 창원 성산패총, 진해 용원패총, 김해 봉황동패총 등 유적에서 확인된 해양 어류는 상어류·참돔·농어·복어·민어 등 20여 종이다. 패류는 굴·꼬막·대합·바지락·전복 등이다. 이 중 굴의 비율이 월등히 높다. 바다포유류는 물개·바다표범·강치가 확인되었는데, 강치가 압도적으로 많다. 해조류는 미역·다시마 등이다.

바다포유류는 고기와 기름을 얻었을 뿐만 아니라 가죽·뼈·이빨·힘줄 등이 유용하게 활용되었다. 패류는 낚싯바늘이나 조개팔찌 등 장신구, 말 장식품인 운주(雲珠)를 만드는 재료로 활용되었다. 대성동고분군에서는 백상아리의 이빨로 만든 화살촉이 출토되었다. 부산 동삼동패총과 김해 회현리패총에서는 상어 척추뼈로 만든 장신구가 출토되었다.

늑도유적 14호 주거지에서는 작살과 고래뼈와 강치뼈가 확인되어 포경이 행해졌음을 알 수 있다. 웅천패총에서도 물개뼈·돌고래뼈와 함께 작살이 출토되었다. 어류는 주로 낚시를 통해 잡았지만 잠수하여 작살 등으로 잡기도 하였다. 유적에서는 철제와 골제 낚싯바늘, 작살, 어망추를 매달았던 그물 등이 출토된다. 낚싯바늘은 대개 길이가 3~4센티미터 또는 6~7센티미터가 일반적이나 대형 어류에 적합한 12~13센티미터 정도도 확인된다.

하천이나 저수지, 수로, 논에서도 빈번하게 어로가 행해졌다. 담수어류
는 누치·메기·붕어·잉어 등이며 낚시나 그물, 통발과 가리, 바구니 등으
로 조업했을 것이다. 이외에 논우렁이·다슬기 등 복족류와 말조개·재첩
등 부족류도 식용으로 활용하였다. 담수어류 조업에 사용된 어망추는 함

지산동고분군 34SE-3호묘 출토 생선뼈
(대가야박물관)

지산동고분군 73호분 북순장곽 출토 생선뼈
(대가야박물관)

지산동고분군 박물관부지 2호묘 출토 바다고둥(대가야박물관)

■ 고분에서 출토된 생선뼈와 바다고둥

〈표 2〉 남해안 지역 유적 출토 해산물과 수산물

유적	해산물과 수산물
사천 늑도유적	상어과, 농어, 감성돔, 우럭, 참돔, 쏨뱅이과, 푸른바다거북, 강치, 고래류, 거북이, 굴, 조개류, 고둥류
창원 가음정동유적	상어, 농어, 능성어, 도미, 돔, 복어, 조개류, 고둥류, 우렁이류
창원 성산유적	상어과, 가오리, 농어, 감성돔, 참돔, 복어류, 다랑어류, 새치류, 광어, 강치
진해 용원유적	상어과, 가오리, 농어, 감성돔, 대구, 돔, 청어, 쏨뱅이, 참조기, 전갱이, 정어리, 고등어, 참치류, 복어류, 성게류, 수달, 강치, 고래류, 거북이, 조개류, 고둥류, 우렁이류
김해 부원동유적	고래, 수달, 강치, 굴, 고둥류, 조개류
부산 동래유적	상어과, 가오리, 농어, 감성돔, 참돔, 광어, 수달, 강치, 고래

양 손곡리고분군, 거창 대야리유적주거지, 옥전고분군, 저포리고분군, 지산동고분군에서 출토된 사례가 있다. 지산동 34SE-3호묘와 연결석곽묘에서는 대구와 게, 두드럭고둥 78개체가, 박물관부지 2호묘에서는 바다고둥, 35NW-2호묘에서는 게와 소라가, 73호·44호·45호분의 여러 석곽에서는 누치를 포함한 생선뼈와 닭뼈가 출토되었다. 함안 오곡리 5호분에 부장된 굽다리접시에서도 생선뼈가 발견되었다.

(4) 식기와 조리

가야와 삼국에서는 공통적으로 개인 식기문화가 있었다. 가야인들은 식기를 기능에 따라 구분하여 사용했다. 시루와 바리, 솥은 음식을 찌거나 삶기 위한 용도로 이용되었고, 항아리는 주로 음식과 물, 술 등을 저장하고 보관하는 용도였다. 굽다리접시나 뚜껑이 있는 그릇에는 생선 등 주로 반찬을 담았다.

가야에서 식기는 주로 토기를 사용하였다. 가야토기는 형태와 기능에 따라 20여 종으로 구분되는데, 크게 무르게 소성(燒成)된 적갈색 연질(軟質)

부산 고촌유적 출토 목기(동아세아문화재연구원)

토기와 단단하게 소성되어 흡수율이 낮은 도질(陶質)토기로 구분한다. 연
질토기는 열전도율이 좋아 음식을 데우거나 끓이는 용도로 사용되고, 도
질토기는 음식을 보관하거나 저장하는 용도로 활용되었다.

　식기로는 토기와 함께 목기도 많이 사용되었다. 목기는 재료를 구하기
쉽고 가공도 용이하여 소반·두레박·함지박·국자·그릇받침 등 다양한
형태로 제작되었다. 국자 중에는 지산동고분군에서 출토된 야광조개국자
가 유명하다. 목기 표면에 옻칠을 한 칠기도 부산 기장 고촌리유적을 비롯
한 일부 유적에서 확인되었다. 다호리유적의 경우 그릇·무기·공구는 물
론 붓과 부채자루, 칼집에도 칠을 하여 장식하였다. 이는 가야 상류층에서
다양하게 장식된 옻칠 제품을 선호했음을 보여준다.

　오늘날과 같이 밥과 반찬으로 구분된 식단은 삼국시대에 형성되었다.
곡물은 빻아 가루로 만들고, 산이나 들에서 구한 나물이나 채소와 함께 넣

어 죽처럼 끓여 먹었다. 바닷가나 강가에서는 조개류나 어류도 함께 넣어 죽처럼 끓여 먹었다. 이렇게 죽을 먹으면서 숟가락 문화가 일찍부터 발달하였다. 청동기시대에는 뼈로 만든 숟가락이 발견되기도 하였고, 백제 무령왕릉에서는 숟가락과 젓가락이 나란히 출토되었다.

쌀의 조리는 삶아서 죽처럼 먹다가 삼국시대에 부뚜막이 보편화되고 결합식 취사용기가 발달하면서 쪄 먹는 단계로 변하였다. 찌는 밥에서 짓는 밥으로의 전환은 철제솥의 등장과 함께 이루어진다. 경주 금령총과 천마총에서 출토된 철제솥은 신라 지배층이 밥을 지어 먹기 시작하였음을 보여준다. 시루는 수증기로 음식물을 찌는 도구로서 함경북도 나진시 초도리에 있는 신석기시대 말기에서 청동기시대에 걸친 시기의 주거지에서 처음 등장한다. 가야의 여러 유적에서도 시루가 발견되었다. 밥을 지어 먹기 시작하면서 삼국시대 음식의 기본 차림은 주식과 부식으로 구분될 수 있었고, 이후 반찬거리인 부식이 다양하게 발전하였다.

가야 유적에서 밥상은 아직 발견되지 않았다. 고구려 무용총의 접객도에는 소반에 완과 같은 작은 배식용기가 올려져 있고, 술이나 음료를 올려놓은 세발상도 보인다. 과일이나 과자 등의 음식은 큰 그릇에 담아 별도의 네발상에 올렸다. 백제 무령왕릉에서도 밥그릇, 국그릇 그리고 수저를 올려 놓은 네발상이 출토되었다. 이로 미루어 가야에서도 네발상이나 세발상이 사용되었을 것이다.

3) 주거

(1) 마을 유적

가야 지역에서는 여러 형태의 마을 유적이 확인되었다. 농경을 위주로 한 취락으로는 평거동유적을 들 수 있다. 이 유적은 4~5세기에 형성되는

진주 평거동 3, 4지구 유적 전경

삼국시대 밭 경작지
(경남연구원)

평거동유적 수혈주거지
(경남문화재연구원)

■ 평거동유적 주거지와 경작지

데, 충적대지에서 대규모 경작지와 수혈주거지, 고상건물, 창고 등이 조사되었다. 특히 농작물을 운반하기 위한 도로가 잘 갖추어져 있었고, 당시 통행했던 수레바퀴 자국도 선명하게 남아 있었다.

김해 하계리 제철유적 제련로(동아세아문화재연구원)

진해 용원유적은 어로 취락이었다. 남해안에 입지한 이 유적에서는 어로구가 많이 출토되었으며, 패각층에는 강치·돌고래·참돔·소라·전복 등 해양성 유체와 백합·꼬막·굴·바지락 등 패류가 무더기로 쌓여 있었다.

남해안에 위치한 고김해만과 고성만, 마산만, 낙동강 연안의 고대산

창원 남산유적(창원대학교박물관)

만에서는 가야의 교역항이 여러 곳에서 확인되었다. 대표적인 유적이 김해 관동리·봉황대유적과 창원 현동·신방리유적이다. 관동리유적은 고김해만의 해안가에 위치한다. 간선과 지선으로 잘 정비된 도로망이 갖춰져 있으며, 도로 주변에서 건물지 100여 동이 확인되었다. 특히 부두에서 선박에 오르내리는 잔교가 조사되어 선착장이었음이 명확해졌다. 봉황동유적에서도 선박에 사용된 부속품과 노가 출토되었고, 배 접안시설과 고상건물이 확인되었다. 현동유적은 마산만에서 서쪽으로 만입한 덕동만에 위치하며 철 생산시설과 취락, 고분군 등이 조사되었고, 준구조선을 본뜬 것으로 추정되는 배모양토기와 왜의 하지키(土師器)계 토기가 출토되었다. 특히 배소시설과 함께 철광석, 다량의 철재와 송풍관 등이 확인되고 있어 제

철 전문집단이 생활했던 아라가야의 국제교역항으로 추정되고 있다.

김해 여래리·하계리유적은 제철유적이다. 여래리유적은 충적평지에 입지하며 건물지와 목탄요, 도로와 함께 송풍관, 슬래그, 철제품 등이 출토되어 철 생산을 담당했던 취락임을 알 수 있다. 하계리유적에서는 제련로와 배소시설이 조사되었고 주변에서 수혈과 주거지도 다수 확인되었다. 두 유적은 금관가야 수장층이 체계적으로 관리, 운영했던 철 생산거점으로 파악되고 있다.

부산 기장군 철마면 고촌리유적에서는 빗·절구공이·절구·두레박·따비 등 목제품과 참외·박·들깨·머루·콩·조·복숭아 등의 종자가 많이 출토되었다. 특히 옻칠목기와 관련된 도구가 출토되어 칠기 생산집단으로 추정하고 있다.

한편 가야 지역에서는 방어를 염두에 둔 취락도 확인되는데, 양산 평산리유적과 창원 남산유적이 대표적이다. 방어취락은 구릉의 정상부에 조성되어 있고, 환호와 목책열, 망루로 추정되는 시설이 발견되고 있어 적의 침입에 대비했던 취락임을 알 수 있다.

(2) 집의 형태

『삼국지』 동이전에 따르면, 삼한의 집은 흙으로 만들었는데 모습이 무덤과 비슷하다고 하였다. 또한 나무를 포개어 쌓아 만든 귀틀집도 있다고 하였다. 가야의 구체적인 집 모양은 제기(祭器)로 추정되는 집모양토기에서 살펴볼 수 있다. 집은 지붕 형태에 따라 맞배지붕과 우진각지붕, 팔작지붕 등으로 구분되며, 축조 재료에 따라 초가집과 기와집으로 나뉜다.

창원 석동복합유적 415호묘에서 출토된 집모양토기는 높이 17.8센티미터이며, 장방형의 받침판 위에 9개의 기둥을 세우고, 그 위에 평면 장방형의 건물 본체를 올렸다. 기둥 상부에 용마루와 같은 방향으로 3개의 귀틀을 얹어 건물 본체를 받치고 있다. 지붕은 맞배지붕이고 주출구(注出口) 아래에 가로방향의 보를 배치하고, 그 아래 빗장을 걸어 놓은 형태의 문을 표현하였다. 벽면에 새긴 집선문과 삼각집선문, 송엽문은 보와 대공, 서까래를 묘사한 것으로 보인다.

　　말이산 45호분 출토 집모양토기는 높이 19.4센티미터이며, 방형 받침판 위에 9개의 기둥을 세우고, 기둥 상부에 용마루와 같은 방향으로 3개의 귀틀을 얹어 건물 본체를 올렸다. 지붕은 맞배형의 초가지붕이며, 상면에 점토띠를 '田'자 형태로 덧붙여 이엉 위에 엮어놓은 새끼줄을 형상화하였다. 출입시설은 건물 본체의 한쪽 장벽에 있는데, 빗장둔테에 상하 2단의 빗장을 걸어 잠근 여닫이식 널문이 표현되어 있다. 출입문 좌우에 사격자문이 새겨진 세로 방향 문양띠를 새겨 문틀을 표현하였다. 그 위로 동일한 패턴의 문양 띠를 그려 보와 대공을 형상화하였고, 출입문 아래에 횡침선

창원 석동복합유적 415호분 출토 집모양토기(동아세아문화재연구원)

함안 말이산고분군 45호분 출토 집모양토기(함안박물관)

창원 다호리고분군 B1호묘 제사유구 출토 집모양토기(국립김해박물관)

■ 고분에서 출토된 집 모양 토기

을 그어 하인방을 나타냈다. 양 측면에는 서까래 바로 아래에 2조의 횡침선을 그어 주심도리를 표현하였고, 중앙에 2조의 종침선으로 벽기둥을, 그 아래에는 정면과 마찬가지로 하인방을 나타내었다.

다호리 B1호분 제사유구에서 출토된 집모양토기는 높이 28센티미터의 기둥을 세우고, 그 위에 건물 본체를 올렸다. 맞배형의 초가지붕이며 박공은 판재를 덧댄 듯 위로 치켜 올라가 있다. 지붕 최상단에는 점토띠를 붙여 용마루를 표현하였고, 지붕 양면에는 세로 방향 점토띠 2줄과 가로 방향 점토띠 3줄을 직각으로 붙여 이엉 위에 격자상으로 새끼줄을 엮어놓은 모습을 형상화하였다. 출입시설은 건물 본체의 한쪽 장벽에 만들어져 있고 점토띠로 문상방을 표현하였다. 양쪽으로 열어젖힌 여닫이식 문이 표현되어 있다.

가야 지역에서 출토된 집모양토기는 대부분 맞배지붕에 초가집으로 표현되어 있다. 기와집은 상류층 사람들의 가옥이거나 국가기관 또는 종교적 기능을 담당했던 건물이었다. 기와집은 맞배지붕, 우진각지붕, 팔작지붕 등 여러 구조의 지붕이 확인되었으며, 출입문과 창문이 표현되어 있다. 국립중앙박물관과 삼성미술관 리움소장품, 함안 소포리유적 출토품이 기와집에 해당한다. 가야 지역 주거지에서 기와집이 확인된 사례는 없으나 경북 고령 송림리 가마유적에서 연꽃무늬 벽돌(塼)이 확인되었고, 대가야 궁성지와 주산성에서 무늬 없는 벽돌(無文塼)이 수습되었다. 삼국시대 벽돌이 기와와 함께 대형 건물의 건축부재로 활용된 점을 감안하면 연꽃무늬 벽돌이나 무늬 없는 벽돌은 대가야의 왕과 귀족이 기와집에서 생활했을 가능성을 높게 한다.

가야 유적에서는 수혈주거와 고상(高床)건물이 확인된다. 수혈주거는 땅에 구덩이를 파고 바닥을 평탄하게 다진 다음 둘레에 기둥이나 낮은 벽체를 세우고 지붕을 덮은 구조이다. 수혈주거의 평면 형태는 (타)원형과

가야의 수혈주거(원형, 방형) (경남문화재연구원)

고상건물(모식도)
(동아세아문화재연구원)

■ 가야의 수혈주거와 고상건물

(장)방형으로 구분되고, 5세기부터는 방형계 주거지의 비율이 높아진다. 수혈주거의 내부에서는 격벽이 확인되지 않는 것으로 보아 단실구조이다. 기둥은 각 모서리에 설치되거나 가장자리를 따라 촘촘하게 세워지기도 하지만 기둥의 흔적이 확인되지 않는 사례도 많다. 이는 지면을 굴착하지 않고 기둥을 세웠기 때문이다. 원형계 주거는 내부에 원추형으로 기둥을 세우고 움집 형태로 만들었고, 방형계 주거는 움집 또는 맞배지붕의 가옥을

만들었을 것으로 추정된다.

가야 수혈주거에서는 부뚜막과 고래, 굴뚝으로 이루어진 온돌시설이 확인된다. 수혈주거의 가장자리에 부뚜막이 설치되고, 고래는 벽면을 따라 3분의 1에서 4분의 1 정도 돌면서 굴뚝으로 이어진다. 고래는 판석을 세우고 점토를 발라 만들거나 점토에 초본류를 섞어 견고하게 만들었다. 부뚜막과 고래는 취사와 난방을 겸한 실용적인 시설로, 이후 전통 한옥으로 이어졌다. 수혈주거는 구조상 존속기간이 짧아 수시로 증·개축이 이루어졌다. 발굴현장에서는 주거지가 겹치면서 새롭게 축조되거나 확장되는 모습이 빈번하게 확인된다.

고상건물은 건물 바닥이 지면에서 떨어져 높게 설치되어 있다. 고상건물은 난방이 용이하지 않지만, 지면에서 올라오는 습기 방지, 홍수로 인한 침수 예방, 짐승·해충으로 인한 피해 방지 등에서 유리하다. 집모양토기는 대부분 고상식 구조로 4~9개의 기둥을 박고 그 위에 건물이 만들어져 있다. 고상식 가옥의 형태는 방형 또는 장방형이 많고 간혹 육각형 또는 팔각형 구조도 확인된다. 대부분 일반가옥이나 곡식을 저장하는 창고, 망루 등으로 이용되었고, 규모가 크고 독립적으로 축조된 것은 회의장 또는 신전 등 특수한 기능의 건물로 추정된다. 함안 도항리 충의공원유적에서 확인된 장축 40미터, 단축 15미터의 장타원형 고상건물지는 200~300명을 수용할 수 있는 규모여서 대규모 행사나 제의 등 특수한 기능을 수행했을 것으로 추정한다.

2
신앙과 제사

1) 토착 신앙

(1) 소도 신앙

삼한 각국은 정치적 중심지인 국읍과 여러 읍락(촌), 그리고 특별한 읍락인 별읍(別邑)으로 구성되었다. 국읍에는 정치적 지도자인 주수(主帥)와 하늘에 제사를 담당하는 천군(天君)이 있어 정치와 제사가 분리되었다. 별읍은 소도(蘇塗)라고도 하였다. 소도에는 큰 나무를 세우고 그 위에 방울과 북을 달아 귀신을 섬겼다. 죄를 지은 사람들이 도망해 소도에 들어가면 모두 돌려보내지 않았다. 소도는 제의공간이면서 세속의 힘이 미치지 못하는 일종의 신성지역이었던 것이다. 『삼국지』 진변한조에 나오는 '소별읍'은 말 그대로 '작은 별읍'으로서 일종의 신성공간이었다.

소도의 흔적은 전북 고창 죽림리유적, 경기 안성 반제리유적, 충남 보령 명천리유적 등에서 찾아볼 수 있다. 이 유적들은 구릉 정상부에 위치하며 대개 환호로 둘러싸여 있다. 환호는 내외의 세속과 성소를 구분했고, 문과 같은 출입시설은 초월적 존재의 통로였다. 가야 지역에서 소도와 연관시켜 볼 수 있는 유적이 고령 연조리에서 확인된 수혈이다. 이 수혈은 평면 형태가 방형에 가까운 부정형으로 직경 3미터, 최대 깊이 18센티미터 정도이다. 수혈의 중앙부는 타원형으로 10센티미터 정도 다시 굴착되었다. 수혈의 가장자리에는 총 13기의 기둥구멍(柱穴)이 있었다. 그 위에는 시기가 늦은 상방하원(上圓下方) 형태의 제의시설이 추가로 설치되었다. 이 유적은 구릉 정상부에 위치해 있으며 수혈 중앙부에 나무를 세우기 위한 직경 10센티미터 정도의 구덩이가 파여 있다. 환호는 발견되지 않았지만, 이 수혈이 만들어진 일대는 소도였을 가능성이 크다.

소도에 세운 큰 나무(大木)가 솟대인데, 천상과 지상을 연결해 주는 세계수(世界樹) 내지 우주목(宇宙木)의 기능을 하였다. 솟대의 모습은 대전 괴정동에서 출토된 청동기시대 농경문청동기에서 살펴볼 수 있다. 이 청동기의 앞면에는 두 갈래로 갈라진 나무 끝에 새가 한 마리씩 앉아 있는 모습이 표현되어 있는데, 이 나무는 솟대로 볼 수 있다. 나무에 앉아 있는 새는 곡식을 물어다 주어 마을의 안녕과 풍요를 가져오고, 하늘의 신과 땅의 주술자를 연결시켜 주는 매개자였다. 따라서 농경문청동기의 앞면 그림은 소도와 그 기능을 표현한 것으로 볼 수 있다. 삼한시기에 와서 솟대에 북과 방울을 달았다. 북과 방울은 악기이면서 동시에 무당이 제사를 드릴 때 쓰는 도구(巫具)였다.

(2) 점복

고대인들은 자연현상이나 인간사회에서 특이한 일이 발생하면, 그것을 미래에 발생할 어떤 일의 전조라 믿고 미래 일을 예측하거나 판단하였다. 점복(占卜)은 점을 쳐서 앞날의 운수나 상황을 미리 알아보는 것인데, 복서(卜筮)·점서(占筮)·복술(卜術)이라고도 하였다. 복은 수골(獸骨)이나 귀갑(龜甲)을 불에 구워 터지는 모양으로 미래의 길흉을 점치는 것을 말하며, 서는

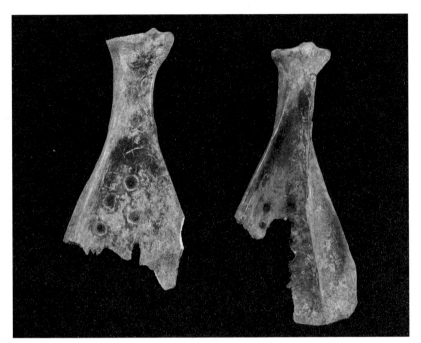

사천 늑도유적 출토 복골(삼강문화재연구원)

서죽(筮竹)과 산목(算木)을 사용하는 점을 말한다. 점은 처음에는 무(巫)가 쳤지만 국가체제가 갖추어지면서 전문적으로 점을 치는 일관(日官)·일자(日者)·사무(師巫) 등을 두었다.

　부여의 경우 "전쟁이 일어나면 하늘에 제를 올리고 소를 잡아 그 발굽을 살펴서 길흉을 점치는데, 발굽이 갈라지면 흉하고 붙으면 길하다"고 판단하였다. 가야에서도 뼈를 점상으로 태워서 균열 상태를 보고 길흉을 점쳤다. 이는 여러 유적에서 출토된 복골을 통해 확인할 수 있다. 복골의 재료로는 사슴·노루·멧돼지·소의 견갑골이나 늑골이 이용되었다. 회현리패총에서는 101점의 복골이 출토되었고, 늑도유적·동외동유적·신방리유적·고촌유적에서도 다량의 복골이 출토되었다. 복골은 주로 해안지방의 패총유적에서 출토되는데, 이는 항해나 고기잡이할 때 점을 쳤음을 보여준다.

(3) 부뚜막 신앙(조왕신앙)

부뚜막은 솥을 걸 수 있도록 아궁이 위에 흙과 돌을 쌓아 만든 턱인데, 신석기시대의 화덕에서 시작되었다. 화덕이 오늘날의 부뚜막과 비슷하게 발전한 때는 고구려부터였다. 『삼국지』 변진조에는 "부뚜막은 모두 집의 서쪽에 만들었다"고 하였다. 발굴조사에 의하면 가야의 부뚜막은 주거(움집)의 한쪽 벽에 만들었다. 봉황동유적에서는 이동식 부뚜막이 출토되었다. 이동식 부뚜막은 미니어처로 제작되어 고분에 부장되었는데, 백제 한성기 고분군인 하남 감일동 5호분과 15호분 돌방무덤에서 출토된 바 있다. 망자가 저세상에 가서도 굶지 말고 풍요롭게 살기를 바라는 맘을 담은 것이다.

부엌의 부뚜막은 가족의 건강과 안녕을 기원한 신앙의 대상이었는데, 이를 조왕신앙(竈王神仰)이라 한다. 그래서 집안의 특별한 일이 있을 때에는 부뚜막에도 음식을 차렸고, 절기에 따라 조왕신에게 제사를 지냈다. 김해 부원동유적에서는 부뚜막 근처에서 사슴뼈를 불로 지져 길흉을 점치던 복골이 출토되었다. 진주 평거동유적에서는 부뚜막 받침토기와 벽체를 일부러 부순 흔적이 확인되었는데, 부뚜막의 수명이 다해 폐기하는 의례가 행해졌던 것으로 추정된다. 해남 신금유적 4호·40호·43호 주거지와 서울 풍납동토성 197번지 가3·4호 주거지 부뚜막에서는 의례용으로 추정되는 철기가 출토되었다. 또한 하남 미사리 KC38호 주거지, 곡성 오지리 10호 주거지 부뚜막 주위에도 제의용으로 추정되는 토기가 놓여 있었다. 이는 모두 부뚜막 신앙과 관련된 것으로 보인다.

2) 불교 신앙

불교의 수용은 한국 고대인들의 정신세계에 큰 영향을 미쳤다. 고구려는 372년에, 백제는 384년에 불교를 공인하였고, 신라는 527년에 이차돈의 순교를 계기로 불교를 공인하였다. 금관가야의 경우, 42년에 허왕후가 항해의 안전을 기원하여 싣고 왔다는 파사석탑을 근거로 수로왕 대에 불교가 전해졌다고 보는 견해가 있다. 그러나 이 시기에는 신라는 물론 고구려와 백제도 아직 불교를 공인하지 않았기 때문에 받아들일 수 없다. 이는 허왕후가 갖고 왔다는 파사석탑이 원(元) 간섭기 이후의 양식이라는 사실로 방증이 되리라 본다. 그런데 금관가야 제8대 질지왕은 452년에 시조 수로왕의 왕비 허황옥의 명복을 빌기 위하여 왕 부부가 혼인한 자리에 왕후사(王后寺)를 세웠다. 이로 미루어 금관가야는 늦어도 5세기 중반에 불교를 공인하고 절을 세우지 않았을까 한다. 왕후사는 불모산 자락에 있었는데 장유사(長遊寺)가 세워지면서 폐사되었다고 한다. 그리고 허황옥의 오빠 장유화상이 수로왕의 일곱 왕자를 데리고 가야산에 들어가 성불하게 했다는 전설은 불교가 공인된 이후 승려들이 나왔음을 상징하는 것으로 볼 수 있다. 한편 『삼국유사』 어산불영(魚山佛影)조에는 조상신이나 토속신을 믿었던 가야에 불교가 퍼지면서 사람들이 겪는 갈등 이야기가 나온다. 이는 금관가야에서도 신라와 마찬가지로 불교 공인 과정에서 토착신앙과 갈등을 거쳤음을 보여준다. 그러나 현재까지 금관가야가 자리잡았던 김해 지역에서 사찰유적은 확인되지 않았다.

대가야의 불교는 거덕사·월광사·전단량 등을 통해 살펴볼 수 있다. 최치원의 「석순응전(釋順應傳)」에 따르면 거덕사는 옛 대가야국 태자 월광이 결연한 곳이다. 또 야로현 북쪽 5리에 있는 월광사는 대가야 태자 월광이 창건했다고 한다. 사찰의 창건은 불교의 공인을 의미한다. 월광태자는 이뇌왕이 522년에 신라 왕녀와 결혼하여 낳은 아들이었다. 이로 미루어 대가야의 불교 공인은 늦어도 6세기 전반으로 볼 수 있겠다. 해인사 계곡에서 흘러내리는 가야천과 그 지류가 합쳐지는 곳에 위치한 월광사터에는 신라 통일기에 만들어진 두 개의 석탑이 있다.

562년에 신라의 이사부가 대가야를 공격했을 때 화랑 사다함은 전단 량(旃檀梁)이란 성문을 넘었다. 전단(旃檀)은 힌두어 '찬단(chandan)'을 음역한 것으로, 자단(紫檀)으로도 표기되었다. 전단은 불상과 탑·사찰을 만드는 데 널리 이용한 재목이었다. 대가야가 성문 이름을 전단량이라 한 것은 자단목으로 만들었기 때문에 붙인 이름일 수도 있고, 불교식 의미에서 전단량으로 불렀을 수도 있다. 어느 경우든 전단량은 대가야에 불교가 들어

고아리 158-2유적 출토 연화문막새와 복원도
(대동문화재연구원)

송림리가마터 출토 연화문
(대가야박물관)

대가야궁성지 출토 연화문막새(대가야박물관)

고아리벽화고분 천정부 연꽃무늬(대가야박물관)

■ 고령군 대가야 유적 출토 연꽃무늬

왔음을 보여주는 증거가 된다. 한편 우륵 12곡 중 사자기(獅子伎)도 불교와 관련된 기악무이므로, 대가야에 불교가 들어왔음을 보여준다.

대가야의 불교는 고고자료를 통해서도 확인된다. 6세기 전반에 축조된 고령 고아리벽화고분은 굴식돌방무덤인데 널길과 널방 천정에 얇게 회칠을 하고 분홍색·녹색·흑색·갈색으로 내외 2중의 8판 연꽃무늬를 그려 놓았다. 지산동 158-2유적과 대가야궁성지에서 연꽃무늬막새가 출토되었고, 송림리가마터에서는 연꽃무늬벽돌이 출토되었다. 그런데 고아리 굴식돌방무덤의 돌방 구조와 연꽃무늬 양식은 백제 무령왕릉이나 송산리 6호분과 거의 흡사하다. 이로 미루어 대가야의 불교는 백제를 통해 수용되었을 가능성이 크다. 이와 달리 가라국왕이 479년에 남제에 사신을 파견한 기사를 근거로 5세기 말에 불교가 들어왔다고 보는 견해도 있다.

대가야에 불교가 수용되면서 종래의 토착신앙도 변화하였는데, 이를 보여주는 것이 가야산이다. 가야산은 인도의 불교성지 부다가야(Buddha Gayā) 부근에 있는 산으로, 부처의 주요 설법처(說法處)였다. 대가야의 시조가 탄생한 산은 본래 우두산(牛頭山, 소머리산)이었지만 불교가 수용되면서 가야산으로 바뀌었고, 산신의 이름도 불교식의 정견모주(正見母主)로 바뀌었다. 정견모주는 불교에서 말하는 팔정도(八正道)의 하나인 정견(正見)과 연관된 불교식 이름이다. 이는 대가야에 들어온 불교가 토착신앙과 결합했음을 보여준다.

3) 상장례

(1) 장례

사람이 죽고 땅에 묻히기까지 진행되는 일련의 의례가 상장례(喪葬禮)다. 상장례는 고인을 보내고 집안이나 국가의 전통을 이어가기 위해 복잡하고 엄격하게 정해진 절차대로 행했고, 사람들의 조문도 이루어졌다. 왕과 왕족의 죽음에는 주변 국가도 사신을 보내 조문하였다. 가야에서도 무덤의 축조와 장례는 왕과 지배층의 권력을 유지하고 계승하는 중요한 절차였다.

상장례는 빈-매장-봉토 축조-제사-묘사로 이어진 일련의 과정을 거쳤다. 빈(殯)은 고인이 죽은 직후부터 매장지로 가기 전까지 행하는 의례이고, 매장과 봉토 축조 과정에서 여러 차례 제사가 행해졌다. 묘사(墓祀)는 무덤이 축조된 다음에 행하는 제사를 말한다. 가야 각국의 상장례에 대한 기록은 없으나, 무덤 축조 과정을 통해 대략 다음과 같은 과정을 거쳤다고 추정된다.

묘지 선정-부장품 준비-후토제-묘지 정지-굴착-방상시-곽설치-영구임치-하관-폐백-유물 부장-관뚜껑 덮기, 밀봉-봉분 축조-평토제-묘사

무덤을 만드는 각 공정에서는 일정한 의례가 행해졌다. 지산동 44호분·73호분, 반계제 가A호분에서는 봉분을 조성하기 전에 이루어진 말 희생의례 흔적이 발견되었다. 지산동 30호분 주변에 굴착된 도랑과 32~35호분 호석 근처에서는 다량의 토기더미가 발견되었는데, 이는 봉분 축조 후에 이루어진 평토제 혹은 묘사와 관련된 것이었다. 상차림에 사용된 물건은 목관 내부에 부장되었다. 장례 행렬에는 방상시와 무기류를 들거나 모형 철기를 꽂은 깃대 등을 든 사람들, 말에 탄 기사도 참가하였을 것이다. 상복을 입은 기간은 신라의 경우 왕과 부모, 처자의 상에는 1년 동안 상복을 입었고, 고구려나 백제의 경우 부모의 상에 삼년복(三年服)을 입었다는데, 가야의 경우 자료가 없어 알 수 없다.

(2) 계세사상과 순장

한국 고대인들은 새가 망자를 저승으로 인도한다고 믿었다. 이에 큰 새의 깃털을 이용하여 장사를 지냈다. 고분에 부장된 새, 오리모양토기, 긴 철판에 새모양장식을 부착한 미늘쇠(有刺利器)는 이와 관련된 유물이다. 배모양토기와 수레바퀴달린토기도 망자를 사후세계로 인도한다는 의미에서 부장하였다.

또 고대인들은 현실의 삶이 내세에도 이어진다고 믿는 계세사상(繼世思想)을 가지고 있었다. 그래서 망자가 사후세계에서도 안락할 수 있도록 많은 물품을 매납하였다. 예컨대 집모양토기는 망자가 저승에서 편안히 휴식할 수 있는 공간을 제공한다는 의미에서, 다양한 음식을 담은 그릇은 망자가 맛있는 음식을 먹으라는 의미에서 부장하였다.

이러한 계세사상에서 순장도 이뤄졌다. 순장은 왕이나 신분이 높은 사람이 죽었을 때 저승에서도 무덤의 주인을 보필하도록 근신이나 노비 등을 강제로 죽여 함께 묻은 장례행위를 말한다. 부여의 경우 많으면 100여 명에 달하는 사람을 죽여 순장했다고 하고, 신라의 경우 지증왕 이전에는 국왕이 죽으면 남녀 각 5명씩 순장했다고 한다. 가야의 여러 고분에서도 순장의 흔적이 다수 확인되었다.

발굴조사에 따르면 가야에서 순장은 3세기 말에 금관가야에서 출현하였다. 대성동 29호분은 3세기 말에 축조된 금관가야 왕묘인데, 가야에서 가장 이른 시기의 순장묘였다. 이후 순장묘는 가야 전역으로 확산하여 6세기 중엽까지 이어졌다. 순장자는 무덤 주인의 주변에 배치되거나 무덤 구덩이(墓壙)와 나무덧널(木槨) 사이의 충전 공간에 매장되기도 하였다. 지산동 44호분에는 순장 석곽 32기가 축조되어 있고, 순장자는 40명 정도였다. 말이산고분군에서는 5~6세기에 축조된 대형급 고분에서 순장이 확인되었다. 순장자는 1~5명 정도이며 무덤 주인의 발아래 쪽에서 발견되었는

양동리고분군 출토 오리모양토기
(국립김해박물관)

옥전고분군 35호분 출토
유자이기 복원도(경상국립대학교박물관)

말이산고분군(도항리 4호분) 출토
수레바퀴 달린 토기(함안박물관)

■ 가야 고분 출토 상형토기와 유자이기

데 무덤 규모에 따라 차이가 있다.

　이러한 순장은 농업생산력 발전에 따라 노동력의 가치가 높아지고, 불교 확산에 따라 살생을 금지하는 등 사회적 분위기가 변화하면서 소멸되어 갔다. 502년 신라 지증왕은 순장금지령을 내렸다. 그렇다고 내세사상이 없어진 것은 아니었다. 사람 대신 동물이나 가옥 등 각종 형상을 본떠 만든 도용(陶俑)을 부장했다. 무덤 주인공이 생활했던 모습을 그린 생활풍속도와 불교의 연꽃무늬와 사신도(四神圖) 등 벽화도 순장을 대신하는 기능을 하였다. 고령 고아동벽화고분의 연꽃무늬는 대가야가 순장제를 폐지하면서 불교식 벽화로 계세사상을 표현한 것으로 볼 수 있다.

4) 제사

(1) 시조와 시조모에 대한 제사

제사와 의례는 공동체를 통합하고 국가의 지배체제를 뒷받침해 주는 기능을 하였다. 시조에 대한 제사는 금관가야에서 찾아볼 수 있다. 2대 거등왕(居登王)은 시조 수로왕이 죽자 무덤 옆에 빈궁(殯宮)을 세웠는데, 이를 수릉왕묘(首陵王廟)라고 한다. 이로 미루어 가야의 다른 나라도 시조 사당을 세워 시조에 대한 제사를 지냈을 것이다. 수로왕묘 제사는 1년에 다섯 번 드렸다. 제삿날은 맹춘 3일, 7일, 중하 5일, 중추 5일, 15일이었다. 수로왕묘 제사는 금관가야 멸망 이후에도 끊이지 않아 17대손까지 이어졌다. 신라 문무왕이 모계로 따지면 수로왕이 자신의 시조라는 점을 높이 샀기 때문이다. 신라 말 김해 지역에 새로운 호족 세력이 등장하면서 제사권을 두고 분쟁이 일어나기도 하였으나, 결국 직계 후손에 의해 제사가 이어졌다. 고려 문종 때까지도 제단이 잘 유지되었던 것으로 보아 제사가 이어졌던 것으로 보인다. 이후 고려 후기를 거치면서 수로왕릉과 사당은 쇠락하여 조선 초까지 제 모습을 잃고 방치되어 있다가 다시 증수되고 제사가 재개되었다.

시조의 어머니에 대한 제사는 삼국 모두에서 확인된다. 고구려는 태후묘(太后廟)를, 백제는 국모묘(國母廟)를 세워 시조의 어머니에 대해 제사를

수로왕릉

수로왕비릉(허왕후릉)

지냈다. 신라의 경우 선도산의 선도성모사(仙桃聖母祠)도 시조의 어머니를 모시는 사당이었다. 가야에서도 시조의 어머니에 대한 제사가 있었는데, 고령 연조리에서 확인된 제의시설이 이를 보여준다. 제단은 돌을 주로 사용하여 만들었는데, 아랫면은 원형이고 윗면은 (장)방형인 상원하방(上方下圓) 형태였다. 축조시기는 대략 6세기 초로 추정된다. 이런 특이한 제단의 형태는 여성을 상위에 두는 인식이 투영된 것으로서, 대가야의 정견모주 신앙과 관련되는 것으로 추정된다.

(2) 산신 제사

한국 고대인들은 산천에 산신이 있어 나라를 지켜준다고 믿었다. 그래서 국가에서는 중요한 산천의 산신에게 제사를 지냈다. 대가야에서도 산신에 대한 신앙이 있었는데, 가야산신 정견모주가 이를 보여준다. 가야산신은 처음에는 우두산 여신이었지만 불교가 전래된 이후 우두산이 가야산으로 개칭되면서 산신의 이름도 불교식의 정견모주로 바뀌었다. 정견모주는 가야산신이 여신이었음을 보여준다.

산천제사는 국가에서 행한 중요한 행사였다. 산천신에게 제사를 지내기 위해서는 제사시설이 있어야 한다. 가야산 정상부 근처에는 정견모주를 모신 신단(神壇)이 있었고, 1920년대까지 매년 정월 소의 머리를 제물로 바치며 산신제를 지냈다고 한다. 이곳이 바로 가야산신에게 제사를 지내는 제사터였을 것이다. 참고로 신라의 경우 경주 토함산

가야산 상아덤

에 동악대왕인 탈해왕에게 제사를 지내는 시설로 석탈해사(昔脫解祠)를 지었다. 이곳에서는 사당터로 추정되는 건물지를 비롯하여 제사유물로 판단되는 토제말, 철제말 그리고 청동방울 등이 출토되었다. 신라의 소사에 편제된 영암 월출산 천왕봉에서도 제사유적이 확인되었는데, 토제말과 기와가 출토되었다.

3

축제와 음악

1) 축제

(1) 파종제와 추수제

농경사회에서는 농사의 풍요와 추수를 신에게 감사하고 공동체 전체의 통합을 유도하기 위한 목적으로 제사와 축제가 벌어졌다. 삼한의 대표적인 축제로는 5월 파종제와 10월 추수제가 있었다. 대전 괴정동에서 출토된 농경문청동기에는 봄에 밭갈이하는 모습과 가을에 추수하는 장면이 새겨져 있다. 이는 삼한의 5월제와 10월제의 연원이 청동기시대에 있었음을 보여준다. 동예(東濊)에서도 10월에 하늘에 제사를 지낸 후 주야로 음주가무(飲酒歌舞)하였고, 이를 무천(舞天)이라 하였다. 고구려의 동맹(東盟), 부여의 영고(迎鼓)도 같은 성격의 행사였다.

『삼국지』동이전 마한조에 따르면 항상 5월에 파종을 끝마친 뒤 귀신에게 제사를 지냈으며, 이때 무리를 지어서 노래 부르고 춤추며 술을 마시는데, 밤낮으로 쉬지 않았다고 한다. 그 춤은 수십 명이 모두 일어나서 뒤를 따르며 땅을 밟고 몸을 구부렸다 폈다 하면서 손과 발이 서로 잘 어울렸는데, 그 리듬이 마치 중국의 탁무(鐸舞)와 흡사하였다고 한다. 또 10월에 농사일을 끝마친 뒤에도 이와 같이 했다고 한다.

이 기사는 삼한의 축제가 제사와 놀이로 이루어졌음을 보여준다. 제사는 곡식이 잘 자라서 공동체가 더욱 풍요롭기를 바라는 마음으로 행했다. 뒤이은 축제에서는 춤과 노래, 집단 군무가 벌어졌다. 중국 광시좡족자치구(廣西壯族自治區) 쭤강(左江)의 암벽에 수십 명이 열을 지어 두 팔과 발을 일정하게 벌려 동작을 맞추고 앉았다가 일어서서 박수를 치는 듯한 모습이 새겨져 있다. 중국의 탁무는 이와 유사하였을 것이다. 삼한의 군무도 그와 비슷하게 악기로 박자를 맞추고 그에 따라 집단이 함께 춤을 추면서 대지를 밟는 형태의 춤으로 상상해 볼 수 있다.

축제에서는 다양한 악기가 연주되었다. 탁무에서 탁은 청동으로 만든 방울 형태의 악기이다. 소도의 솟대에 메단 방울도 탁으로 추정된다. 이외에 이름을 알 수 있는 악기로는 슬(瑟)이 있었는데, 모양이 중국의 축(筑)과 비슷하고 뜯어서 연주하였다. 이 슬은 광주 신창동유적에서 출토된 십현금(十絃琴)이나 경산 임당동유적에서 출토된 악기와 유사했을 것으로 추정된다. 경주, 미추왕릉지구 출토 긴목항아리(長頸壺)에 묘사된 현악기도 슬과 비슷한 악기였을 것이다. 슬을 연주할 때 음악의 곡조도 있었다고 하는데, 이는 악을 창작하고 연주하는 문화가 있었음을 보여준다.

(2) 금관가야의 계욕제와 허왕후 사모제

파종제와 추수제 외에 가야의 축제로 금관가야에 계욕제(禊浴祭)와 허왕후 사모제가 있었다. 계욕제는 3월 초하루에 목욕재계하여 심신을 맑게 하고 천지신명에게 재앙을 물리치고 복을 구하기 위해 치성을 드리는 제의다. 이날 마을 사람들은 모두 물가에 모여 지난 1년 동안의 부정을 씻어내고 술잔을 나누며 잔치를 벌였다. 『삼국유사』 가락국기에 따르면 9간(干)

이 3월 계욕일에 구지봉에서 하늘의 음성을 듣고 구지가(龜旨歌)를 부르며 노래하고 춤을 추며 시조 수로왕을 맞이하였다고 한다. 이 계욕제는 수로왕의 건국신화와 함께 건국 모습을 재현하여 새로운 생명이 싹트는 봄날에 시조 탄생을 축하하는 축제였을 것이다.

한편 금관가야에서는 수로왕비 허왕후가 죽자 그녀를 잊지 못하여 왕후가 거쳐온 곳에 주포촌·능현·기출변 등의 이름을 붙였다. 그리고 허왕후를 사모하는 놀이로서 매년 7월 29일에 왕후의 도래 과정을 경주(競走) 형태로 재현하였다. 이는 금관가야인들이 수로왕의 강림과 허왕후의 도래를 건국 과정에서 매우 중요한 사건으로 받아들여 바닷가나 강가에서 허왕후 추모놀이를 하였음을 보여준다. 이로 미루어 가야의 다른 나라들도 시조와 시조비를 사모하는 축제를 열지 않았을까 한다.

2) 가야금과 우륵 12곡

(1) 가야금 제작의 사상적 배경

가야금은 대가야 가실왕의 명으로 악사 우륵이 만들었다. 우륵은 성열현(현 경남 의령) 출신이다. 가실왕은 "여러 나라(諸國)의 방언(方言)이 각각 성음(聲音)을 달리하니 어찌 하나로 할 수 있겠는가"라고 하면서 우륵에게 가야금을 만들게 하였다. 가실왕이 말한 성음의 '성(聲)'은 8성을 말하고 '음(音)'은 5음을 말한다. 8성은 여덟 가지 재료, 즉 금(金)·석(石)·사(絲)·죽(竹)·포(匏)·토(土)·혁(革)·목(木)을 이용해 만든 현악기·타악기·관악기 등이 내는 소리를 말한다. 5음은 궁(宮)·상(商)·각(角)·치(徵)·우(羽) 5음계를 말하는 데 궁은 임금을, 상은 신하를, 각은 백성을, 치는 일을, 우는 사물을 상징한다.

왕명을 받은 우륵은 중국의 쟁(箏)을 본으로 하여 가야금을 만들었다.

쟁의 위가 둥근 것은 하늘을, 아래가 평평한 것은 땅을 상징하며, 가운데가 빈 것은 천지와 사방을 본받고 줄과 기둥은 열두 달에 비겼으니, 곧 인(仁)과 지(智)를 상징하는 악기였다. 쟁은 길이가 6자이니 음률의 수에 응한 것이고, 12줄은 사계절을 상징하고, 기둥 높이가 3치인 것은 하늘·땅·사람, 즉 삼재(三才)를 상징한다. 가야금도 위가 둥근 것은 하늘을, 아래가 편평한 것은 땅을, 12줄은 1년 12달을 상징하니, 쟁이 가지는 의미와 궤도를 같이한다.

악(樂)의 요체는 '화(和)'다. 이러한 음악의 본질과 가실왕이 말한 성과 음, 그리고 가야금 모양이 보여주는 유교의 예악이념 등을 종합하면, 가실왕이 가야금을 만들도록 한 목적은 유교의 예악정치를 통해 가야 여러 나라의 결속력을 공고히 하기 위함이었다고 볼 수 있다. 이는 가야금이 대가야의 우주관과 유교적 통치이념인 예악사상을 함께 형상화하고 의미를 부여하기 위해 만들어졌음을 보여준다.

가야금은 조선 초기에 편찬된 『악학궤범(樂學軌範)』에도 그 형태가 그림으로 소개되어 있다. 이 가야금은 길이 5척 5분, 너비 1척으로, 미터법으로 환산하면 길이 약 165센티미터, 폭 30센티미터이다. 일본 쇼소인(正倉院)이 소장하고 있는 '신라금(新羅琴)'은 가야금으로 추정되는데, 길이 158센티미터, 폭 30센티미터로 『악학궤범』에 소개된 가야금과 거의 비슷하다.

정악가야금(대가야박물관)

신라금으로 불리는 악기는 가야금이 신라를 통해 일본에 전해져 오늘날까지 보전되어 오고 있음을 보여준다. 가야금의 실물로는 정악가야금이 있는데, 역시 형태가 비슷하다. 가야에서 만든 가야금이 크게 변형되지 않고 조선까지 이어졌음을 알 수 있다.

(2) 우륵 12곡의 성격과 연주

가실왕의 명을 받아 가야금을 만든 우륵은 가야금곡 12곡을 만들었다. 12곡의 첫 번째는 하가라도(下加羅都), 두 번째는 상가라도(上加羅都), 세 번째는 보기(寶伎), 네 번째는 달이(達已), 다섯 번째는 사물(思勿), 여섯 번째는 물혜(勿慧), 일곱 번째는 하기물(下奇物), 여덟 번째는 사자기(師子伎), 아홉 번째는 거열(居烈), 열 번째는 사팔혜(沙八兮), 열한 번째는 이사(爾赦), 열두 번째는 상기물(上奇物)이다.

우륵이 만든 12곡 중에서 10곡은 고령·거창·합천·남원·사천 등 가야를 구성한 국명이었다. 이는 가실왕이 대가야를 중심으로 가야 여러 나라를 결속하고자 12곡을 작곡시켰음을 보여준다. 12곡 중 보기와 사자기는 기악(伎樂)이었다. 보기는 백제의 농주지희(弄珠之戱)나 신라의 금환(金丸)처럼 공을 이용한 기예놀이로 서역에서 전해진 것이다. 사자기는 불교사원에서 장례나 법회에 쓰인 사자춤을 말하는데, 이는 가야에 불교가 이미 들어와 있었음을 알려준다.

우륵 12곡의 성격은 우륵이 신라로 망명한 후 가르친 제자들의 말을 통해 살펴볼 수 있다. 우륵은 가실왕이 죽고 장차 나라가 어지러워질 것을 예감하고 6세기 중엽에 제자 이문(尼文)을 데리고 신라로 망명하였다. 신라 진흥왕은 우륵을 국원(현 충주)에 머물게 하고, 대나마 법지와 계고, 대사 만덕 세 사람에게 우륵의 악을 배우게 하였다. 우륵은 계고에게는 가야금(琴)을, 법지에게는 노래(歌)를, 만덕에게는 춤(舞)을 가르쳤다. 계고 등 제자들은 우륵 12곡에 대해 "이것은 번잡하고 음란하니, 우아하고 바른 것이라 할 수 없다(此繁且淫 不可以爲雅正)"라고 평가하고, 가야금 12곡을 5곡으로 정리하여 새로운 신라악을 만들었다. 아(雅)와 정(正)은 번(繁)과 음(淫)에 대칭되는 것으로서 유교적 성격의 표현이다. 이로 미루어 보면 번차음(繁且淫)한 우륵 12곡은 유교적 성격보다 토착적 정서가 강한 성격의 곡이라고 하겠다.

우륵 12곡은 가야 여러 나라를 하나로 단결시키기 위한 전체 모임이나 정견모주에 대한 제사 때 연주되었을 것이다. 12곡의 연주는 사자와 보기를 기준으로 연주가 구분되었다. 보기와 사자기는 간주곡의 성격을 갖는다. 1차 연주는 하가라도와 상가라도 연주이다. 이는 가야연맹체의 결속을 보여주는 연주라고 할 수 있다. 1차 연주가 끝난 후 놀이악으로 보기가 연주되었다. 2차로 달이에서 하기물까지 4곡이 연주된 후 놀이악인 사자기가 연주되었다. 마지막 3차로 거열에서 상기물까지 4곡이 연주되었다. 이렇게 보면 12곡의 연주는 엄숙성과 오락성을 겸비한 연주라고 할 수 있다.

우륵의 12곡은 종합예술이었다. 우륵이 신라로 망명한 후 법지에게는 노래(歌)를, 계고에게는 가야금(琴)을, 만덕에게는 춤(舞)을 가르쳐 성업(成業)하게 하였다는 사실이 이를 잘 보여준다. 단순히 가야금을 연주한 것이 아니라 가야금 연주와 춤과 노래가 어우러졌던 것이다. 이를 통해 가야에 노래를 전문으로 하는 자, 금을 타는 것을 전문으로 하는 자, 춤을 전문으로 하는 자가 있었음을 알 수 있으나, 이들을 무엇이라 지칭하였는지는 알수 없다. 참고로 신라의 경우 신문왕대에 금을 타는 자를 금척(琴尺), 노래를 하는 가척(歌尺), 춤을 추는 무척(舞尺)이라 하였다. 그 위에 악사(樂師)가 있었다. 악사로서 그 이름을 알 수 있는 자는 현재 우륵이 유일하다.

책을 마무리하며

　　1970~1980년대 이후 고고학 발굴조사가 활발해지며 가야사의 여러 면모가 새롭게 조명되었다. 학계에서는 문헌자료와 고고자료를 종합적·유기적으로 파악하고자 하였고, 가야 각국의 관점을 견지하면서 고대의 한국사 나아가 동아시아사를 바라보고자 하였다. 이러한 노력으로 가야사에 대한 이해가 깊어졌고, 사회적 관심도 높아졌다. 2020년부터 사용된 중학교 역사 교과서에서 가야는 삼국과 대등한 비중을 차지할 만큼 중요성이 강조되었고, 2023년 9월 사우디아라비아 리야드에서 열린 제43차 유네스코 세계유산위원회에서는 가야고분군이 세계유산에 등재되었다.

　　이렇듯 가야사에 대한 사회적 관심이 높아진 한편, 사회 일각에서는 학계의 성과를 식민주의 역사학의 잔재처럼 매도하는 사례도 수시로 발생하였다. 경상도와 전라도 지역의 지역사 편찬사업에서 벌어진 몇몇 사건이 대표적이다. 일부 단체와 인사는 『일본서기』를 이용하였다는 이유를 들어 가야사 서술을 전면 부정하였다. 마치 일제강점기의 임나일본부설을 추종하는 것처럼 호도하였다. 정치권과 언론은 식민주의 비판을 당위로 받아들여 그에 호응하였다. 이로 인해 지역사 편찬이 좌초하는 사례도 나왔다. 부당하고 반지성적인 선동이었고, 그 선동은 지금까지 이어지고 있다.

　　한국고대사학회는 창립 때부터 학계의 성과를 시민사회와 공유하고자 노력하였다. 학문적 깊이와 성찰을 도모하는 것을 기본으로 하되, 그 성과를 일반 시민이 쉽게 접할 수 있게끔 여러 방면의 활동을 병행하였다. 2016년에는 상반기와 하반기에 걸쳐 대규모 시민강좌를 개최하였고, 이를 묶어 『우리시대의 한국고대사 1·2』(2017, 주류성)를 발간했다. 이 책도 그와 같은 노력의 일환이다. 최근 가야사에 대한 사회적 관심이 높아진 한편 부당한 선동이 그치지 않고 있으므로 한국고대사학회도 그에 충실히 응답할 필요가 있다고 절감했다. 이 책은 학계의 최신 성과를 반영했으므로, 비단 일반 시민만이 아니라 가야사 연구를 시작하는 대학생·대학원생에게도 친절한 길잡이가 되어 줄 것으로 생각한다.

책머리에서도 언급했듯이 집필자와 감수자들은 2023년 3월 27일부터 2024년 5월 30일까지 모두 여섯 차례에 걸친 편집회의를 가졌다. 2023년 10월 13일에는 가야 유적도 함께 답사하였다.

2023년 10월 13일 가야 유적 답사(고성 송학동고분군)

편집회의에서 집필진은 통설 내지 다수설에 따라 서술하기로 합의하였다. 하지만 이 역시 완전히 견해가 같을 수는 없어 해당 글을 집필하는 필자의 의견도 존중하기로 했다. 다만 편집회의에서 집필 방향과 개념·용어는 확정해야 했는데, 크게 두 쟁점이 있었다.

첫째 변한과 가야의 관계 설정이었다. 변한의 역사를 가야사의 일부로 볼지, 아니면 정치와 사회 여러 면에서 변한과 가야를 구분해 보아야 할지의 문제였다. 변한에서 가야로의 전환이 연속적인 것이었는지, 질적인 변화가 반영된 것이었는지 분명히 할 필요가 있었던 것이다. 이는 비단 변한과 가야만 아니라 마한·백제와 진한·신라의 역사적 전개 과정을 이해하는 문제라 중요했다. 이 책에서는 절충적인 입장을 택하기로 했다. 변한과 가야의 연속성을 인정하되, 3세기 후반~4세기 전반 변한에서 가야로의 정

2023년 10월 13일 가야 유적 답사(함안 가야리유적)

치적·사회적 변화를 충분히 담아내고자 한 것이다.

둘째 연맹 또는 연맹체라는 개념의 사용 여부였다. 종래 가야사 연구는 연맹체의 형성·발전과 중심국의 성장·교체를 해명하는 데 주력하였다. 구야국·금관가야 중심의 전기 가야연맹과 대가야 중심의 후기 가야연맹을 상정한 것이 대표적이다. 이와 같은 이해는 지금도 역사 교과서에 반영되어 있다. 그런데 가야는 금관가야와 대가야뿐만 아니라 다수의 나라로 구성되었다. 단일국사(單一國史)가 아니라 복합국사(複合國史)인 것이다. 그러므로 중심국을 중심으로 한 종래 연구는 개별 국의 독자성을 간과하였다는 점에서 한계가 있다. 최근 연구에서는 연맹의 개념을 두고 다양한 논의가 있었다. 종족연맹, 지역연맹, 국가연맹, 경제 공동체 등이 제시되었는데, 금관가야와 대가야 중심의 단일연맹에 대해서는 회의적인 데에 대체로 공감대가 형성되었고, 각국의 관점을 중시하려는 경향이 강하다.

하지만 가야 각국의 역사를 보여줄 만한 자료는 많지 않기 때문에 각국사 단위로 서술하기에는 어려움이 많았다. 가야 혹은 임나로 총칭된 각국의 공통점을 어떻게 이해할 수 있느냐를 놓고도 고민이 깊었다. 가야란 명칭이 후대에 붙여진 것이라고 보기도 해서, 그렇다면 이를 과연 '가야사'란 이름으로 묶을 수 있는지도 문제였다. 현재의 연구현황 속에서 선뜻 정리할 수 있는 문제는 아니었다. 그럼에도 집필진 및 감수진은 최근의 연구경향을 존중해 '연맹'이란 용어를 사용하지 않기로 했다. 또한 각국의 관점에서 가야사를 서술하되, 중심국과 그 변화를 중요하게 다루기로 했다.

셋째 가야의 명칭 문제였다. 최근까지의 연구에 따르면, 『삼국유사』에 보이는 5가야는 후대의 개념이다. 이 책에서도 이와 같은 연구결과에 동의하고 당대의 국명 내지 지명을 존중하기로 했다. 하지만 국명 내지 지명을 표기하는 데 일관성이 필요했다. 예컨대 변한의 구야국은 이후 남가라·금관국·가락국 등 다양한 명칭으로 불렸다. 심지어 가라국이란 명칭은 금관가야와 대가야 모두를 지칭할 수 있었다. 당대에 사용된 국명 내지 지명을 그대로 적으면 이해하는 데 혼선을 초래할 우려가 있었다. 그러므로 이 책에서는 금관가야, 대가야 등 기왕에 널리 사용된 국명은 그대로 사용하되, 이외에는 당대의 국명 내지 지명을 구명하여 기술하고자 하였다.

종래 연구에서 가야는 집권국가로 성장한 고구려·백제·신라 삼국에 비해 후진적인 사회였다는 인식이 일반적이었다. 역사 교과서에서도 집권국가로의 성장이 곧 국가 발전이라고 간주하고 있기에 가야는 미완의 정치체처럼 읽힌다. 그런데 최근 연구에서는 집권국가가 고대국가의 유일한 형태가 아니며, 단선적인 발전도상을 재고해야 한다는 목소리가 높아지고 있다. 이에 따르면 여러 나라가 병립하였던 가야도 고대국가의 한 형태로, 오히려 동아시아 고대문명의 다양성을 보여주는 사례로 주목할 수 있다.

비록 가야 각국의 지위는 차등적이었지만, 수직적이기보다 수평적이었다. 중심국이 있었지만 세력의 강약에 따라 중심국이 변

고령 지산동고분군

김해 대성동고분군

합천 옥전고분군

함안 말이산고분군

고성 송학동고분군

창녕 교동과 송현동고분군

남원 유곡리와 두락리고분군

■ 세계유산 7개 고분군

화할 수 있었고, 각국의 관계는 동아시아 국제정세에 따라 유동하였다. 가야의 역사적 전개 과정은 단선적이고 평면적이었다기보다 다원적이고 입체적이었고, 폐쇄적이고 고립적이었다기보다 개방적이고 상대적이었다. 이와 같은 가야의 역사는 집권국가를 중심으로 서술되어 왔던 한국고대사, 나아가 동아시아 고대문명을 새롭게 조명할 수 있는 단서를 제공한다.

다행히 가야의 역사는 문화에 반영되었다. 유네스코 세계유산에 등재된 가야고분군이 이를 잘 보여준다. 많은 연구자들의 노력을 통해 가야의 여러 면모가 새롭게 조명되었지만, 아직도 풀어야 할 과제는 산적해 있다. 각국의 관점에서 연구된 가야의 역사적 전개 과정을 종합적으로 정리해야 한다. 가야의 시공간 범위를 보다 면밀히 검토하고 세부적인 권역을 분명히 할 필요가 있다. 가야 각국의 성장을 한층 다각적으로 바라보고 각국의 정치·사회·문화를 유기적으로 파악해 나가야 한다. 비교사의 시각에서 동아시아사를 넘어 세계사 속에서 가야사의 보편성과 특수성을 설명할 수 있어야 한다.

앞으로 지속적으로 가야사를 연구해 나간다면, 산적한 과제는 하나하나 풀어갈 수 있을 것으로 기대한다. 이와 같은 연구에서 무엇보다 중요한 것은 시민의 관심과 이해다. 연구와 교육이 지속될 수 있는 동력은 시민의 관심과 이해에서 나오기 때문이다. 이 책을 집필한 중요한 이유다.

부록

참고문헌

사진출처

집필자 및 감수자 소개

● 가야 왕계도 ●

1) 금관가야 (『삼국유사』 권2, 기이2 가락국기)

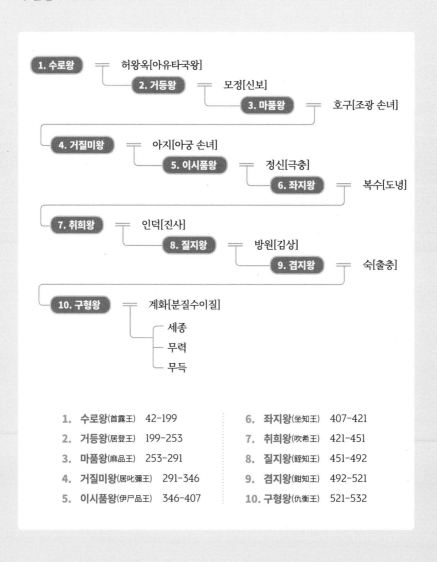

1.	수로왕(首露王)	42-199		6.	좌지왕(坐知王)	407-421
2.	거등왕(居登王)	199-253		7.	취희왕(吹希王)	421-451
3.	마품왕(麻品王)	253-291		8.	질지왕(銍知王)	451-492
4.	거질미왕(居叱彌王)	291-346		9.	겸지왕(鉗知王)	492-521
5.	이시품왕(伊尸品王)	346-407		10.	구형왕(仇衡王)	521-532

2) 대가야 (『신증동국여지승람』 권29, 경상도 고령현 건치연혁)

(본문)

이진아시왕(伊珍阿豉王)[내진주지(內珍朱智)] – … – 도설지왕(道設智王)

(세주:『석이정전(釋利貞傳)』에서 인용)

뇌질주일(惱窒朱日) – … – (8대손) 이뇌왕(異腦王) ┬ 신라 이찬 비지배(比枝輩)의 딸
　　　　　　　　　　　　　　　　　　　　　　└ 월광태자(月光太子)

| 참고문헌 |

■ 단행본

가야고분군 세계유산등재추진단, 2018 『가야사총론』, 가야고분군 세계유산등재추진단

가야고분군 세계유산등재추진단, 2018 『가야고분군 1~4』, 가야고분군 세계유산등재추진단

가야고분군 세계유산등재추진단, 2019 『가야고분군 5~6』, 가야고분군 세계유산등재추진단

가야고분군 세계유산등재추진단, 2022 『가야고분군 7』, 가야고분군 세계유산등재추진단

가야고분군 세계유산등재추진단, 2023 『가야고분군 8』, 가야고분군 세계유산등재추진단

가야사정책연구위원회 편, 2004 『가야, 잊혀진 이름 빛나는 유산』, 혜안

강종훈, 2021 『사료로 본 한국고대사 3』, 지성과 인성

경남발전연구원 역사문화센터, 2011 『경남의 가야고분과 동아시아』, 학연문화사

경남발전연구원 역사문화센터, 2013 『고고학을 통해 본 아라가야와 주변제국』, 학연문화사

고령군 · 한국고대사학회, 2004, 『대가야의 성장과 발전』, 서경문화사

고령군 대가야박물관 · 경북대학교 퇴계연구소 편, 2010 『고령문화사대계 1~5』, 고령군 대
　　　　가야박물관 · 경북대학교 퇴계연구소

고령군 대가야박물관, 2010 『대가야는 살아있다』, 고령군 대가야박물관

고령군 대가야박물관, 2010 『일본 속의 대가야 문화-일본에서 찾은 대가야 유물-』, 고령군
　　　　대가야박물관

고령군 대가야박물관, 2015 『대가야, 섬진강으로 진출하다』, 고령군 대가야박물관

곽장근, 2022 『백두대간 품속 가야 이야기』, 다할미디어

국립가야문화재연구소, 2020 『가야 역사 · 문화 연구총서 1-연구사-』, 국립가야문화재연구소

국립가야문화재연구소, 2020 『가야인의 기술技術』, 국립가야문화재연구소

국립가야문화재연구소, 2022 『가야 역사 · 문화 연구총서 2-시대사-』, 국립가야문화재연구소

국립가야문화재연구소, 2023 『가야 역사·문화 연구총서 3-분류사-』, 국립가야문화재연구소

권오영 외, 2019 『한국 전통시대의 토목문명』, 들녘

권학수, 2005 『가야고고학연구』, 소화

국립중앙박물관, 2019 『가야, 동아시아 교류와 네트워크의 중심지들』, 국립중앙박물관

김건수 편, 2021 『맛있는 고고학』, 진인진

김기섭, 2020 『21세기 한국 고대사』, 주류성

김세기, 2003 『고분자료로 본 대가야 연구』, 학연문화사

김세기, 2020 『대가야 고대국가론』, 학연문화사

김태식, 1993 『가야연맹사』, 일조각

김태식 외, 2004 『역주 가야사사료집성 1·2』, 가락국사적개발연구원

김태식 외, 2008 『한국 고대 사국(고구려 백제 신라 가야)의 국경선』, 서경문화사

김태식, 2014 『사국시대의 가야사 연구』, 서경문화사

김태식 편, 2009 『악사 우륵과 의령지역의 가야사』, 홍익대학교 인문과학연구소

김태식, 2002 『미완의 문명 7백년 가야사 1~3』, 푸른역사

김현구, 1993 『임나일본부연구』, 일조각

김현구, 2010 『임나일본부설은 허구인가』, 창비

남재우, 2003 『안라국사』, 혜안

남재우 외, 2011 『가야인의 삶, 그리고 흔적』, 선인

남재우, 2012 『가야, 그리고 사람들』, 선인

남재우 외, 2018 『아라가야의 역사와 공간』, 선인

남재우 외, 2018 『아라가야의 산성』, 선인

노중국 외, 1995 『가야사연구-대가야의 역사와 문화-』, 경상북도

노중국 외, 2002 『진·변한사연구』, 경상북도·계명대학교 한국학연구원

노중국 외, 2006 『악성 우륵의 생애와 대가야의 문화』, 고령군 대가야박물관·계명대학교
          한국학연구원

노중국 외, 2006 『대가야 들여다보기』, 고령군 대가야박물관

노중국 외, 2009 『대가야의 정신세계』, 해웃음

노중국 외, 2022 『대가야의 제사와 의례』, 고령군 대가야박물관

노태돈, 2014 『한국고대사』, 경세원

노태돈 교수 정년기념논총 간행위원회, 2014 『한국 고대사 연구의 시각과 방법』, 사계절

대가야복식 복원 재현팀, 2006, 『대가야복식-1500년만의 화려한 외출-』, 고령군 대가야박
　　　물관

대구사학회, 2009 『역사상의 강-물길과 경제문화-』, 주류성

동북아역사재단 한국외교사편찬위원회, 2019 『한국의 대외관계사-고대편』, 동북아역사재단

동북아역사재단 한국고중세사연구소, 2022 『고구려 중기 대외관계와 문물교류』, 동북아역
　　　사재단

문창로, 2023 『삼한, 인식과 이해』, 서경문화사

박대재, 2024 『한국 초기사 연구-고대의 조선과 한국-』, 세창출판사

박천수, 2018 『가야문명사』, 진인진

박천수, 2019 『비화가야』, 진인진

박천수, 2023 『고대한일교류사』, 경북대학교출판부

백승옥, 2003 『가야 각국사 연구』, 혜안

부산·경남역사연구소, 1999 『시민을 위한 가야사』, 집문당

부산대학교 한국민족문화연구소, 2000 『가야 각국사의 재구성』, 혜안

부산대학교 한국민족문화연구소, 2003 『가야 고고학의 새로운 조명』, 혜안

부산대학교 한국민족문화연구소 편, 2001 『한국 고대사 속의 가야』, 혜안

부산대학교 한국민족문화연구소 편, 2002 『학교교육과 사회교육으로서의 가야사』 부산대
　　　학교 한국민족문화연구소

선석열 외, 2021 『가야의 기록, 「가락국기」를 이야기하다』, 국립김해박물관

성정용 외, 2022 『신편 사비백제사 1~3』, 논형

신라 천년의 역사와 문화 편찬위원회, 2016 『신라의 체제 정비와 영토 확장』, 경상북도문화
　　　재연구원

신라 천년의 역사와 문화 편찬위원회, 2016 『신라의 대외관계와 국제교류』, 경상북도문화
　　재연구원

신라 천년의 역사와 문화 편찬위원회, 2016 『유적과 유물로 본 신라인의 삶과 죽음』, 경상
　　북도문화재연구원

신라 천년의 역사와 문화 편찬위원회, 2016 『신라인의 생활과 문화』, 경상북도문화재연구원

양기석·김세기 외, 2007 『5~6세기 동아시아의 국제정세와 대가야』, 고령군 대가야박물
　　관·계명대학교 한국학연구원

양기석 외, 2008 『백제와 섬진강』, 서경문화사

이기백 외, 1988 『한국고대사론』, 한길사

이난영, 2000 『한국 고대의 금속공예』, 서울대학교 출판부

이도학, 2019 『가야는 철의 왕국인가』, 학연문화사

이병선, 1982 『한국고대국명지명연구』, 형설출판사

이성주 외, 2020 『1~3세기, 아라가야의 형성과 발전』, 선인

이영식, 2009 『이야기로 떠나는 가야 역사여행』, 지식산업사

이영식, 2016 『가야제국사 연구』, 생각과 종이

이현혜, 1984 『삼한사회형성과정연구』, 일조각

이현혜, 2023 『한국 고대사 인식과 생업경제』, 일조각

이형기, 2009 『대가야의 형성과 발전 연구』, 경인문화사

이희준, 2007 『신라고고학연구』, 사회평론

이희준, 2017 『대가야고고학연구』, 사회평론

인제대학교 가야문화연구소, 1995 『가야제국의 철』, 신서원

인제대학교 가야문화연구소, 2014 『금관가야의 국제교류와 외래계 유물』, 주류성

인제대학교 가야문화연구소, 2015 『구야국과 고대 동아시아』, 주류성

인제대학교 가야문화연구소, 2016 『가야의 마구와 동아시아』, 주류성

인제대학교 가야문화연구소, 2017 『가야인의 불교와 사상』, 주류성

인제대학교 가야문화연구소, 2018 『김해 봉황동유적과 고대 동아시아-가야 왕성을 탐하

다-』, 주류성

인제대학교 가야문화연구소, 2020 『가야의 鐵 생산과 유통』, 주류성

인제대학교 가야문화연구소, 2021 『가야사 인식 변화』, 주류성

인제대학교 가야문화연구소, 2023 『가락국, 청동기에서 철기로』, 주류성

전덕재 외, 2019 『가야가야의 전환기, 4세기』, 선인

정진술 외, 2013 『한국해양사 1(선사·고대)』, 한국해양재단

조영제, 2007 『옥전고분군과 다라국』, 혜안

주보돈, 2017 『가야사 새로 읽기』, 주류성

주보돈, 2018 『가야사 이해의 기초』, 주류성

주보돈, 2018 『한국 고대사의 기본 사료』, 주류성

주보돈 외, 2009 『한국 고대사 속의 창녕』, 창녕군·경북대 영남문화연구원

중앙문화재연구원, 2016 『가야고고학개론』, 진인진

천관우, 1992 『가야사연구』, 일조각

한국고고학회 편, 2010 『한국 고고학 강의(개정신판)』, 사회평론

한국고고학회 편, 2000 『고고학을 통해 본 가야』, 한국고고학회

한국고대사연구회, 1990 『한국 고대국가의 형성』, 민음사

한국고대사연구회, 1995 『가야사연구-대가야의 정치와 문화-』, 경상북도

한국고대사학회, 2007 『한국고대사 연구의 새동향』, 서경문화사

한국고대사학회, 2017 『우리시대의 한국고대사 1·2』, 주류성

한국고대사학회, 2018 『가야사 연구의 현황과 전망』, 주류성

한국고대사학회, 2019 『문헌과 고고자료로 본 가야사』, 주류성

한국고대사학회, 2020 『가야와 주변, 그리고 바깥』, 주류성

한국고대사학회, 2021 『한국고대사와 창녕』, 주류성

李永植, 1993 『加耶諸国と任那日本府』, 吉川弘文館

田中俊明, 1992 『大加耶連盟の興亡と「任那」』, 吉川弘文館

■ 연구 논문

강봉원, 1986 「가야의 정치적 발전과 경제적 배경에 관한 소고」『慶熙史學』 12 · 13

權珠賢, 1995 「安邪國에 대하여-3세기를 중심으로-」『大丘史學』 50

김규운, 2021 「강원 영동지역 이른바 대가야인 사민의 실상」『한국고고학보』 119

김양훈, 2016 「변한 '國'의 형성과 발전-다호리유적을 중심으로-」『역사와 경계』 100

남재우, 2012 「기록으로 본 고대 창녕지역의 정치적 위상」『석당논총』 53

남재우, 2020 「신라의 새로운 경계, 가야지역에 대한 신라 지배-아라가야지역을 중심으로-」『역사와 경계』 115

박윤미 · 정복남, 1999 「가야의 직물에 관한 연구-옥전고분군의 출토유물을 중심으로-」『복식』 49

박초롱, 2017 「문무왕대 고구려 · 가야의 조상제사 재개 조치와 그 의미」『한국고대사연구』 86

백승옥, 2006 「4~6세기 安羅國의 영역과 '國內大人'-칠원지역 고대사 복원의 일단-」『釜大史學』 30

백승옥, 2011 「포상팔국 전쟁과 지역연맹체」『가야의 포구와 해상활동』, 인제대학교 가야문화연구소 · 김해시

백승옥, 2021 「비사벌의 공간과 역사적 성격」『한국고대사연구』 101

백승충, 1992 「于勒十二曲의 해석문제」『韓國古代史論叢』 3, 韓國古代社會研究所

백승충, 1997 「안라 · 가라의 멸망과정에 대한 검토」『지역과 역사』 4

백승충, 2007 「우륵의 망명과 신라 대악의 성립」『한국민족문화』 29

신가영, 2013 「대가야 멸망 과정에 대한 새로운 이해」『한국고대사연구』 72

신지영 · 이준정, 2009 「(인골 추출 콜라겐의 탄소 · 질소 안정동위소 분석을 통해 본) 경산임당유적 고총군 피장자 집단의 식생활」『한국고고학보』 70

윤선태, 2013 「한국 고대사학과 신출토 문자자료에 대한 비판적 성찰」『역사학보』 219

윤성호, 2011 「신라의 대가야 복속 과정에 대한 재검토」『한국사연구』 155

이동희, 2011 「전남 동부지역 가야문화의 기원과 변천」『백제문화』 45

이문기, 2010 「신라의 대가야 고지 지배에 대하여」『역사교육논집』 45

이부오, 2020 「6세기 신라의 가야지역 지배와 가야유민의 역할」『신라사학보』 50

이영식, 2018 「가야제국의 발전단계와 초기고대국가론」『한국고대사연구』 89

이영호, 2008 「대가야 멸망과 고령지역의 변화」『퇴계학과 한국문화』 42

李鎔賢, 2000 「伽倻(大加耶)를 둘러싼 국제적 환경과 그 대외교섭」『한국고대사연구』 18

이재환, 2022 「가야계 '신라인'의 활동과 위상에 대한 검토」『한국고대사연구』 105

이주영, 2020 「금관가야 여자 복식 재현과 일러스트 제안」『한복문화』 23-2

정동락, 2016 「신라의 加良岳 제사와 가야산 牛頭峰 유적」『민족문화논총』 64, 영남대학교 민족문화연구소

정동락, 2019 「가야의 멸망과 유민의 동향」『향토문화』 34

朱甫暾, 2008 「새로운 大加耶史의 定立을 위하여-研究上의 새로운 跳躍을 기대하며-」『嶺南學』 13

주보돈, 2019 「'슬픈' 가야, 만들어진 가야」『역사비평』 129

주운화, 2005 「악을 통해서 본 신라인의 복속·통합 관념」『한국고대사연구』 38

채상식, 1987 「4號墳 出土 土器의 銘文」『陜川苧浦里E地區遺蹟』, 慶尙南道·釜山大學校博物館

홍보식, 2001 「고고자료로 본 가야 멸망 전후의 사회동향」『한국상고사학보』 35

홍보식, 2010 「신라·가야의 이주자료와 이주유형」『이주의 고고학』, 한국고고학회

武田幸男, 1994 「伽耶-新羅の桂城'大干'-昌寧·桂城古墳群出土土器の銘文について-」『朝鮮文化研究』 1, 東京大學 朝鮮文化研究室

| 사진출처 |

- **38쪽 김해 구산동고인돌**

  국립문화재연구소, 2008 『2008 한국고고학저널』, 주류성, 34쪽

- **41쪽 창원 다호리 1호묘 출토 옻칠한 나무 손잡이가 있는 쇠도끼**

  『고고학지』 1, 76쪽

- **82쪽 대가야양식토기**

  국사편찬위원회 편, 2010, 『(한국문화사 32) 한반도의 흙, 도자기로 태어나다』, 경인문화사, 159쪽

- **105쪽 창녕 계성고분군 출토 '대간'명 토기**

  국립청주박물관, 2000 『한국 고대의 문자와 기호유물』, 103쪽

- **129쪽 중국 – 서해안 – 남해안 – 일본열도를 잇는 연안항로**

  임동민, 2022 『백제 한성기 해양 네트워크 연구』, 고려대학교 한국사학과 박사학위논문, 51쪽

- **154쪽 대도에 보이는 가야와 신라의 교류**

  신라 천년의 역사와 문화 편찬위원회, 2016 『유적과 유물로 본 신라인의 삶과 죽음』, 경상북도문화재연구원, 232쪽

- **163쪽 부산 복천동고분군 출토 금동관**

  국립문화재연구소, 2019 『Magazine 가야 Vol. 1.』, 60쪽

- **178쪽 신라의 소경**

  신라 천년의 역사와 문화 편찬위원회, 2016 『신라의 통치제도』, 경상북도문화재연구원, 238쪽

- **180쪽 신라 남산신성비**

  국립경주박물관, 2017 『신라문자자료 I 』, 196쪽

- **202쪽 무용총벽화**

  국립문화재연구소, 2020 『천상의 문양 예술 고구려 고분벽화』, 310쪽

| 집필자 및 감수자 소개 |

정재윤 (책을 펴내며 및 제3장)
공주대학교 사학과 교수

노중국 (가야사 길라잡이 및 감수)
계명대학교 명예교수

이형기 (제1장)
국립인천해양박물관 학예연구본부장

백승옥 (제2장)
사단법인 부경역사연구소 소장

박성현 (제3장)
서울대학교 국사학과 부교수

위가야 (제3장)
동북아역사재단 연구위원

신가영 (제4장)
연세대학교 사학과 강사

하승철 (제5장)
경남연구원 선임조사연구위원

이정빈 (책을 마무리하며)
경희대학교 사학과 부교수

김세기 (감수)
대구한의대학교 명예교수